本书受 国家自然科学基金（71473028/71774020） 大连理工大学教学改革基金（JC2017038） 资助

法学研究新兴方法

Emerging Methodologies of Legal Research

栾春娟 郭晓梅 刘琳琳／著

科学出版社

北 京

内 容 简 介

本书借鉴管理学、经济学、信息科学与计算机科学等多个学科专业领域的新兴研究方法，结合法学学科的发展特点和全球科学技术会聚发展的趋势，探索了法学学科的新兴研究方法，以期推动法学学科的长足发展，并为法学研究方法课程的建设和发展提供一本兼具新颖性和实用性的前沿图书。

本书适合法学及其他相关领域的研究者阅读参考。

图书在版编目（CIP）数据

法学研究新兴方法 / 栾春娟，郭晓梅，刘琳琳著．—北京：科学出版社，2020.6

ISBN 978-7-03-064853-2

Ⅰ. ①法…　Ⅱ. ①栾…②郭…③刘…　Ⅲ. ①法学－研究方法－教材　Ⅳ. ① D90-3

中国版本图书馆 CIP 数据核字（2020）第 062223 号

责任编辑：朱萍萍　张春贺 / 责任校对：贾伟娟
责任印制：李　彤 / 封面设计：有道文化

科学出版社出版
北京东黄城根北街16号
邮政编码：100717
http://www.sciencep.com
北京建宏印刷有限公司　印刷
科学出版社发行　各地新华书店经销
*
2020年 6月第　一　版　开本：720×1000　B5
2021年 8月第三次印刷　印张：17 1/4
字数：310 000

定价：88.00 元

（如有印装质量问题，我社负责调换）

前言

“工欲善其事，必先利其器。”在当今全球科学技术会聚发展的时代，法学学科要想求得持续稳步发展，必须健全和完善其研究方法。法学研究方法是指在法学学科的研究工作中，发现新现象、新趋势、新事物，或提出新理论、新观点、新思路，揭示法学学科发展过程中的本质与内在规律的技术手段和工具方法。

传统的法学研究方法主要包括规范分析方法、文献调查法、历史研究法、概念分析法、观察法、思辨法、行为研究法、比较研究法等。历史上，这些方法为推动法学学科的发展起到重要的作用。但随着信息网络技术、通信与计算机技术的发展和大数据时代的到来，传统的法学研究方法受到极大的挑战和冲击。如何运用新兴技术方法与工具手段，推动法学学科的发展，成为国内外学者们关注的重要课题。

本书拟借鉴管理学、经济学、信息与计算机科学等多个学科专业领域的新兴研究方法，结合法学学科的发展特点和全球科学技术会聚发展的趋势，探索法学学科的新兴研究方法，以期推动法学学科的长足发展，为法学研究方法课程的建设和发展提供一本兼具新颖性和实用性的前沿图书。

本书共包括六章。第一章为绪论，由栾春娟执笔。阐述研究问题的提出、国内外研究现状评述、主要内容与研究特色等。第二章为传统法学方法，由刘琳琳执笔，包括传统法学方法概览和传统法学具体方法等内容。第三章为新兴法学方法研究理论概述，由栾春娟执笔。主要内容有科学计量学方法、科学知识图谱方法与信息可视化技术、相关分析与法律政策评估方法等。第四章为共被引分析方法在法学研究中的应用，由郭晓梅执笔。基于共引分析理论、方法与工具，探讨了法学学科的经典文献、核心期刊和代表人物。第五章为共现分析方法在法学研究中的应用，由郭晓梅执笔。基于共现分析理论、方法与工具，探讨了法学学科的科学合作、研究成果的国家分布、学科分布、机构分布和研究热点主题演进等问题。第六章为科学计量学方法在知识产权相关研究中的应用，由栾春娟执笔。专注于知识产权主题，探讨了美国高校科技成果转化路径的实证分析与启示、专利技术的市场潜力测度与预测、美国大学专利技术的创新培育中心及其形成机理、美国能源部用户设施数据发现及知识产权解决方案、基于科学的创新视角的能源产业前沿探索等热点前沿科学问题。

感谢在本书写作过程中给予我们帮助的多方主体。感谢国家留学基金管理委员会的访学资助，正是在美国访学期间，笔者发现了法学学科在100多年间演进的事实，产生了写作这样一本书的动机。感谢国家自然科学基金（71473028/71774020）、大连理工大学教学改革基金（JC2017038）的资助。感谢科学出版社朱萍萍老师在本书出版过程中的辛苦付出。

由于是探索性研究，本书大概只能起到抛砖引玉的作用。本书虽倾尽著者们的智慧与心血，然仍难免有疏漏之处，望广大读者批评指正。

栾春娟

2019年4月

于大连理工大学知识产权学院办公楼

目录

第一章 绪　论

第一节 问题的提出

一、引言

在历史长河中，一个学科的地位是否会发生变化？会发生怎样的变化？演变的原因有哪些？对这些问题进行探索研究，有助于我们更好地把握学科发展的规律和趋势，深入理解学科发展与演进的机理，对促进学科交叉发展具有重要的指导意义。

国内外学者探讨了许多学科的学科地位问题，如教育学的学科地位[1]、图书馆学的学科地位[2, 3]、管理学的学科地位[4]、法学学科的历史演变[5]等。但已有的研究成果中，定性研究偏多，定量研究比较少。已有的定量研究成果中，有的学者探讨了某个学科在网络中的中心性地位问题[6]；有的学者分析了某个研究领域的学科交叉属性[7]；有的学者用可视化手段研究了交叉学科结构[8]；等等。在大科学、大数据时代，我们拟从全球的视野，运用 1900 ～ 2014 年超过百年的社会科学论文数据，选择论文产出所占比例和排名等指标，探索法学学科在历史长河中学科地位的演变，并试图分析其原因，以期推动和促进法学学科的发展，并为类似的研究提供可供借鉴的范例。

二、数据来源与研究方法和指标

（一）数据来源

本书的数据来源于美国汤森路透公司（Thomson Reuters Corporation）出版的、基于 ISI Web of Knowledge 检索平台的社会科学引文索引（social sciences citation index，SSCI）数据库。我们获取了数据库收录的 1900 ～ 2014 年发表的法学、经济学、管理学全部论文数据，分别统计并计算了这三个学科的论文在 SSCI 数据库中所占比例的变化趋势、学科排名的变化趋势、不同学科论文所涉及的全部学科类别数量、不同学科论文覆盖的国家/地区及机构等数据信息。数据检索的时间为 2015 年 1 月 18 日～ 3 月 10 日。

（二）研究方法和指标

关于全球视角下法学学科地位的变化，我们采用统计与比较分析的方法。统计 SSCI 数据库中法学学科 1900 ～ 2014 年每 10 年的论文产出占全部论文产出的百分比，观测其演化趋势，同时我们选择了经济学与管理学两个比较传统而经典的学科，作为分析法学学科地位变化的比较对象。除了论文百分比的指标外，我们还选择了法学、经济学与管理学这三个学科的论文产出排序的指标，来判断法学学科地位的变化。

在法学学科地位变化的原因分析中，我们选择了“学科会聚指数”和“国家 / 地区、机构合作强度”指标来揭示法学学科地位演化的机理。我们对“学科会聚指数”指标的界定是平均每篇论文涉及的学科数量，其计算方法是某个学科全部论文覆盖的所有学科数量与其全部论文数量之比；对“国家 / 地区、机构合作强度”指标的界定是平均每篇论文所涉及的国家 / 地区数量或机构数量。

三、法学学科地位的演化

（一）SSCI 数据库中法学论文百分比的变化：与经济学、管理学的比较

依据本小节第二部分的论文百分比的研究方法与指标，我们检索并统计了法学学科 1900 ～ 2014 年每隔 10 年的学科论文产出占全部 SSCI 论文的比例，并绘制了其演化趋势图（图 1.1）。为了通过比较说明问题，我们同时在图 1.1 中绘制了经济学学科和管理学学科的论文比例演化趋势图。需要说明的是，最后一个时间段（2011 ～ 2014 年）虽然不足 10 年，但因为我们采取的是百分比统计的方法，所以可以将其作为一个独立的时间段进行统计与比较分析。

图 1.1 显示，在 1900 ～ 2014 年的百余年时间里，法学学科的论文百分比曲线整体呈现明显的下降趋势。从曾经辉煌时期（1911 ～ 1920 年）的 13.13% 下降到 2011 ～ 2014 年的 2.45%，仅仅在 1911 ～ 1920 年呈现出比上一个 10 年上升的发展趋势，之后便一路下滑。经济学学科论文百分比整体呈现上升趋势，从 1900 ～ 1910 年的 2.62% 上升到辉煌时期（1951 ～ 1960 年）的 11.55%；2011 ～ 2014 年的论文百分比为 9.84%。管理学学科整体上也呈现上升的趋势，SSCI 数据库中收录管理学学科的论文始于 1917 年；但管理学学科论文在 SSCI 数据库中所占百分比从 0.40% 上升到 2011 ～ 2014 年的 4.59%。

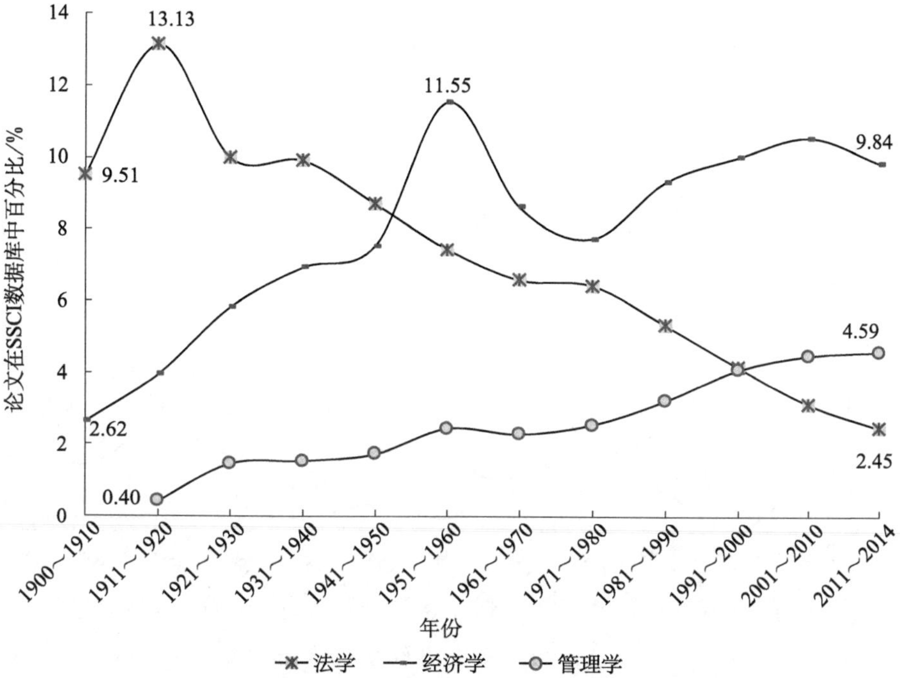

图 1.1 法学学科（与经济学学科、管理学学科）论文在 SSCI 数据库中百分比演化趋势图
SSCI 数据库中收录管理学学科的论文始于 1917 年

（二）SSCI 数据库中法学学科名次的变化：与经济学、管理学的比较

同样依据本小节第二部分的学科排名的统计方法与指标，我们检索并统计了法学学科 1900 ～ 2014 年每隔 10 年学科论文产出的排名，并绘制了其演化趋势图（图 1.2）。为了通过比较说明问题，我们同时在图 1.2 中绘制了经济学学科和管理学学科的论文产出排名演化趋势图。最后一个时间段（2011 ～ 2014 年）虽然不足 10 年，但因为我们采取的是排名统计的方法，所以可以将其作为一个独立的时间段进行统计与比较分析。

图 1.2 显示，在 1900 ～ 2014 年的百余年时间里，法学学科论文产出的排名整体的下降趋势比较明显，从曾经辉煌时期（1911 ～ 1920 年）的第 1 名下降到 2011 ～ 2014 年的第 20 名。经济学学科论文产出的排名呈现明显的上升趋势，从 1900 ～ 1910 年的第 12 名上升到最近 40 多年来的第 1 名。管理学学科论文产出的排名具有强劲的上升趋势，从 1911 ～ 1920 年的第 34 名上升到 2011 ～ 2014 年的第 5 名。

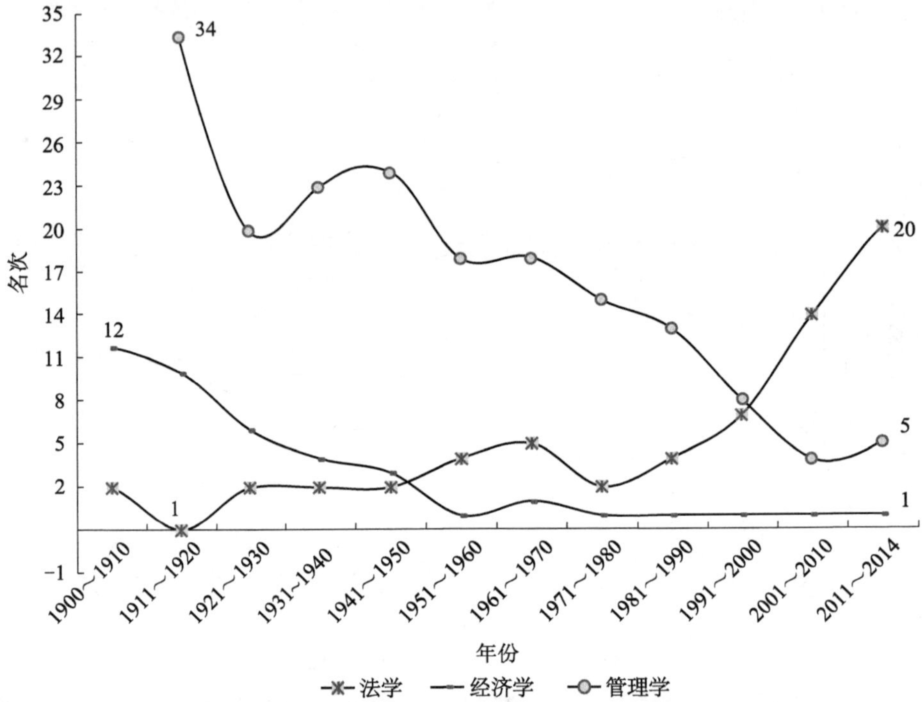

图 1.2 法学学科（与经济学学科、管理学学科）论文产出排名演化趋势图

SSCI 数据库中收录管理学学科的论文始于 1917 年

四、法学学科地位变化的原因探析

（一）法学学科所涉不同学科数量演进：与经济学、管理学的比较

在每个发展阶段，法学学科与管理学学科、经济学学科相比较，所涉及的不同学科总的数量是如何演进的？同样，我们以每十年作为一个阶段，统计了这三个学科在不同发展阶段所涉及的不同学科的总数，绘制了法学学科（与管理学学科、经济学学科）所涉不同学科数量的演进趋势图（图 1.3）。

图 1.3 显示，法学学科与管理学学科、经济学学科这三个学科随着时间的演进，所涉及的不同学科总的数量在不断增长。三者相比较，经济学学科几乎在所有阶段都涉及最多的不同学科数量；法学学科涉及较多的不同学科数量；管理学学科涉及相对较少的不同学科数量。

（二）法学学科会聚发展程度较低：与经济学、管理学的比较

引起法学学科地位变化的原因可能有很多，但我们想从现有数据信息着手，从学科会聚指数和学科合作强度视角进行分析。依据前面所说的学科会聚

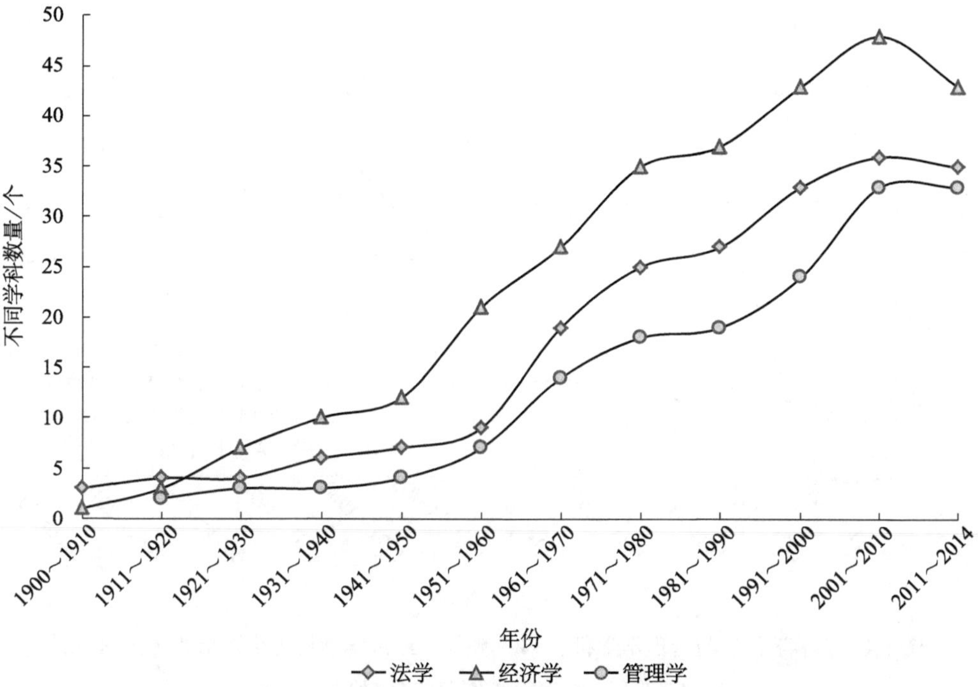

图 1.3 法学学科（与管理学学科、经济学学科）所涉不同学科数量的演进
SSCI 数据库中收录管理学学科的论文始于 1917 年

指数指标的计算方法，我们检索并计算了相关数据，绘制了法学学科会聚指数演化趋势图（图 1.4），同时还在图 1.4 中绘制了经济学学科和管理学学科会聚指数的演化趋势图。

图 1.4 显示，法学学科的会聚指数曲线虽然整体呈现出明显的上升趋势，但却远远低于经济学学科和管理学学科。法学学科平均会聚指数为 1.3204，经济学学科的平均会聚指数为 1.6172，管理学学科的平均会聚指数为 2.0297。法学学科的会聚指数在 1971 ～ 1980 年有非常明显的上升趋势，经济学学科早在 1921 ～ 1930 年就有了非常显著的上升趋势，管理学学科的学科会聚指数从该学科产生之时就一直处于比较高的水平。

（三）法学学科论文的合作强度：与经济学、管理学的比较

依据本小节第二部分国家 / 地区、机构合作强度指标的计算方法，我们检索并计算了相关数据，绘制了法学学科国家 / 地区（图 1.5）、机构（图 1.6）合作强度图，同时还在图 1.5 和图 1.6 中绘制了经济学学科和管理学学科国家 / 地区、机构合作强度图。

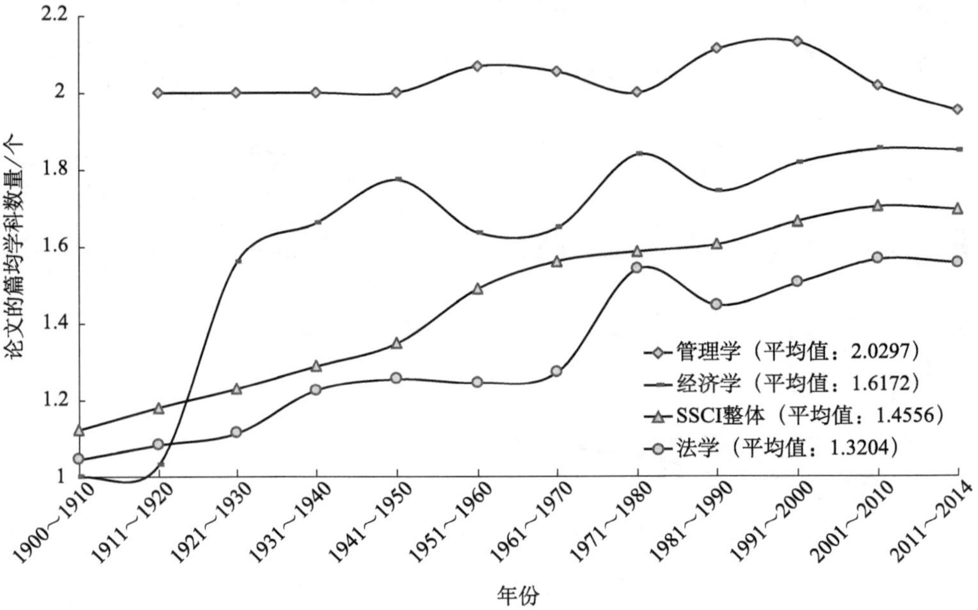

图 1.4　法学学科（与管理学学科、SSCI 整体、经济学学科）会聚指数演化趋势图

SSCI 数据库中收录管理学学科的论文始于 1917 年

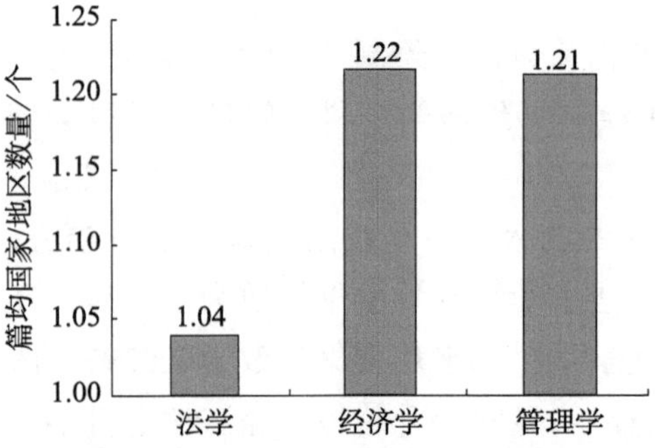

图 1.5　法学学科（与经济学学科、管理学学科）国家 / 地区强度图

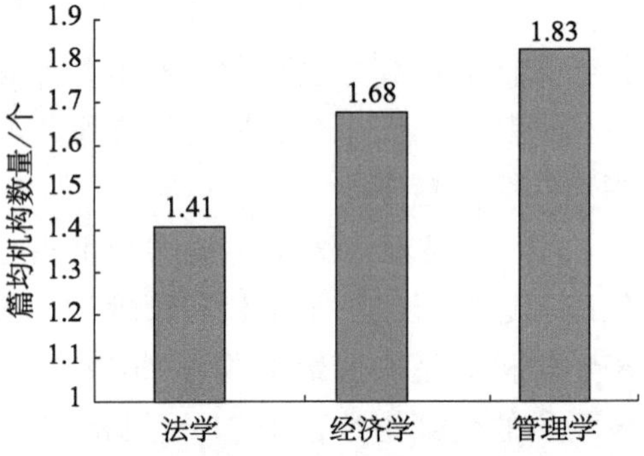

图 1.6　法学学科（与经济学学科、管理学学科）机构合作强度图

图 1.5 显示，就国家 / 地区合作强度指标来看，法学学科（1.04）的合作强度明显低于经济学学科（1.22）和管理学学科（1.21）。图 1.6 显示，就机构合作强度指标来看，法学学科（1.41）也明显低于经济学学科（1.68）和管理学学科（1.83）。总之，在法学学科、经济学学科和管理学学科三个学科的比较中，法学学科的国家 / 地区和机构两个层面的合作强度都是最低的。

五、结论与讨论

（一）主要结论

本小节基于 1900 ～ 2014 年百余年的 SSCI 数据库中的法学学科、经济学学科和管理学学科的论文数据、论文所覆盖学科的数据、论文所涉及的国家 / 地区和机构等数据，采用学科论文百分比、学科论文产出排名指标，在与经济学学科和管理学学科比较的基础上，分析了法学学科地位的演化趋势；进一步运用学科会聚指数的指标和学科论文国家 / 地区、机构合作强度的指标，探测了全球法学学科在百余年间地位演化的原因，主要得到如下结论。

就学科论文产出的百分比指标而言，与经济学学科和管理学学科论文产出的整体上升趋势相反，法学学科论文产出的百分比整体呈现明显的下降趋势；就学科论文产出排名指标而言，与经济学学科和管理学学科的上升趋势相反，法学学科的排名下降趋势非常明显。

原因分析中的学科会聚指数指标显示，与经济学学科和管理学学科的学科会聚指数相比较，法学学科的学科会聚指数的平均值是最低的，虽然其整体呈现上升的趋势。国家 / 地区、机构合作强度的指标分析显示，法学学科的国家 / 地区、机构合作强度明显低于经济学学科和管理学学科的这两项指标值。

（二）讨论

本书的创新之处在于选择学科论文百分比和学科排名指标，对长达百余年的法学学科地位演化进行了定量分析，并且进一步运用学科会聚指数和国家 / 地区、机构合作强度指标，揭示了法学学科地位演化的原因和机理。

本书的研究结论对法学学科进行自我反思以促进其繁荣发展具有重要的参考价值。在学科交叉融合日益盛行的当今时代，法学学科的发展也需要广泛地吸收其他相关学科领域的研究内容和研究方法。在科学合作与交流日益频繁的大科学时代，法学学科与其他学科的合作与交流也日益频繁，但仍有较大的提升空间，需要与更多的相关学科多交流、多合作，广泛吸收其他学科的相关研究成果和研究方法。

本书研究中提出的学科地位与学科会聚指数等测度的理论、方法和指标，具有比较广泛的应用性，不仅可以应用于社会科学领域某个学科发展趋势和学科地位演进的测度，还可以应用于自然科学领域某个具体学科的测度。

第二节　国内外研究现状评述

随着全球科学技术会聚发展的趋势不断加强，以及决策科学化工程的推进，国内外学者越来越关注法学研究方法这个课题。学者们的研究成果主要集中于以下几个方面。

（一）概况性的法学研究方法反思

陈瑞华认为[1]，法学方法的讨论已经成为法学研究中的一个热点，以意识形态为导向的研究及以移植西方制度为目的的研究都已走向衰落，中国法学需要构建自己的研究方法。肖海军提出[2]，法学的研究对象为法现象，所要解决的主要问题应该是论证法理、法条、法案这三个层面、三种状态、三种形式的法现象之存在的正当性、合理性和合法性及其相互间的内在联系。与其他人文社会科学相比，除以法现象为研究对象能体现法学的特殊性之外，以推论作为其基本的研究方法，更能彰显法学学科的独特性。通过对法学的特殊研究对象的分析，沿着“以法理释法条，以法条断法案，以法案评法条，以法条证法理”这一独特的法学论证思路，我们能合乎逻辑地总结出推论就是法学最基本的研究方法，因其在应对法理、法条和法案时的侧重点差异，而具体表现为逻辑分析方法、法律解释方法、案例研究方法三大主要方法。

（二）价值分析研究方法

张文显与姚建宗主张[3]，任何科学研究都离不开一定的研究方法。用于研究工作的方法是否正确和有效，对科学研究是至关重要的。研究方法在很大程度上影响着主体的认知兴趣、课题设计、资料的识别与取舍、逻辑推理的方法及评价的标准等，以至于决定着主体能否完成或者顺利完成其研究任务。他们认为价值分析研究方法是适合应用于法学研究领域的较好方法。

（三）案例研究方法

案例研究方法是由美国哈佛大学法学院最早开创的。1870 年，兰德尔出任哈佛大学法学院院长时，法律教育正面临巨大的压力：传统的教学法受到全面反对，同时法律文献急剧增长。兰德尔认为[4]，“法律条文的意义在几个世纪以来的案例中得以扩展。这种发展大体上可以通过一系列的案例来追寻”，由此揭开了案例研究方法的序幕。案例研究方法不仅可以被应用于法学教学过程中[5-7]，而且可以被应用于法学研究工作中[8]。

（四）法学其他研究方法

学者们还对法学研究工程中的系统研究方法[9]、历史比较研究方法[10]、多元化分析方法[11]、规范分析方法[12, 13]、数据定量分析方法等[8, 14, 15]进行了相关的探讨。

（五）简要评述

国内外学者关于法学研究方法的研究成果，更多的还是探讨传统的研究方法，如价值分析研究方法、案例研究方法、规范分析方法等，只有很少的研究成果涉及数据定量分析等。在科学技术日新月异发展和全球科技会聚趋势不断加强的今天，法学学科的发展应该广泛借鉴信息科学技术与计算机科学技术、管理科学与经济科学等相关学科的研究成果和研究方法，这样才能取得长足的发展。

第三节 主要内容与研究特色

一、本书的主要内容

本书包括六章内容，其技术路线与逻辑思路如图 1.7 所示。

第一章为绪论，阐述研究问题的提出、国内外研究现状评述、主要内容与研究特色。

第二章为传统法学方法，内容包括传统法学方法概览和传统法学具体方法。

第三章为新兴法学方法研究理论概述，主要内容有科学计量学方法、科学知识图谱方法与信息可视化技术、相关分析、法律政策评估方法。

第四章为共被引分析方法在法学研究中的应用，基于共引分析理论、方法与工具，探讨了法学学科的经典文献、核心期刊和代表人物。

第五章为共现分析方法在法学研究中的应用，基于共现分析理论、方法与工具，探讨了法学学科的科学合作、研究成果的国家 / 地区分布、学科分布、高产机构和研究热点主题等问题。

第六章为科学计量学方法在知识产权相关研究中的应用，专注于知识产权主题，探讨了美国高校科技成果转化路径的实证分析与启示、专利技术的市场潜力测度与预测、美国大学专利技术的创新培育中心及其形成机理、美国能源部用户设施数据发现及知识产权解决方案、能源产业前沿探索：基于科学的创新视角、前沿探索等热点前沿科学问题。

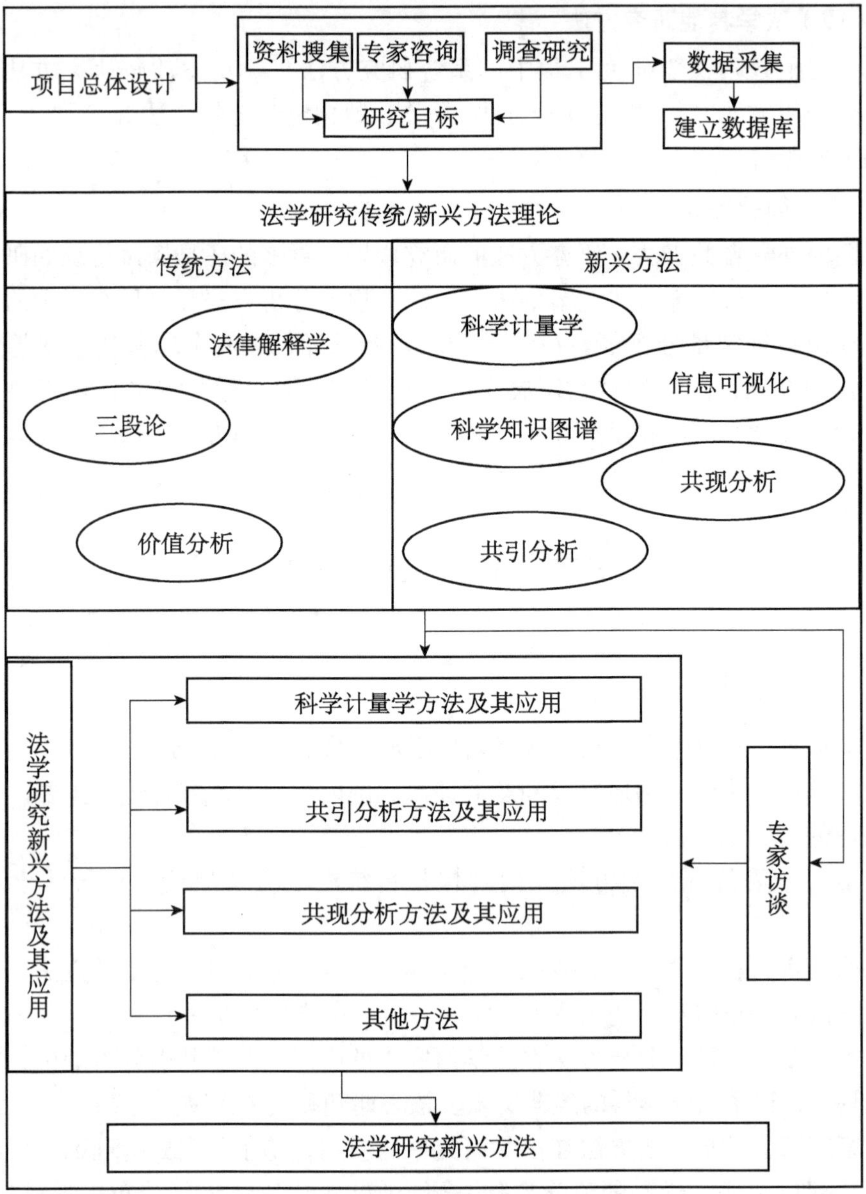

图 1.7　技术路线与逻辑思路

二、研究特色与创新之处

本书不仅限于探索法学研究新兴方法，同时采用共引分析方法、共现分析方法等全面梳理了法学学科演进与发展历程；采用 1900 ～ 2017 年百余年的全球法学学科 SSCI 论文数据，对法学学科的经典文献、核心期刊、代表人物、科学合作、高产国家 / 机构、研究成果的学科分布和研究热点主题等诸多问题及其演进进行了全面的分析；采用科学计量学相关方法对知识产权主题的一些前沿热点主题进行了探索研究。

本章参考文献

[1] 陈瑞华 . 法学研究方法的若干反思 [J]. 中外法学，2015，27（1）：22-28.

[2] 肖海军 . 从法学的研究对象与论证思路看法学研究方法 [J]. 时代法学，2016，14（6）：7-12.

[3] 张文显，姚建宗 . 略论法学研究中的价值分析方法 [J]. 法学评论，1991，（5）：7-11.

[4] 佚名 . 案例研究法 [EB/OL]. https：//wenku.baidu.com/view/86165cef4431b90d6d85c70e.html [2016-10-11].

[5] 王家启 . 法学案例教学模式与方法述论 [J]. 北京科技大学学报（社会科学版），2009，（3）：70-75.

[6] 刘燕 . 法学教学方法的问题与完善途径——以案例教学为例 [J]. 中国大学教学，2013，（7）：62-64.

[7] 程宏 . 法学案例教学的方法与运用 [J]. 湖北社会科学，2008，（11）：150-153.

[8] Palys T，Lowman J.Anticipating law：research methods，ethics，and the law of privilege [J].Sociological Methodology，2002，32：1-17.

[9] 邹晓玫 . 系统法学研究方法评述 [J]. 惠州学院学报，2007，（2）：29-33.

[10] 舒国滢 . 法学研究方法的历史演进 [J]. 法律科学（西北政法学院学报），1992，（4）：22-26.

[11] 李其瑞 . 论法学研究方法的多元化趋向 [J]. 法律科学 . 西北政法学院学报，2004,（4）：16-22.

[12] 喻中 . 法学方法论视野中的规范分析方法及其哲学基础 [J]. 新疆社会科学，2004，（3）：75-80.

[13] 古力，余军 . 行政法律责任的规范分析——兼论行政法学研究方法 [J]. 中国法学，2004，（5）：39-46.

[14] Reichman J H，Okediji R L. When copyright law and science collide：empowering digitally integrated research methods on a global scale [J].Minnesota Law Review，2012，96（4）：1362-1480.

[15] Hoffman M.International economic law and the Internet：content，quality and research methods [J].Journal of International Economic Law，2001，4（1）：231-244.

第二章　传统法学方法

第一节　传统法学方法概览

一、引言

法学是什么？法律人对这个问题一直都在寻求解释。美国比较法学家梅利曼认为，法学是植根于特定历史时期、特定地域的文化，反映特定人群对法律的思考和需求；我国多数学者认为，法学是以寻求法律秩序为目的，探寻法律发展规律的一门学问[1]。

法学研究一般划分为三个层次：第一层，以法律规范的形成、适用、效力等规律为研究对象的法学，主要从法律规范抽象的一般规则出发，探讨法律规范自身的科学性，其与经验科学相对立，表现为对法律概念、结构、功能和实现方式的思考，研究法律规范的特性及一般原理[2]；第二层，关于以法律规范的理解与适用为研究对象的法学，主要考察部门法法律规范的内涵、体系、效力及具体适用，法律不经解释不能适用，只有通过解释才能将规范真意落在实处；第三层，借助历史学、社会学、经济学等知识，揭示社会生活中法律的发展规律和价值内涵，为立法和司法提供价值判断标准。无论是法教义学还是法律适用，都需要进行价值判断，对法律哲学的本质予以界定。法学研究的第三层次需要借助多学科知识才能全面理解法律现象，法学在这个层面被称为博学中的博学[3]。

法学方法论是研究法律规律、提供法律适用的科学方法，应当吸取上述三个层次的核心思想，以具体的司法适用为基础，结合多学科知识，实现司法实践中法律适用的最佳效果。通过运用法学方法论，法律工作者不仅可以构建法律概念和体系，还可以实际运用法律，实现“纸面上法”向“现实中法”的转换。传统的法学方法论不是关于法学研究的方法，而是研究司法裁判中如何准确、科学地适用法律规范的方法，具有浓厚的实践色彩，通过总结实践经验上升为理论体系，再为法律适用提供理论指导。

法学方法论要为司法裁判者提供反映裁判活动中法律适用规律的方法，要在全面考察裁判实践经验的基础上，对可能采取的方法进行总结、抽象、具体并使之体系化，提炼一套具有规律性且能为裁判者掌握和运用的操作技能，指引裁判结果使其具有可预期性，为实现司法正义提供保障。法学方法论为研究者提供讨论的空间，法学专门的知识体系和独特思维方式使得法学研究者作为一个学术共同体进行对话与交流，防止法官陷入狭隘的经验主义而导致裁判的不公。法学归根结底是一个科学制定法律并准确适用法律的学科，需要构建自身的知识与理论体系，法学方法论作为指导法律适用的方法，直接体现了法学学科的价值与使命。

二、法学方法论的界定与功能

（一）法学方法论的界定

所谓方法，是为实现一定目的而采取的途径、步骤或手段，是人们为解决某个问题而采取的特定活动方式。总体来讲，方法是指人们在解决具体问题过程中的思维活动。特定问题的解决或一定意图和目的的实现，必定依赖于一定的方法；反之，方法的选择又影响问题解决的效果，以及意图和目的实现的程度。因此，方法对研究的重要性不言而喻，研究路径首先是对方法的选择，研究创新首先是对研究方法的创新[4]。法学方法就是认识和运用法律的工具。英美法学者将法学方法称为“法律推理”“法律论证”“法律方法”“法律解释”等。这些不同称谓的中心意思都是解释、运用判例法和成文法，通过特定技巧将法律规则与案件事实结合起来，并得出妥当裁判结论的方法[5]，其法律推理通过解释判例和成文法来裁判案件。大陆法以成文法解释为基础，侧重对法律文本的解释和法律漏洞的填补。两大法系的法学方法论的含义不约而同地遵循一定的方法对案件进行裁判，围绕案件裁判中的法律理解，寻找法律适用的一般规律。我国学术界对法学方法也存在多种术语，如“法律方法”“法律解释”“裁判方法”“法律推理”“法律论证”等，其含义与两大法系法学方法论相同，术语复杂并不利于方法论的学习，在此仅以“法学方法论”统称以上术语。

怎样理解“法学方法论”呢？法学方法论是研究法律适用规律的方法体系，通过总结、归纳法律解释、价值判断、法律论证等法律运用中的一般规律，在裁判活动中进行运用，确保裁判者依法进行公正裁判[3]。法学方法论以案件裁判中法官裁判活动为实践，以法官对法律文本的解释为内容，以法官的思维方式为考察对象，以法官运用的三段论过程为基点进行展开。概言之，是法官运用三段论准确解释法律，作出法律价值判断的方法归纳和总结。从这个角度讲，法学方法论是案件裁判方法的一般规律，这与法学立法论是截然不同的。但是，法学方法论的法律解释和价值解释又完全可被法学研究的立法学所使用，法律思维是立法与司法都需要具备的基本素养。法学方法论尽管需要借助其他学科的研究方法，如价值研究法、社会研究法，但其以探寻、归纳案件裁判过程中的法律适用为目的，因而具有自己特有的研究法律适用的方法。法学方法论总体上需要包括一般性原则和各种具体的研究方法，要对各种法律解释、适用方法进行系统总结，从而形成特有的理论体系。其中，方法可以是散乱的，而方法论是理论框架下形成的系统学科知识内容，因此不能将法学方法简单等同于法学方法论。方法是达到目的的途径和手段，是通往某一目标的路径，是理性的也是可检验或可控的，是对理论和实践的一种有界限的认识[6]。而方法论是对方法的形成、运用等规律的总结，是用以对方法、规则、假设进行分析的科学。

对法学方法论的认识要注意厘清两种误区：一是将法学方法论视为法学的技艺。尽管法学方法论服务于司法实践，但不能简单地将法学方法论等同于解决法律问题的规则。法律解释、法律推理、法律论证中方法运用属于法学方法论的内容，但简单地理解法学方法论就是上述内容，会将法学方法论沦为法律技术的工具，导致方法论内容上的割裂，难以构建法学方法论内容的有机体系，法律解释并不是一种确定规则下的活动，解释者需要根据案件事实进行法治范围内容创意解释。如果法官脱离法治本质而进行随意性的法律解释，会失去司法的严肃，导致司法的不公。同时，将法学方法论的内容限定在解释、推理、论证等方法适用不利于发挥法官的作用。特别是法律中的“过错”“善意”“公共利益”“公共秩序”“善良风俗”等内容缺乏具体释义，需要授予法官自由裁量进行个案解释；当法律对利益的评价缺失或不确定时，需要法官经常进行利益平衡与价值判断来弥补法律的漏洞。法学方法论不是具体的操作规则，不是简单遵守就能保障法律的正确适用。法学方法论除了具有工具价值之外，还具有控制法官自由裁量权、引导法官公正裁判，从而使得裁判结果为双方当事人及社会公众所信服的价值[7]。二是将法学方法论奉为哲学神坛。法学是一门充满实践理性的学科，法学方法论研究的对象是法律司法适用的规律，是寻求判决遵循何种规则来实现法律的妥当性与安定性，而不是一门形而上的哲学科学。如何通过规范将法律价值运用于事实，作出外有约束力、内有说服力的判断，是法学方法论要解决的问题。法学方法论的目的在于揭示法律在社会现实中运行的全部流程和实际效果，引导社会主体对法律行为规范的认知，分析主体间利益冲突的社会根源，建立不同主体间的利益冲突和纠纷解决机制，构建社会正义实现途径。我国作为大陆法系国家之一，通过对成文法的解释和适用，法官的裁判一般可以适度地预见结果，而法学方法论在法官审判过程中的应用，可以控制审判的预见结果。

（二）法学方法论的功能

法学方法论需要围绕司法活动中三个基本的问题展开，即认定特定案件事实、发现最密切联系的裁判规则，进行案件事实与法律规范的连接得出裁判结论。在连接过程中，不能在法律之外作出价值判断和利益衡量，更不能以法官个人进行价值判断和利益衡量来替代法律规范的适用。所有的价值判断只能内化于案件事实和规范内容。因此，法学方法论通过总结与归纳法律解释、价值判断、法律论证等法律适用的一般规律，并将其运用在司法审判中以确保法官依法公正裁决。法学方法论具有以下几个基本功能。

1. 法学方法论可以指引法官合法公正地适用法律

法学方法论不仅可以对法律文本进行科学解释，而且可以准确公正地将法律规范适用到案件审判之中，为法律解释和填补漏洞提供方法，确定法律推理方法、价值判断方法、法律论证方法。其不仅提供方法，还对方法适用进行系统总结，并对方法适用规律进行整理和抽象，形成法学方法的理论体系，其目的是保障司法裁判的公正性与合法性。

2. 法学方法论可以运用不同方法解决法律适用的具体问题

法学方法论运用法律解释方法寻找与案件事实密切联系的法律，为解释法律提供正确的方法，法学方法论不同于法律解释学本身，法律解释学侧重正确解释法律规范的含义，是法学方法论的组成部分；法学方法论要为大前提（法律规范）和小前提（案件事实）提供相互连接的一套正确方法，将法律适用中的三个阶段（法律发现、法律解释、法律应用）有效连接，运用在审判活动之中；法学方法论指导法官进行正确的价值判断，通过自由裁量权弥补三段论过于机械僵化的逻辑推理。当然，法学方法论在法律适用中的核心功能是有效规制法官裁量权的运用。法官对“方法的选择及价值的评估，最终都必须以类似的、用以支持不同方法和价值的考虑因素作为指南，每个法官都在其能力限度内进行立法”[8]。法学方法论限制法官裁量权主要通过方法或者程序来完成，通过司法三段论、法律解释、价值判断来限制法官的自由裁量权行使。

3. 法学方法论为司法裁判提供可操作、可验证的方法路径

法学方法论对司法裁判过程进行分解，便于法官操作，裁判结果能够在方法论上得以验证。首先，实现价值判断的客观化。法学方法论寻找使价值判断客观化的方法，从而保证法的普遍性和法的安定性在切合时代使命的目标下得以客观地向前实践，法律解释过程的客观化、价值判断的客观化、法律推理

的客观化，可以避免司法裁判的价值中立。其次，通过对司法三段论内容的阐述，确定法律规范、案件事实及有效实现法律规范与案件事实的连接。这从方法论的层面得出司法裁判结论是合乎逻辑的必然结果，而且该种操作过程能够得以检视[7]。应该说，法学方法论主要研究的就是裁判方法的科学，法学方法实际上就是裁判方法，裁判方法任务就是总结法官日常工作过程，进行理论概括并寻求规律性，通过裁判活动实现法律的公平正义价值，通过类似案例的处理，保障法律的可预期性。

三、法学方法论的研究对象

（一）抽象性的研究对象

在说明法学方法论的研究对象前，需要鉴别两个极易混淆的概念，即“法学方法”与“法律方法”，这也是确定法学方法论研究对象的前提。无论从我国学者引进的德国法对法学方法用语的解释，还是从我国台湾地区学者诠释的法学方法内涵来看，我们对法学方法的理解实际上存在广义和狭义之分。广义的法学方法包括研究、分析、制定和适用法律的方法，这些方法都以法律为对象，可以统称为法律方法。法律方法是认识和研究法律现象的方法，又可以细分为立法方法、司法方法、法学研究方法、法律学习方法。狭义的法学方法仅指法律适用的方法，本章将法学方法限定在狭义上展开。从这个意义上看，法律方法是法学方法的上位概念，但法律方法与法学方法是相互联系的，无论立法还是司法，都会采用价值判断方法，都可能运用到经济效益、道德伦理、实证检验等方法对冲突法益进行衡量。也就是说，立法通过法律制定、司法通过法律解释与漏洞填补，共同完成社会活动秩序的调整。

那么，从法律适用角度分析，法学方法论以研究法律解释活动的一般规律、方法及其适用为对象。法律规范以严密的逻辑结构，将案件事实通过抽象方式概括为规范事实，进而描述法律效果的发生。传统理论将法律适用表达为“司法三段论”，大前提是法律规则，小前提是适用法律规范的案件事实，运用法律解释，就可以得出适用案件的结论。法官通过司法三段论的方法，运用逻辑涵摄，能够实现法律的有效适用。此种裁判方式建立在四个客观条件基础之上：首先，法律体系完善，即使具体法律规范偶有漏洞，运用法律解释方法可以弥补法律漏洞。其次，法律概念清晰，即使概念不明确，运用法律解释方法能够解释其含义。再次，事实认定清楚，即使事实认定不明确，裁判中也能通过证据规则对此予以确认。例如，在民事案件通过证明责任分配来实现案件结论的客观性，在刑事案件根据“疑罪从无”原则排除被控诉人的罪行。最后，将具体的案例事实置于法律规范要件之下，通过法律适用的涵摄，建立自然连接，若发生规范冲突，只需根据立法目的进行法律解释[9]。

但是，客观裁判的理想是美好的，社会生活的事实是复杂的，司法三段论中的大前提、小前提及连接过程，总会存在诸多障碍。实然的场景往往是法律体系及其内容并不完备，法律概念也不确定，难以描述生活中的客观事实，“只能是一种事实模型，是对客观事实的类型化与抽象化”的存在[10]，而填补法律漏洞的方法的选择与逻辑如何并不唯一确定；将案件事实认定为法律事实的过程，基于证据获取的不确定性未必能完整地还原真实性事实，法律事实的认定需依据可操作性的形式和逻辑展开，展开路径并不确定；法律规范与案件事实的连接并非是自然而然的过程，这不仅是根据立法目的进行法律解释就可以完成的过程，也不仅是根据大、小前提导出法律推理结论的单纯形式逻辑演绎活动，而是一个包含认知、心理、情感、逻辑等多重因素的复杂思维过程。法官的经验、价值取向、道德修养都会对案件判决产生重大的影响。特别是对于疑难案件，由于法律规则解释与案件事实认定等多重原因，法律适用愈加困难[7]。

（二）具象性的研究对象

法学方法论研究的对象是在裁判活动中的法律适用问题，即正确地理解法律的内涵及立法目的和精神，科学地展开概念语义和逻辑分析，确定法律推理和逻辑思维路径，准确地适用法律，解决司法案件纠纷。因此，法学方法论应将以下问题作为其研究对象并展开分析。

1. 确定法律规范的方法

在案件审理过程中究竟适用哪个或几个法律规范，是司法三段论中大前提确定的过程。法学方法论就是确立法律适用的技巧和方法，保证具体案件事实在法律体系中均可以找到对应的法律规则，保障抽象的规范和具体的案件事实能够结合在一起。而法律适用的前提就是有可供适用的法律，而寻找可供适用的法律的方法与过程是法学方法论首要的研究内容。

2. 进行法律解释的方法

法律解释是对成文法进行的解释，是解释主体对法律文本进行理解和说明的过程，目的是便于法律适用。法理解释方法包括法律解释的思路、方式和程序，用何种方式来理解法律，并可以在成文法没有具体规则的情况下起到填补法律漏洞的作用。在大陆法系国家的法学理论中，法律解释方法是一个不断发展的体系，后文进行详细阐释，而法律解释方法同时也是法律论证的方法，需要遵循一定的方法或规则，使该种解释结果具有可靠性。正确适用的法律解释方法可以确保法官在裁判的过程中准确理解法律概念和规则的含义，发现、修正、补充及运用法律，是合理进行案件裁判的基础。

3. 认定案件事实的方法

在司法审判中，法官需要将案件的客观事实抽象化为法律规范的要件事实，并将要件事实进行系统化，与法律规范进行有效连接，只有当事实与法律规范密切连接在一起，才算完成法律适用。法学方法论在案件事实认定过程中提供方法和路径。

4. 确定案件事实与法律规范最密切连接的方法

实现案件事实与法律规范的有效连接，其实质就是在多个法律规范中寻找最妥当的法律规范，克服复杂化事实与固化规范间的紧张，同时寻找适应案件事实的法律规范的事实构成，从而得出最为妥当的裁判结论[3]。实现事实与规范的有效连接，可以实现个案的妥当性与法的稳定性间的协调，这不同于证据规则、法律解释学等内容。

5. 案件说理论证的方法

在说理论证中，法官要进行价值判断和利益衡量，法学方法论需要通过提供一定的方法，避免将具有主观性色彩的价值判断与利益衡量沦为法官纯粹的个人立场。价值判断与利益衡量的运用是为了弥补法律规定的漏洞，因此，价值判断与利益衡量在司法中的主要作用是确定大前提，而法官的价值判断与利益衡量则主要表现于司法裁判的结果。法学方法论一方面需要分析如何将价值判断与利益衡量作为确定大前提法律规范的考量因素，从而实现价值判断与利益衡量的有迹可循；另一方面，需要分析如何运用价值判断与利益衡量作为司法裁判结果验证的工具，避免法官主观的价值判断与利益衡量，实现其可控性[7]。法官应根据法律确定的价值体系进行判断，在法律没有明确规定价值体系的情况下，应根据达成的价值共识来实现价值判断。法官为此要承担对价值判断论证的义务，这些是价值判断所需要遵循的规则，也是规范价值判断的内容[3]，只有这样才能实现价值判断的客观化与程序化。

法律论证要完成法律适用中既定的论证内容：

（1）准确寻找大前提的论证。法律论证为裁判案件找到了正确适用法律的大前提，缩小了法官据以裁判的法源的范围，有效地促进了法的适用[10]。在法律规范的解释方法特别是需要漏洞填补运用时，更需要对法律采纳何种法律的续造方法进行论证[3]，才能使确定案件事实的法律规范的选取具有合法性与公正性。

（2）法律事实的论证。法律事实不同于一般的客观事实，与用证据来论证法律事实时有不同的论证结构，这主要表现为对规范性事实进行论证。该种论证是指对过去事件的判断中必须应用特定的标准进行论证[11]。因为证据的采纳加入特定的判断标准，必然会影响作为证据证明的法律事实的真实性，所以需要对该种标准的采纳进行论证说理，使法律事实的获得具有客观性与可检视性。

（3）如何实现法律规范与案件事实的连接的论证。法律规范与案件事实的连接并不是一个自然而然的涵摄过程。根据最密切联系原则确定法律规范与要件事实的连接，不仅涉及逻辑推理，还涉及价值判断[3]。此外，连接是一个目的之间往返流转的多个过程。这就需要对连接过程进行反复论证。

（4）妥当的裁判结论的论证。在适用法律的过程中有可能出现多种可能的裁判结论，这就需要法律论证从多种裁判结论中找出符合法律规范、尊重案件事实，能够有效平衡当事人利益的妥当结论。总而言之，法律论证具有增加判决的说理性、增强判决的妥当性与公正性的功能，还具有规范法官的自由裁量权的功能。

（三）法学方法论的历史发展

关于法学方法的系统论述可以追溯至罗马法时代。罗马法学家对具体问题的实践活动的方法论和法律解释理论中的基本概念进行了界定[3]，罗马共和国时期，大法官已经开始采用伦理解释方法，根据公平正义原则修改滞后法律[12]；罗马法时期出现类推解释方法、辩证解释法、分析解释法、词源解释法等方法，但是关注的都是具体法律问题的谈论，而不是方法论的研究。15世纪之后，人们开始重视对法律的解释，注重从案件中推理与归纳法律，对法学方法论内容的研究不多，这是由于当时还处在自然法时代。自然法学派认为法律并不是人类意志创设的，而是实定法之外的客观存在的人性、理性、正义、自由、平等所蕴含的和谐统一秩序。自然法无视制定法漏洞与不足的认知，因此被19世纪实证主义法学所抨击，在日后的法学研究中，围绕法学是否拥有独立的方法论问题，形成了“方法自足论”和“方法非自足论”[3]的不同学术流派。法学方法论的发展历史，实际上就是法学思潮的流变史。其中，“方法自足论”的代表分别为历史法学派和概念法学派，“方法非自足论”的代表分别是利益法学派和自由法学派。

（四）历史法学与概念法学

历史法学的代表性人物是德国学者萨维尼，其主张将法律作为一种历史性社会事实交易经验进行研究，法律是民族精神的反映，不是立法者意志的简单表达。萨维尼的历史主义否认对超验世界的规范，强调法律是对此世构成的规则体系，是对历史连续性的假设，以及对历史的无意识的进化性的解释。历史主义方法论排斥任何有关超越历史和此世之外的纯粹法律体系的观念，排斥构建任何解决所有问题的法律规范体系的意图。法律只能是历史存在的、在历史中展开的法律，人们可依据习惯法展示的历史中的法律，建立一个科学的法律体系，但这一法律体系必定在实践中不断地验证自身的科学性。因此，任何科学的法律体系都是特定时空中的法律体系[13]。萨维尼的法学研究方法及其功能的框架主张植根于历史中的法律，从非理性历史中发现法律是对法律的科学认识的唯一途径。而法律知识存在于历史阐释之中，是"追溯每一既定的制度直至其源头，从而发现一个根本的原理原则，借此依然具有生命力的原理原则，或可将那些毫无生命、仅仅属于历史的部分剥离开来"，并对"这些公理进行厘别和区辨，从中推导出存在于一切法律概念和规则间的内在联系及其确切的亲和程度"。法律科学的研究方法是"历史－系统"的研究方法，借助于此可获得"在一个国族范围内前瞻未来评估时代的能力"，从而"对于生活在其中的时代保有适当的认识与评估"[13]。法学方法与法律一样，是一套独立自主的系统，国家历史和民族精神作为法律解释的考量依据。

受历史法学派影响的概念法学派认为：法律自身构成一个完整的、封闭的逻辑体系，要以概念金字塔的方式思考法律，任何法律结论要根据概念和体系通过逻辑推导出来，法律推理与论证仅需参考法律体系即可，无须考虑法律之外的道德、经济和社会的因素。一切法律结论都可以根据既定的规范，通过逻辑工具推演出来，法官只要机械地使用法律，只需要对立法者制定的三段论逻辑操作，如果遇到法律不明确的情况，法官的职责就在于努力发现并探求立法者的真意及法律规则的内涵，绝对不可创造法律。概念法学的法学方法论具有逻辑自足的特点，即凭借自身的逻辑思维能力对法律概念进行创造、更生、内涵限制、外延扩张，以达到概念之间的交互衍生，用已有的概念丰富新生的概念，并与之建立联系。这样可以使个别的法律概念与法律规则连接成统一的整体。概念法学借助庞大的关联性的体系，完成对法律关系中的有机本质的掌握和理解，将法源处理成"法体系"性的结论。上位概念通过逻辑一致和法理念共通来实现与下层概念的内在观照[14]。尽管概念法学运用的法律解释方法非常有限，但是其强调概念的逻辑性、体系性和科学性，注重严格依法裁判，限制法官自由裁量权，在一定程度上推动了法学方法论的发展。

（五）利益法学与自由法学

19 世纪西欧与北美的工业革命促成了技术与经济的进步，各种自然科学学科皆逐渐成形并影响到社会科学的诞生或重塑。一些法学家认为，对法学方法论的研究不能单纯地从历史实证和法律概念出发，司法裁判不能简单遵循“规范＋事实＝判决”的三段论，还应当注重法律目的和利益等因素，必须与社会学、历史学等其他社会科学的方法相结合，对法律进行观察和研究，完成法律的适用。因此，法学方法不应该封闭自足，而应属于社会科学方法的组成部分。利益法学派认为法学方法不仅是逻辑和形式，还包括理性价值判断，法律的本质是利益冲突的产物，每个法律规则都是以特定利益为基础的，立法者的目的在于协调这些利益，只有客观认识和衡量利益，才能正确认识法律规范[15]。利益法学为法官解释法律、填补法律漏洞提供了依据。法官的任务在于协助立法者填补法律的漏洞，在填补的过程中必须受到立法者各种意图的拘束，而填补法律漏洞的基本原则就是利益平衡[16]。法官享有自由裁量权，可以自主地去发现法，实现法官造法的功能。

自利益法学派对法学方法论的探讨以来，19 世纪也兴起了自由法学运动。自由法学认为，法律是人类意志的产物也是社会的产物，其产生有一定的目的，受目的支配，法律解释不能拘泥于概念体系，应当从目的出发，使法律尽可能为社会发展所需要。但是，生活中的个案纠纷通常是具象多维的，而为之提供裁判根据的法律规范却又是普遍抽象的。当法律规范不能为现实纠纷提供裁判依据时，法官如何进行裁判是法学方法论要解决的问题。自由法学认为，为求得一个客观妥适的个案判决或者说个案正义，法官所从事的绝非只是一种机械性的逻辑推演任务，而不可避免地会渗透进法官个体的价值判断[17]。与其说法秩序是由实在法建构的，不如说是由法律与法官共同缔造的。但自由法学派主张者也认为，法律漏洞不是由法官自主发现的，自由法学派主张根据社会学研究、交易习惯和善良风俗对法官造法权进行限制，结合目的与利益等考量因素，观察与分析法律现象，准确地把握立法目的，正确适用法律。

实际上，历史学派最早提出了法律解释的方法，使法律解释本身成为法律自身内在的思想，法官的职责在于发现和适用法律，但不能创造法律；概念法学由于强调法律的逻辑自足而表现出法律适用的机械作用，法官只能在概念体系中去解释法律，而不能在概念体系之外去解释法律，法官类似自动贩卖机；利益法学把利益界定为“生活价值”和“对生活价值的追求”，这种开放式、生活化的定义虽然克服了概念法学机械化倾向，却抛弃了学科专业化和精细化的术语要求，难免沦落为一个空洞无用的解释，也无法满足方法论上的可操作性、可预测性要求；自由法学虽然承认了法官造法的功能，但是对于法官填补漏洞的方式论证却不足，当其在法规范体系内部未能找到生活需求与利益，甚至与法体系所要保护的利益相冲突时，则势必要回到法官的个体价值进行平衡，又由于法官据以“填补”法源的变动性，缺乏相应的客观标准予以评判，人们对司法判决的预期性产生怀疑[17]。

从法学方法论发展历史来看，虽然法学可以成为一门科学，拥有独特的法学实践活动的方法，但该方法不是自给自足的，而是在融入社会学、经济学、逻辑学等社会科学，甚至融入数学、物理学、生物学等自然科学基础上形成的开放体系，是不断容纳其他学科知识和方法的学科系统。当然我们也可以看到，无论何种法学流派，基本上法学方法论包含四项基本内容，即司法三段论、法律解释、价值判断、法律论证，其通过不断地完善，形成了法学方法论的基本理论框架。

第二节　传统法学具体方法

一、司法三段论

（一）司法三段论的内涵

法学方法论作为指导法官裁判的工具，要以司法三段论为基础，即将抽象的法律条文运用到具体的案件事实并作出裁判，完成从抽象到具体的过程。自古希腊哲学家亚里士多德建立起一套严密的逻辑理论体系以来，它不仅构成了现代法治的基本结构，也是法学家的基本思维形式和技术，被认为是法治社会的坚实基础[18]。司法三段论是法学方法论的核心内容，是从两个前提推导出一个结论的演绎过程（表 2.1）。

表 2.1　司法三段论

设定	形式逻辑	演绎论证
大前提 T	T → R	如具备 T 的要件，则适用 R 的法律效果
小前提 S	S=T	特定案件事实符合 T 的要件
裁判结论 R	S → R	推理得出 S 适用 R 的法律效果

司法三段论中的大前提是“能够引起法律效果的法律规范”；小前提是“法律事实”，需要通过推理得出案件事实与法律效果因连接产生的裁判结论。只要大小前提是真实的，结论必然也是真实的。司法三段论的推理使结论客观、合理，从而使结论具有严密的逻辑性，而非法官通过自身的肆意思考进

行判断。建立在逻辑基础之上的司法三段论裁判是最基本的裁判模式。从司法裁判的正当性角度来看，借助于司法三段论的法律推理是一种最好的说理技术，因为其目的就是为司法裁判寻找以法律为根据的正当理由。借助司法三段论，裁判者可以按照各种可能的思维路径和规则需求来推导出判决结论，每个案件的判决都必须借助于符合逻辑要求的司法三段论进行推导。司法三段论的主要优势在于以下几个方面。

（1）它以严谨的形式逻辑实现司法裁判的形式正义要求。司法三段论思维模式是合乎逻辑学推理规则的要求，而逻辑是实现法律推理合法性的首位要素。依据现有的成文法规则，通过逻辑推理展开合法性论证，是裁判说理的基本进路。它通过明确的规则和形式化的推理过程，在法律规范和案件事实间建立起有说服力的推理联系，消减推理者任意的空间，从形式上维护法律规范的稳定性，增强了说理的可预测性，实现了形式正义。

（2）它以科学的裁判流程确定大小前提的连接。在整个裁判过程中，法官的思考始终围绕大小前提的连接，无论怎样的价值判断都应与大小前提及其连接相结合，这样的思考方式是逻辑运用的裁判过程，而法律解释、法律论证都需要在这样一个基本框架内完成。任何解释都是针对大前提的解释，任何论证都是围绕连接进行的论证，任何的价值判断都是司法三段论运用中的判断，只有这样的裁判才能公开法官的思维，司法审判才是科学的审判流程。

（3）它以排除影响判决的各种因素形成裁判程序。这样不仅可以制约裁判者枉法裁判，还可以制止裁判者依主观、偏见和其他因素肆意推理解释。司法三段论指导下的案件判决仅是依据法规范、事实及规范与事实二者勾连起来后逻辑运行的结果，审判推理模式使社会和当事人对司法判决结论的预测成为可能，自然支持以周密推理和充分论证为基础的司法推理下的裁判结论。

（二）大前提——法律规范

大前提是司法审判中需要运用的法律规范，在复杂的法律体系中寻找司法三段论的大前提是非常复杂的，法学方法论就是要探讨寻找大前提的方法和技巧。在法律有规定的情况下，成为案件审理的大前提是与案件有最密切联系的具体法律裁判规范，是可适用裁判规则的，包含构成要件和法律效果的完全规范，其构成要件与案件事实之间具有对应性，并能有针对性地适用到特定案件之中。法律规范的寻找首先从既有的法律规则中寻找，不能将抽象的法律原则作为找法的结果，主要原因在于抽象的原则往往缺乏对应性；只有在既有的规范中没有寻找到合适大前提的情况下，才能进行法律漏洞的填补。而现实中裁判者寻找可适用的法律规范时，常常可能出现如表 2.2 所示的几种情形。

表 2.2　大前提确定的常见情形 ①

序号	寻找法律规范的结果	遭遇问题
1	有两个以上可供适用的法律规范	不知如何选择
2	仅有一个可供适用的法律规范	但法律理解不同
3	没有可供适用的法律规范	明显存在法律漏洞
4	法律规定抽象难以直接适用	需具象化进行价值补充
5	法律概念表达多义	但法律解释不同

这就意味着，法学方法论要建立寻找法律规范的方法和路径，就要确定可供司法三段论展开的大前提，但是找法的过程却是以小前提（案件事实）为基础的。虽然在司法三段论中大前提是逻辑起点，大前提在先小前提在后，大小前提之间形成推论关系，导致判决结论。但从大前提的来源来看，法律来自法律的经验生活，作为大前提的法律规范来自作为小前提的案件事实；从法律规范的形成过程看，法律是对所发生的法律现象的共同特征的概括、抽象的结果[19]。通过高度的概括与抽象性及法律规范的体系性，我们可以通过“四步法”[3]的基本模式寻找法律规范（表 2.3）。

表 2.3　确定大前提的基本模式

序号	寻找法律规范的方法	关注点
1	法律关系法	事实类型化标准
2	法律体系法	立法体系统一性
3	规范检索法	请求权与抗辩权路径
4	法律解释	法律涵摄过程

首先，根据法律关系性质寻找法律规范。正确的找法思维不是从生活出发，而是将案件事实抽象为法律关系，再通过法律关系的界定寻找法律。而法律关系的界定要通过事实类型化来完成，事实类型化又要以事实构成要件的类型化为分类标准，进行事实细化分类，从最细化事实中抽象法律关系，选取适当法律规范加以适用。

其次，通过体系思考选择法律规范。法律是逻辑一致的规范体系，寻找法律需要将法律的全部理解和整体认知结合起来，进行体系思考。在体系思考的过程中需要注意把握法律的总分立法结构，按照先分则后总则的路径去寻找法律规范；要注意法律规范适用的先后顺序，特殊规则优先适用；要考察积极条

① 本章中表 2.2 ～表 2.8 根据王利明教授所著《法学方法论》一书阐述观点整理得出。

件和消极条件，将请求权规则与抗辩规则一并考量；还需要把握条款之间的结合，完全性法律规范[①]可以直接适用，与事实要件吻合的不完全性法律规范，可以进行组合适用；排除与案件事实要件缺乏对应性的法律规范。体系化思考是保证法律适用统一性的基础。

再次，通过规范检索确定法律规范。规范检索是对法律适用的验证方法，主要依据诉讼原被告的请求进行法律规范的适用选择。对原告诉讼请求、被告反诉请求、被告抗辩请求逐一进行法律检索，对可供适用的法律规范进行判断。判断时注意寻找实体法中的完全性规范，可以独立作为裁判规范，而不完全规范存在隐含要件，需要通过法律解释补充为完全性规范。

最后，通过法律解释界定法律规范。找法的过程中，一旦找到相应规范，必须对其进行法律解释，法律未经解释不得使用。解释的主要内容是界定规范性要件，将其与案件事实进行对比，形成与事实要件的连接，这就是涵摄过程。规范要件就是法律规范所设定的法律效果应当具备的条件，与小前提事实有密切联系的规范要件，如民法中抵消的三个条件就是规范要件。规范要件有积极要件和消极要件之分，包括免责和抗辩事由。法律解释从规范要件界定出发，就是连接的开始，可以寻找最适当的裁判结论。

同时，在法无规定的情况下，通过漏洞填补过程寻找法律规范。法无规定的找法更困难，法官需要从案件事实出发，运用各种法律解释方法，通过创造性解释寻找法律规范。法无规定通常是指法律法规及司法解释没有规定，或立法者刻意沉默。对于立法者刻意沉默，不应作为法律漏洞，而是需要实践去检验，法官不能通过解释进行漏洞填补，只能探究立法者原意是否可以援引相关规定处理案件。而法律漏洞是指由于立法者未能充分预见需调整的社会关系，或未能有效协调与现有法律间的关系，或社会关系发展变化超越立法时的预见范围等导致的法律缺陷。法律漏洞表现为法律规范缺失，或法律规范间矛盾，或法律规范适用违反了公平正义价值。法律漏洞填补属于法律解释的任务之一，要遵守一定的程序和规则，大体可以按类推、目的性限缩、目的性扩张、习惯法填补、比较法填补、依法律原则填补的顺序进行解释，核心主旨遵照最密切联系原则填补。法律漏洞填补也可以参考指导性案例进行，指导性案例多已经完成法律漏洞填补工作，找法时可以直接参照适用。依据法律原则进行法律漏洞填补时，要按照司法三段论将原则转化为具体规则才可适用，通过法律解释将原则具体化。

① 完全性法律规范是指包含构成要件和法律效果的规范，不完全性法律规范是指两者缺少其一的规范。

（三）小前提——法律事实

司法三段论中的小前提是经过法律推理的法律事实，在法律适用中运用法律推理，最困难的就是构建小前提。德国学者卡尔·拉伦茨认为法律适用中的事实分为三种类型，即“生活事实”“证据证明的案件事实”“具备法律构成要件的案件事实”。我国学界通常认为法律适用中的事实分为两种形态，即“生活事实”和“案件事实”，而案件事实又分为“证据证明的案件事实”和“具备法律构成要件的案件事实”。我们将法律适用中的事实分为三种类型，即“生活事实”“案件事实”“法律事实”。三段论的小前提是法律事实，是经过法律涵摄，符合法律规范构成要件的案件事实[20]，有时很难区分案件事实与法律事实。确定小前提具有事实认定与寻找法律的功能。没有法律事实就无法按照三段论推理的要求进行演绎推理，而事实确定又是找法的基础。

在法律适用中，法律事实的认定非常复杂，适用程序大致分为四个步骤：第一步，运用证据规则确定生活事实，即按照证据规则经过法定程序证实案件事实的客观真实性，方法论是建立在证据法事实基础上，追求客观真实的法律事实。第二步，确定具有法律意义的案件事实。证据规则确定事实并非都可以构成小前提事实，作为小前提的事实并不是一般的生活事实，而是具有法律效果的事实。第三步，依据方法论规则确定要件事实。以具体法律规范的构成要件为标准，对经过证据证实的案件事实进行价值判断、评价。这一环节中，法官并非以整个案件事实与大前提连接，而是将要件事实与大前提进行连接。客观事实只有与要件事实相符合，才能产生一定的法律效力。第四步，小前提法律事实是可被大前提所涵盖的事实。在不同案件中无论事实如何变化，只要符合大前提的事实构成要件，大小前提都可以进行连接，法官要始终往返于规范与事实之间，不断补充查证新的事实。这四个步骤不是截然分开的而是同步进行的，将生活事实上升为法律事实，就是司法三段论小前提的建构过程（图2.1），也称为法律事实的识别。

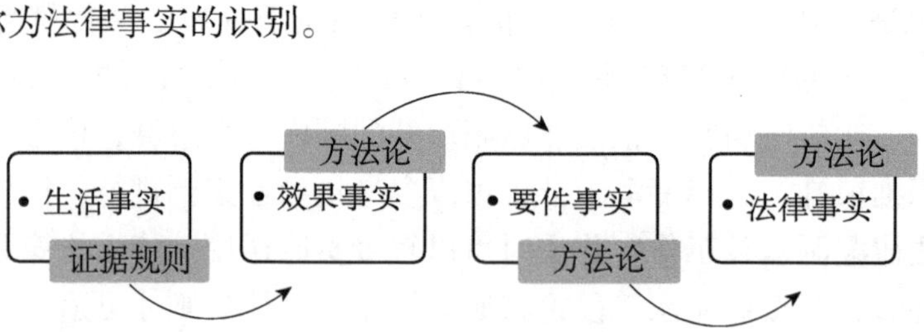

图 2.1　法律事实认定程序

生活事实是指在生活中实际发生的事实，这是案件事实最原始的状态。但生活事实不能直接作为适用法律的事实根据。在经过充分确实的证据证明生活事实的真实性与客观性后，通过相应法律规范的评价，确认生活事实的法律效果。在司法实践中经证据规则只能做到案件事实的“法律真实”，不能完全实现案件事实的“客观真实”。证据规则的应用可以接近“客观真实”，实现“法律真实”最大限度地符合“客观真实”。

法律事实是根据法律规定具有法律意义，能引起法律关系产生、发展、变更的行为和事件。故此，法律事实是指具有法律意义并能引起法律效果的案件事实。为使案件事实上升为法律事实，法官需以相应的法律规范对案件事实是否符合法律规范构成要件进行判断。既从案件到规范，又从规范到案件，对事实要件和规范要件进行反复验证和比对，判断事实与规范的相符程度，判断事实要件是否被规范要件所涵摄。这实际上也是连接的过程。法律规定的事实构成要件成为判断案件事实的法律意义、法律性质、法律效果的标准或尺度，而涵摄即为判断案件事实与法律规定的事实构成要件是否一致的思维过程。由案件事实向法律事实的转换，涵摄方法有决定性的意义。

法官将案件事实归入法律规范要件内，分析案件事实是否符合法律规定的事实构成要件的过程中，对事实的价值判断也是法律事实认定中极重要的因素，而价值判断经常隐含在大前提和小前提的建构中。案件事实的确认是通过事实与规范的“相互释明”过程完成的，而两者“相互释明”的标准所依据的法律规范具有明确的目的性。法律目的取向于法律价值，案件事实的形成、确认同样也离不开价值判断，需要法官从价值的角度分析、思考、评价案件事实的法律意义、性质。案件事实与法律规定的事实构成要件的相符程度，对案件事实的剪裁、取舍非常重要。价值判断在司法三段论中的应用，后文将进行详细的阐述。

（四）连接——规范与事实结合

连接是指司法三段论推理的过程中，通过一定的方法将大前提中的规范要件和小前提中的事实要件密切地结合在一起，以得出妥当的裁判结论。连接也称为涵摄。连接的任务就是将抽象一般的法律规则运用到具体的案件之中，与特定的案件事实相联系。就一个具体案件而言，连接过程中是否存在最密切联系的法律规则呢？在有数个裁判规则均存在于案件事实相互联系的可能性时，如何认定最密切联系的法律规则？应当承认的是，在价值多元的社会中，最密切联系规则并不都是唯一正确的裁判规则。在复杂疑难的案件中，不同价值之间在妥协与较量后，人们慢慢达成共识，产生并固定了用于法律裁判的最密切规则。通过该规则的适用，可以实现大多数人认可的法律意旨，产生大多数人可接受的法律效果。通过连接最密切联系规则进行法律推理，最终可以作出公正的裁判结论。

连接的第一任务就是进行最密切联系规则的确定，最密切联系规则的确定是逻辑推理和价值判断综合运用的结果。在大小前提确定之后，只要大前提的规范要件和案件事实可以对应，就可以通过逻辑推理的方式进行法律适用。主要有三种推理方法：第一，演绎推理。演绎推理得出正确结论的前提是大小前提都是真实的，是一般到特殊的推理方法。例如，法律关于法定婚龄的要求，当申请登记的某男某女的年龄符合要求，结论为可以登记结婚。第二，归纳推理。归纳推理是从个别知识推出一般性结论的推理，是从特殊到一般的推理方法。在归纳推理中可能存在前提真而结论假的情况，是一种或然性的推理。从案例和生活中总结出类型也是归纳推理的运用，如法律对违反公序良俗行为的类型归纳。司法三段论必然运用演绎推理，当使用归纳推理之后，仍然要进行演绎推理。第三，类比推理。类比推理是从特殊到特殊的推理方法。我国的指导性案例制度，开始逐步采用类比推理。运用类比推理要分析案件的相同点与不同点，如果不同点不涉及案件性质和规范构成要件，可类比推理进行指导裁判。三种推理方法都可以确定最密切的联系规则，但在推理背后始终伴随价值判断，价值判断需要从法律共同体的价值共识出发解释法律、判断法律关系、判断最密切联系性、判断可类比性等。

连接的过程是寻找连接法律和事实之间的要素的过程。只有这样，法律规范才能嵌入个别案件事实。完成连接主要有以下几个步骤（图 2.2）。

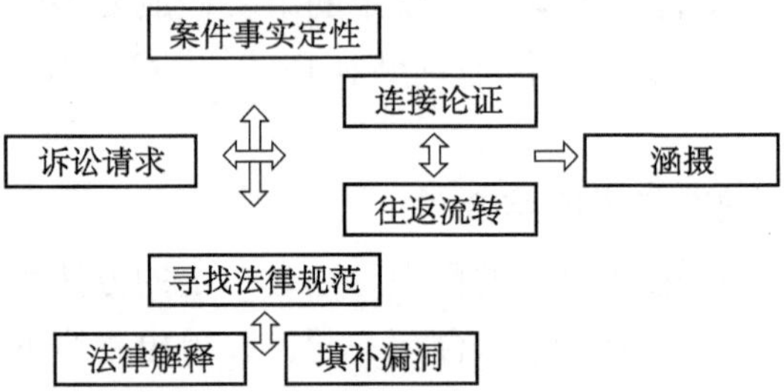

图 2.2　连接的基本步骤

第一，确定诉讼请求。诉讼请求是当事人诉讼的基本出发点，法官不能超越诉讼请求进行案件审理。无论是案件事实还是寻找法律，均需要在当事人诉讼请求范围内进行。

第二，案件事实定性。在生活事实向法律事实转换的过程中，既要剔除和剥离不具有法律联系的事实，又要找出具有法律意义的事实要素，确定法律事实的关键点，从中提炼法律效果要素，帮助案件定性。

第三，寻找法律规范。找法的过程要以事实为基础，确定适用的特殊规则，避免“向一般条款逃逸”的现象。只有欠缺具体法律规范时，才可能出现依据法律原则进行裁判的情形。

第四，法律解释。在司法三段论大前提中适用法律解释。法律解释在找法过程中具有权威性意见，可以通过法律解释确定最密切联系规则，也可以从多个规则中选择最能体现立法主旨的规则作为裁判的依据。

第五，填补漏洞。存在立法漏洞时，法官有义务填补法律漏洞，确定大前提进一步完成连接。

第六，连接论证。论证法律规范和案件事实之间可能存在对应性。连接中有可能出现多个规范与案件事实都具有对应性的情况，但是最密切联系原则强调高度对应性。除构成要素之外，还要从价值判断入手，考虑是否具有最密切联系性。

第七，往返流转。连接过程不是一次终结的，需要不断考虑事实和法律之间的相互关系，从而确定最密切联系规则，需要完成先从事实到法律，再从法律到事实的两个过程。既要从法律关系角度对事实进行分析，对事实进行法律概括，又要对法律进行诠释，能够适用到个别事实。两个过程的统一就是连接的过程。

第八，涵摄。连接是过程，涵摄是结果，寻找到最密切联系的规则就是涵摄过程。涵摄是连接的最后步骤，裁判结论的得出就是涵摄的结果。

法学方法论基本包括了发现法律事实、寻找法律规范、解释法律规则、事实和法律的连接、裁判结论的确定等几个问题，但是要解决的核心问题是大小前提的最密切连接。这一过程需要通过多种方法来实现，具体而言，存在法律关系分析法、请求权分析法、案例指导法（表 2.4）。

表 2.4　连接的基本方法

连接方法	连接点	特点	功能
法律关系分析法	以法律关系为媒介	事实与规范要件双重分析	把握法律关系要素
请求权分析法	以请求权为媒介	寻求请求权规范基础	给付之诉权利检索
案例指导法	以类似案例为媒介	典型性的示范	指引、统一、解释

第一，法律关系分析法，指通过梳理不同的法律关系，确定要素及其变动情况，从而把握案件的性质和当事人的权利义务关系，通过司法三段论准确适

用法律并作出裁判的方法。法律关系涉及主体、客体、内容要素，社会关系正是通过要素被认定为特定法律关系，每个要素决定特定社会法律关系定性，要素的变动也会引起社会法律关系的变动。把握法律关系要素，也就是把握案件事实要件并寻找规范要件。法学考察的对象就是特定的法律关系，任何法律问题都是对法律关系的分析与综合。

第二，请求权分析法，指通过寻求请求权基础，将小前提归入大前提，从而确定请求权是否能够得到支持的分析方法。采用请求权检索方法的好处在于，将权利逐一检索，很少会遗漏请求权，也不会遗漏法律条文的适用，分析请求权成立时必然会对积极要件和消极要件进行考量，可以发现抗辩权的存在。从实践上看，请求权分析法适合给付之诉的操作方法。但现行法律体系不完备，检索起来存在一定的困难，可能产生因法律漏洞而导致法律适用的困难。在某些案件中并不存在请求权，此方法对于形成之诉和确认之诉并不适用。

第三，案例指导法，指法官确定待决案件与指导性案例之间存在类似性，而指导性案例已经实现连接，法官可以依据指导性案例得出裁判结论的分析方法。指导性案例是我国语境下的用语，相当于判例法语境下的判例。两大法系都采用判例制度，但判例的法律效力有所不同。指导性案例可以有效地弥补司法解释的不足，司法解释具有抽象性、一般性、滞后性特点，但指导性案例具有针对性。及时性、准确性等特点，指导性案例制度与司法解释制度相辅相成，共同发挥解释法律、统一裁判、保障法律准确适用的功能。指导性案例法通过对比案件基本事实、法律关系、案件争议焦点、案件争议法律问题等维度确立类似性。一旦类似性确立，就应参照指导性案例的裁判结论进行裁判，这样有助于指引、统一、解释法律规范的适用。

（五）自由裁量及其限制

司法三段论形成一个完整的逻辑过程，但不是单纯的形式逻辑。法官根据大小前提的确定进行大小前提的有效连接时，都可能具有一定的弹性，需要法官运用科学的方法进行自由裁量，最终完成有效的司法三段论推理。司法自由裁量通常指法官在法律规定的范围内，根据一定的案件事实选择法律的适用并作出裁判的自由决定权，任何裁判都离不开自由裁量。司法自由裁量权既是司法权的一种表现形式，也是司法活动中的一种权力运作方式。司法权运作过程实际就是司法机关对当事人双方争议的案件进行分析、判断、确认并依照法律规定作出裁判的过程，进而据此对社会行为及价值观产生规范、引导作用[21]。因此，司法自由裁量与价值判断具有天然不可分割的联系。一般而言，法律赋予法官的自由裁量空间越大，则法官的价值判断空间就越大，相反也是如此。与价值判断相比，利益衡量也有相似性。无论是价值判断还是利益衡量都需要遵守一定的规则，在方法论上对其进行约束，最终规范法官的自由裁量权。

司法自由裁量权是法律赋予法官所享有的。其行使的前提必须是法律对该权力作出明确规定，法官在法律规定的范围内进行裁量。但是成文法中不能建立完全的自由裁量，需要在法官的自由裁量和法官的自由裁量的限制之间保持一种平衡，也有必要对裁量权进行限制。法律规定可以行使司法自由裁量权的情形主要有以下六种情况（表 2.5）。

表 2.5　司法自由裁量权行使依据

序号	法律依据	规范示例
1	根据案件具体情况进行自由裁量	《中华人民共和国侵权责任法》第二十四条
2	根据案件具体情况解释法律条文	《中华人民共和国合同法》第一百一十六条
3	在法定范围与限度内裁量	《中华人民共和国合同法》第一百一十四条
4	从几种法定情形中择一裁量	《中华人民共和国合同法》第五十四条
5	参考因素范围内自由裁量	《中华人民共和国侵权责任法》第四十七条
6	法律漏洞情形下进行裁量（无规定、规范冲突、规定滞后）	《中华人民共和国合同法》第五十一条与《中华人民共和国物权法》第一百零六条、《中华人民共和国民法通则》第一百条

（1）法官可以根据案件的具体情况进行自由裁量。法律授权法官根据具体案件情况进行判断，考虑社会生活的复杂性，赋予法官个案认定的权力。有的条文虽然没有明确表示考虑具体情况，但根据含义可知法官需要根据具体情况进行判断。

（2）根据案件具体情况解释法律条文。凡是法律文义不清，都需要法官进行法律解释，尤其是法律允许法官在解释中进行价值判断的情况，法官享有解释空间。法官按照方法论进行解释，阐述解释的合理性就属于法官自由裁量的空间。

（3）在法定范围与限度内裁量。法律确定法官自由裁量的范围，如果明确列举法官可供选择的情况，自由裁量权较小，如果采用兜底条款规定，法官享有较大自由裁量权，总之，法官只能在法律规定的范围内进行裁量。

（4）从几种法定情形中择一裁量。在这种情形下，法律虽然给予法官一定裁量空间，但是只能在法定的情形中进行选择，不能在其他的情形中选择。如果在同一个案件中有多个法律规范可供适用，选择不同的规范适用导致不同案件的处理结果，法官有权根据法律解释进行可供适用的法律规范。

（5）参考因素范围内自由裁量。法官只能在法律规定参考因素范围内进行裁量，作出符合立法目的的裁判。参考因素可以是赔偿额度，也可以是赔偿标准等。

（6）法律漏洞情形下进行裁量。在法律存在漏洞的前提下，如何保障法官自由裁量权的行使，是法学方法论格外关注的问题。在法律有漏洞的情况下，法官根据案件具体情况对法律条文进行补充，享有的自由裁量权较大。法律漏洞通常以法律无规定、法律规范冲突、法律规定滞后等形式出现。在法律没有规定的情况下，法官可以援引法律原则进行裁判。在法律冲突情况下如何选择适用，在法律规定滞后情况下如何进行解释适用，这些都需要法官进行自由裁量。

从法学方法论角度探讨司法自由裁量权涉及如何通过行使自由裁量权达到最佳司法效果。自由裁量权的行使不应是无限制的，相反，限制和规范自由裁量权正是法学方法论格外关注的问题。规范与限制可以使自由裁量权的行使达到裁判统一、规范漏洞填补、达到个案公正的目的。法律如果对自由裁量权限制有规定，应按照法律规定进行自由裁量权的限制。在法律没有规定的情况下，法官要遵守一定方法进行自由裁量权的限制。其具体可以分为以下七种限定方式进行规制（表 2.6）。

表 2.6　司法自由裁量权的限制

序号	限制方式	规范示例
1	不得违背法律文义和目的	《中华人民共和国侵权责任法》第二十二条
2	规范竞合的选择适用权归属当事人	《中华人民共和国合同法》第一百二十二条、第一百一十六条
3	限定规范构成要件范围的自由裁量	《中华人民共和国侵权责任法》第二十二条
4	限定参考因素范围的自由裁量	《最高人民法院关于确定民事侵权精神损害赔偿责任若干问题的解释》第十条
5	限定自由裁量幅度	《中华人民共和国消费者权益保护法》第五十五条
6	循序程序法要求的自由裁量	《最高人民法院关于适用〈中华人民共和国民事诉讼法〉的解释》第一百四十三条
7	法无规定时依据方法论的自由裁量	《中华人民共和国侵权责任法》第十五条、《中华人民共和国物权法》第五十九条

（1）自由裁量权的行使不得违背法律文义和目的。如果法律规范的文义表

达是明确清晰的，法官需要按照文义进行法律解释，文义内容的范围成为法官自由裁量权的范围；如果法律规范中表达明确的目的和意图，法官应依据立法者的立法目的和意图进行法律解释。

（2）规范竞合的选择适用权归属当事人，法官不得替代当事人进行选择，此时法官的自由裁量权限定在当事人进行规范选择之后的法律适用之中。

（3）限定规范构成要件范围内的裁量。法律规范规定构成要件，法官的自由裁量权被限制在规范要件的范围之内。当规范要件欠缺时，法官可以通过法律解释来弥补规范要件的缺失。

（4）限定参考因素范围的自由裁量。法官需要在法律规定参考因素内进行自由裁量，而不能在自身认为重要的因素内进行裁量，这限制了法官肆意解释法律的权力的滥用。

（5）限定自由裁量幅度。法律规范明确规定自由裁量的幅度，法官只能在该幅度范围内进行自由裁量。

（6）循序程序法要求的自由裁量。法官的自由裁量不能随意更改程序法的约束，需要严格按照程序法定的要求进行裁量活动。对法律关于程序适用的规定，法官没有自由裁量的空间。

（7）法无规定时法官依据方法论的自由裁量。在缺失法律规范调整的情形下，法官基于当事人请求按照法律解释方法、填补漏洞的方法、确定最密切联系原则的方法、价值判断的方法、指导性案例的方法、尊重通说与共识的方法进行裁判结论的推理与论证，完成司法三段论中大小前提的确定，以及法律与事实连接的裁判任务。

二、法律解释学

法律解释方法是司法三段论框架内寻找大前提的方法，也是确定与案件事实最密切联系规则的方法。萨维尼提出了经典的法律解释方法观点，即在制定法解释中区分出文法要素、逻辑要素、历史要素和体系要素[22]。自此法学研究者开始探究法律解释学的方法类型。

我国法理学界对法律解释方法类型的划分尚未形成一致意见：有学者将法律解释方法单纯地归结为文义解释，认为字面解释、限缩解释、法义解释、合宪解释、当然解释、语法解释、体系解释、比较解释都属于文义解释的范畴，因为上述解释方法均是对法律文义的发现[23]；也有学者认为文义解释可以划分为字面解释、限缩解释和扩张解释三类解释方法，分别在不同场域发挥释明法律意义的功能[24]；我国台湾学者根据法律解释方法内涵与机理不同将其区分为文义解释与论理解释两类[25]；也有学者将法律解释方法归纳为语义分析方法、系统分析方法、目的分析方法、意图分析方法、类比分析方法、实质分析方法六类[26]；还有学者从广义解释学视角将法律解释方法分为狭义的法律解释方法、法律漏洞补充、不确定法律概念和一般条款的价值补充四类[27]。我国学者对法律解释学的观点多数集中在狭义的角度进行界定，上述观点中的文义解释、属于文义解释范围的方法及与文义解释并列的方法都是在有法律规范的前提下的法律解释方法，对于缺少法律规范情形下的法律解释方法应从广义角度来分析，也就是与狭义法律解释学并列的法律漏洞补充、不确定法律概念和一般条款的价值补充两种方法。因此，我们按照从广义解释学角度界定法律解释方法的观点，将法律解释方法作如下分类（表 2.7）。

表 2.7　法律解释方法体系

序号	分类标准	法律解释方法	具体内容
1	已有法律规定	狭义法律解释方法	文义解释、体系解释、当然解释、反面解释、限缩与扩张解释、目的解释、历史解释、合宪性解释、社会学解释
2	缺少法律规定	不确定概念和一般条款的具体化	文义解释、个案因素考量、说理与论证
3	缺少法律规定	法律漏洞填补	类推适用、目的性限缩与目的性扩张、习惯法填补、比较法填补、法律原则填补

司法实践中法律解释方法的排序问题，理论界并没有形成统一意见，实际上各种法律解释方法在适用中也很难存在绝对明晰的先后适用顺序，但是也不是完全不存在任何的顺序，这种适用顺序对引导法官正确思考的路径或思维是有极大帮助的。就狭义法律解释方法而言，大体可以按照文义解释、论理解释（包括体系解释、目的解释、历史解释、合宪性解释等）、社会学解释的逻辑顺序展开，优先适用文义解释，尊重文义解释优先性就是尊重法律规则本身，学者已达成共识，至于其他解释方法的次序，至今也没有多数统一的意见。王利明教授认为狭义法律解释方法大体可以按照文义解释、体系解释、当然解释、反面解释、限缩与扩张解释、目的解释、历史解释、合宪性解释、社会学解释的顺序进行[3]。

（一）狭义法律解释方法

1. 文义解释

指按照法律条文用语的通常使用方式阐释法律内容的解释方法。法律解释必先由文义解释入手，所作解释不能超过可能的文义，如超越法律解释的文义范围便进入一个独立的造法活动。但是，仅以文义解释往往难于确定法律条文的真正意义，容易拘泥于法条所用文字，极易导致误解法律真意的情况出现，因此有必要按照一定的规则进行解释。文义解释方法按照尊重法律文本规则、通常理解、条文指示规则、同一概念同一解释规则、特定术语特定含义规则，辅之以借助法理、语言文法、词典、文义语境、生活经验等内容进行解释。

2. 体系解释

指以法律条文在法律体系上的地位，依其编、章、节、条、款、项目之前后关联位置或相关法条，阐明其规范意旨的解释方法。体系解释建立在文义解释基础之上，重在对多个条文进行解释，使法条与法条之间及法条各款项之间相互补充，组成完整的法律规定，使之完整顺畅且无冲突，以维护法律体系的统一性。体系解释是根据外在形式来解释法律，可能忽视法律的实质目的和本意具有一定局限性，因此，要按照一定的解释路径运用体系解释。比如，通过法律制度体系化进行规范含义的推定，借助法律整体理解个别规范的内容，按照同类解释规则解释特定语境下的概念术语，确立列举式优先于概括式规范的解释思路。

3. 当然解释

指法律虽无明文规定，但依规范目的衡量，如果事实较之法律所规定者更有适用理由，而径行适用该法律规定的法律解释方法。当然解释是通过形式逻辑得出的基本结论，采用的是“举重以明轻，举轻以明重”的基本思路。当然解释与类推适用不同，类推适用是法律漏洞填补的方法，属于间接推论，要借助类似案件得出相同结论；当然解释符合立法目的，无须借助其他命题，属于直接推论，不仅可以适用于法律条文构成要件部分，还可以适用于法律后果部分。

4. 反面解释

指依照法律文本规定的正面意思推论出相反的结果，据此阐明法律条款的真实含义，也就是从法律条文的规定内容推论出反面的结果的解释方法。反面解释只适用于特殊情况，只有在法律规范的构成要件是法律效果的必要条件或充分条件时，才可以采用此方法，并且法律规范是确定的，采用反面解释不违反法律规定。因公法与私法解释规则不同，公法“法无明文则禁止”，私法“法无明文则允许”，因此，公法反面解释的可能性很小，私法反面解释的空间极大。反面解释适用“非此即彼”的规范推论，不适用于示例性和开放性规范的解释。

5. 限缩与扩张解释

限缩解释是法律条文意思过于广泛，不符合立法真意，限缩法律条文的文义，使局限于其核心，以正确阐释法律意义内容的解释方法。扩张解释是指法律条文的意思过于狭窄，不足以表示立法真意，扩张法律条文的文义，以正确阐释法律意义内容的解释方法。限缩与扩张解释方法的运用都要尊重立法目的，以法律文本为出发点，为个人创设义务作限缩解释，为个人创设权利作扩大解释，对法律的例外规定作严格解释。

6. 目的解释

指通过探求法律文本的目的及特定法律条文的立法目的来解释法律的含义的解释方法。任何法律均有其立法目的，解释法律应以贯彻、实践立法趣旨为其基本任务。目的不仅包括法律的整体目的，还应包括个别法条、个别制度的规范目的。在文义解释不清时才需要从立法目的来解释法律，目的解释要最大化遵守立法者意图，尽量作有效解释，并且通过价值判断在多元价值目标中有所取舍。

7. 历史解释

又称法意解释，指探求立法者或准立法者于制定法律过程中所作价值判断及其所欲实现的目的，进而阐明立法者的意思的解释方法。立法过程中的草案、审议记录、立法理由书等有关资料，均为法意解释的主要依据。运用历史解释时注意考察立法史争论的资料，尊重历史立法者的意思，采用多种方式验证历史立法资料是否符合立法者真意。

8. 合宪性解释

指在出现复数解释的情况下，以宪法的原则、价值和规则为依据，确定文本含义，得出与宪法相一致的法律解释结论解释方法。运用合宪性解释来确定法律文本的含义时，通常采用选择和排除的方式进行。通过合宪性解释，可以实现符合宪法的基本价值判断，充分保证宪法赋予人民的基本权利的目的，合宪性解释与其他解释结合运用，可以对法律文本作出清晰的阐述。

9. 社会学解释

指将社会学方法运用于法律解释，着重社会效果预测的目的衡量，在法律条文可能文义范围内阐释法律规范内容的法律解释方法。社会学解释方法须以文义解释为基础，在文义解释有复数解释结果存在时，方得进行社会学解释。复数解释结果存在时每一种解释结果均可称为合法解释，何种解释为正确认识，属于政策性判断问题，如果涉及社会效果的预测或目的衡量，则应进行社会学解释。运用社会学解释方法的目的在于实现法律效果与社会效果一致，社会学解释的结论不能脱离法律的可能文义，应尊重立法者进行的利益衡量，保持法律文本的时代性特点。

（二）不确定概念和一般条款的具体化

不确定概念是内涵和外延都具有广泛不确定的概念，如公共利益、公序良俗、合理期限等。一般条款是指在成文法中居于重要地位，能够概括法律关系的共同属性，具有普遍指导意义的条款。一般条款是法律原则的一种表现形式，以抽象的规则表达了一种伦理标准。如“善良风俗”、“诚实惯例”和“诚实信用”等一般条款是自生自发的内在规则，其共同的特征为都使用或隐含大致相同的规范性而非描述性的抽象规则，引入了伦理性的判断标准[28]。

不确定概念的具体化是通过法律解释的过程，使不确定概念的内涵和外延得以明晰，从而能够作为裁判依据，适用于具体个案。不确定概念的具体化首先要通过文义解释判断是否属于不确定概念，如属于不确定概念，法官要考量个案因素，如法律条款因素、立法目的因素、社会生活经验因素、社会发展需要因素，法官对以上因素进行自由裁量，对其内涵外延作类型化整理与归纳。不确定概念具体化后才可与案件事实进行连接，法官在连接过程中要进行充分的说理与论证。

一般条款的具体化是指将一般条款所涵盖的情况类型具体化，使之可适用于特定的具体案件。一般条款具体化先从文义解释开始，判断该条款是具体规范还是一般规范，抑或是法律原则，如果是具体规范，适用狭义解释方法；如果是法律原则，纳入漏洞填补方法适用范围。如果是一般条款首先要确定其适用的范围，如诚实信用适用财产法领域、善良风俗适用伦理法领域；然后对所适用的案件进行归纳与整理，确定一般条款涵盖的范围，并建立典型案件类群；最后认定个案情况与案件类群比对建立连接，法官就案件行为是否违反一般条款进行说理论证。

（三）法律漏洞的填补

法律漏洞，或称“法律的局限性”或“成文法的局限性”，是立法者未能充分预见待调整的社会关系，或者未能有效协调与现有法律之间的关系，或者由于社会关系的发展变化超越了立法者立法时的预见范围而导致的立法缺陷。法律漏洞表现为“调整特定社会关系的具体法律规范的缺失”，或者“既有法律规范之间存在矛盾”，或者“既有法律规则的适用明显违背了法律对公平正义的基本要求”[29]。法律漏洞的存在为司法机关适用法律裁决法律争议带来困难，法官在审理和裁判相关诉讼案件时，由法官结合案件的实际情况，依据一定的原则和方式，寻找妥当的法律规则，以填补因法律漏洞的存在而导致的法律适用上的困难，并据此进行案件裁判。通过运用政策、习惯、法理、学说等材料，对法律文本进行解释以消除漏洞的活动，在学理上被称为漏洞填补，又称为法律补充或法律续造。

法律漏洞填补活动需要遵循特定规则和程序。首先，穷尽所有狭义解释方法和不确定概念及一般条款的具体化，才能进行填补漏洞；其次，漏洞填补要符合法律的立法目的，通过利益衡量进行填补；再次，漏洞填补应当遵守先后顺序，先进行体系内填补，尽可能寻找规范适用，类推适用和目的限缩与扩张应优先适用，而后进行体系外填补，以习惯法、比较法方式进行；最后，寻找可供适用的法律规范，包括法官的创造性补充。漏洞填补具有法官创造法的色彩，已经脱离现行法的拘束，要求法官填补时理由正当且充分，避免漏洞填补的随意性。常见的漏洞填补方式如下。

（1）类推适用，指在特定案件缺乏法律规定时，法官比照援引与该案件类似的法律规定，将法律的明文规定适用于法律没有规定但存在与明文规定相类似的情形的填补方式。类推适用作为漏洞填补的方法之一，遵循“类似问题类似处理”的法理，在判断具体类似性时，要准确选择比较点，也就是被类推的法律关系具有决定性影响的因素，找到该因素才能确定是否可以类推。采用类推适用进行漏洞填补时，不得排除特定的法律规范适用，不能违背立法者的本意，原则上不能加重当事人的责任，原则上不适用法律的例外规定。

（2）目的性限缩与目的性扩张。目的性限缩是适用法律时发现有关法律规范适用特定案件但不符合法律调整目的，可将该案件排除在法律适用的范围之外的填补方式；目的性扩张是指为贯彻立法目的对法律条文作出超出文义的解释，使其包括原本没有包括的类型的填补方式。两者适用的结果是都超出了法律文本可能的文义范围。目的性限缩与目的性扩张都要以立法目的确定为前提。立法目的的考量可以帮助判断法律漏洞是否存在，也可以确定限缩和扩张的边界，同时，还可以约束法官的自由裁量权，要求法官以立法目的为基点进行分析判断，论证法律规范的限缩与扩张。

（3）习惯法填补。习惯是指长期的生产生活实践而为社会公众所知悉并普遍遵守的生活与交易习惯，习惯可以作为法律的渊源，是法律解释的重要依据。将习惯作为漏洞填补的依据时，习惯就构成了习惯法。习惯需经法官的严格审查，确定已经具备法律属性方可作为法律渊源裁判案件，同时，习惯已形成约束人们行为的规则，并且不违反法律的强制性规定和公序良俗。因此，符合法律强制性规定和公序良俗的习惯经司法审查后，在特定的区域，约束该地区或行业人们的行为，超出该区域不能得到社会公众的认可。

（4）比较法填补。通过借鉴国外立法和判例，结合我国法制背景和社会实际，确定裁判依据的方法，采用比较法进行漏洞填补时，要遵循全面比较规则，不仅了解国外相应法律规则，还要了解其经济、社会、文化和法律传统，以及判例学说的严谨、发展脉络，确定影响该制度的基本因素，分析是否与我国社会的实际情况和法律体系相吻合。在吻合的前提下，如果比较法规则与具体案件事实具有关联性，法官通过说理论证，阐述该规则作为裁判依据的合理性。

（5）法律原则填补，指法官根据法律原则进行创造性的司法活动，确定司法三段论中的大前提的填补方式。在我国法律解释学不发达的情况下，一旦出现法律没有规定的情况，法官就会求助于法律的基本原则，容易导致“向一般条款逃逸”的现象，所以要对法律原则的适用条件和顺序作出限制。寻找特定领域的特殊原则，进行相关性检验，分析待决案件与基本原则的契合度，选择最适当的基本原则；对基本原则进行解释，说明其价值、范围及其限制，将其转化为包含构成要件和法律效果两部分的具体规则；完成基本原则与案件事实的连接，法官以自由裁量权的行使，进行说理论证。

三、价值判断与利益衡量

（一）价值判断

价值判断是指判断主体根据价值主体的需要，衡量价值客体是否满足价值主体的需要，以及在多大程度上满足价值主体需要的一种判断[30]。司法三段论作为法官裁判的方法，表现为法官从案件事实出发，根据其经验或理解对案件事实的法律意义进行初步判断，依据法律事实寻找相关裁判规则，为实现裁判规则与案件事实之间的涵摄关系需要对法律规则进行解释，尤其当无规则或规则不明时的法律解释，比照裁判规则的构成要件，若事实要件被裁判规则构成要件所涵盖，那么裁判规则可以适用案件裁判。否则回到最初，根据裁判规则的构成要件确定案件的事实要件，将不具有法律意义的事实省略或对有关法律意义不明确的事实进行解释，即裁剪事实，若经裁剪的案件事实与裁判规则构成要件吻合，则以进行三段论论证。若两者不吻合则需重新回到最初，寻找裁判规则，法官的目光在事实与规范间往返流转。法学方法论上的价值判断是指在司法三段论的过程中，运用特定的价值观念认定事实、选择与解释法律，并最终作出裁判的过程。这其中必然存在对规范和事实的价值判断，司法三段论的价值判断是法官所作的价值判断，而不是简单运用立法者的价值判断。

1. 小前提建构中的价值判断

案件事实的确认是通过事实与规范的“相互释明”过程完成的，“相互释明”的大前提是法律规范具有明确的目的性。法律目的来自法律的价值，案件事实的形成与确认也需要从价值的角度分析思考，评价案件事实的法律意义和性质、案件事实与法律事实构成要件的符合程度及对案件事实的剪裁和取舍等。

案件事实剪裁与价值判断。法官根据以往审理类似案件的经验及对相关法律规范的“前理解”或“前判断”对构成案件事实的材料或因素进行“剪裁”。剔除不具有法律意义或者法律性质的事实材料，剔除与裁判结果无关或有可能不利于裁判的个别事实情节，保留下来与法律规定相符合及有利于裁判的事实。“剪裁”不是一次完成的，通常需要在事实与规范之间多次往返直至达到对法律事实的确认。法官对案件事实的剪裁深受价值因素的影响[20]。

案件事实归类与价值判断。案件事实的归类是指依照法律判断作为案件事实的生活事实是否可归属于特定法律制度的类型事实，是否符合法定的事实构成。归类虽以法定的构成要件为基准，但它并不要求法律构成概念的全部要素或描述类型的各种因素都具备，而只需“典型”因素在数量及强度上足以使该案件事实整体符合类型的形象，此时，法官便会进行价值导向的评价性判断，尤其是当案件事实可以归属到多个规则之下时，法官价值判断作用更具有意义[31]。

司法类推与价值判断。当待处理的案件事实与法律规定的要件事实相似却不相同时，法官对案件事实与法律规范构成要件之间类似性的判断，带有较强的主观性。这种“类似性”的判断是否准确，取决于法官基于对立法旨意的理解和对待决案件实质内容的评价，取决于法官的价值判断。

2. 大前提建构中的价值判断

在确定司法裁判规范大前提过程中，价值判断是重要因素之一。法官以一定的价值立场为基点，对法律规范进行解释、评价、补充等才能形成裁判规范。审判过程中法官对裁判规范的发现、解释程度受到价值评价的影响，特别是法官遇到疑难案件、法律规定缺失、规范冲突时运用其他解释方法不足以进行裁判，就需要借助价值判断，以便发现对经验现象有意义的价值理念，并借助价值理念完成裁判规范的建构。

现有法律规范与价值判断。由于法律规范的一般抽象性与案件事实的具体性，法律规范不能直接适用案件，需要规范与案件之间连接。一方面，法律规范由抽象转换为适合于具体案件的裁判规则，另一方面案件事实转换为适合于法律规范的构成要件的事实，这两个转换都需通过法官对事实与规范之间相符的程度判断完成，法官需要进行价值判断[32]。

法律漏洞之一与价值判断。法律规范缺失时没有可适用具体案件的法律规定，没有任何原则或条款可以进行解释，价值判断强烈影响法官自由裁量权的行使。因为法官对基于一定的价值立场法律漏洞进行填补，受某种法律价值目标或目的制约，运用的漏洞填补方法都会体现其价值判断。

法律漏洞之二与价值判断。虽有法律规定但不能直接适用具体案件，如果适用，裁判结论将与法律精神与法律目的相悖。价值判断填补此种法律漏洞的中介和连接点，从价值判断出发，通过法律体系之外的填补方法，寻找作为大前提的法律规范。

3. 大小前提连接中的价值判断

司法三段论的核心问题是解决大小前提的连接，从大小前提推导出裁判结论。作为大前提的法律规范，是司法三段论推导的前置依据，是事实与价值的融合体，是法官的价值判断表述，体现着立法者的价值判断。作为小前提的案件事实，使特定案件事实与法定事实构成要件符合并以司法归类，必须对案件行为事实进行价值评价，判断案件事实具有的价值属性是否与预设法定事实构成要件中的价值属性相同。根据大小前提导出的法律推理不是单纯的形式逻辑推演，而是包含认知、心理、情感、逻辑等因素的价值思考过程。既有三段论的形式逻辑推理，也有目的考量、利益衡量等实质推理；既有法律效果的直接适用，也有自由裁量。在裁判结论确定过程中，法官的价值判断是连接大小前提获得合法正当的裁判结论所不可缺少的因素[33]。

（二）利益衡量

价值取向最终都要通过特定具体的利益追求来实现，个案中价值冲突就表现为具体的法律利益冲突，价值判断就意味着在冲突利益之间进行选择。利益衡量是法官对社会公共利益、当事人利益等各种利益进行考量，以寻求各方利益的妥当平衡，实现社会公平正义。利益衡量是解释者在探究立法者在法律条文中对所协调各方利益进行的考量和判断，通过利益平衡辅助各种解释方法，寻求妥当结论，是解释结论妥当性的论证和验证方法，可以使用在价值补充和漏洞填补过程中。利益衡量方法是一种追求利益取舍与平等的价值倾向，不像法律解释和法律推理那样拥有精密而细致的操作步骤，在司法案件中的适用顺序里。利益衡量在方法论中的位阶比较靠后，“首先诉诸文义解释，如文义解释有复数结果，可继之以论理解释；论理解释仍不能确定结论，则作社会学解释或漏洞填补；仍存在相互抵触结果，则应进行价值判断和利益衡量，从中论证妥当性结论”[34]。

法律解释需要为利益衡量确立必要的尺度，也是利益衡量的依据，同时，构建利益衡量标准体系，规范法官的自由裁量行为，保证利益衡量有序运作。确定利益衡量标准体系应包含两个基本内容：确立利益衡量的原则和利益衡量的具体方法。利益衡量的法律解释中应当遵循三个基本原则：第一，形式正义与实质正义统一。司法裁判的形式正义指司法审判的形式、程序的合理性和正当性，实质正义是法律在配置利益关系时要确保各方当事人应获得的利益，符合社会主流价值观所认同的价值和伦理道德标准的公平观念。第二，法律标准与社会标准统一。法律标准是立法者通过规范形式对社会成员行为指引和规制的要求，社会标准是社会的主流价值观，引导和决定绝大多数社会成员的行为模式。第三，当事人利益与社会利益相协调。当事人利益作为社会利益关系的组成部分，法官进行利益衡量时要充分考量个案正义对国家利益和社会公共利益的影响，考量个案裁判与社会利益关系的协调，考量个案裁判的普遍规范意义和社会价值。利益衡量是弥补法律与社会之间的缝隙、填补法律漏洞，达到司法的社会效果和法律效果统一的重要方法，常见的方法如表 2.8 所示。

表 2.8　利益衡量的方法

序号	具体方法	基本功能
1	利益平衡法	实现相同位阶利益之间的平衡与协调
2	利益兼顾法	实现不同位阶利益优先保护中的兼顾
3	利益选择法	实现利益冲突间的择一保护
4	效益分析法	实现效益最大化的利益保护
5	利益位阶法	实现利益位阶的优先保护

（1）利益平衡法。在利益多元化的社会中，以平等保护理念对同一位阶相互冲突的利益进行平衡与协调。利益平衡需要结合社会环境、经济状况、价值观念对当事人利益进行比较，实现保护利益间的平衡。

（2）利益兼顾法。在进行不同位阶的利益选择时，不要轻易放弃其他利益，尽可能在冲突利益之间寻求平衡，实现优先保护利益的同时，适当考虑其他方的利益。诉讼中表现为可以部分实现他方当事人的诉求。

（3）利益选择法。在相互冲突利益无法协调时，确定维护或剥夺一方利益，通过选择需要保护的利益，实现法律规则背后的利益平衡。

（4）效益分析法。通过经济学成本收益分析方法，理解法律的精神与目的，准确适用法律，以效益最大化为标准进行案件裁判。

（5）利益位阶法。在冲突利益之间，通过利益位阶确定优先保护的利益，进而解释法律文本含义并进行裁判。

上述方法涉及利益位阶问题。因道德经济和其他因素的影响，法律对不同人身和财产利益提供保护力度的强弱，与所涉及的利益呈现一定的位阶关系。在某一类型的利益内部，也可区分不同的位阶。利益衡量时，法官要确立利益位阶的规则，裁判中通常按照人格利益优先于财产利益、生命健康优先于一般人格利益、人身损害赔偿优先于财产损害赔偿、社会公共利益优先于个体财产利益、权利优先于利益的规则进行。

四、结语

法学方法论需要通过一定的程序和方法对法律适用及法律创制作出准确的认识和理解，对法律不完备之处进行漏洞补充，进而裁判案件。法学方法论以法律适用为目的进行法律实践，法律解释、漏洞补充、法律续造在很大程度上是基于法律创制与法律适用实践发生了改变，法学方法论需对发生变化前后的实践进行纵向比较，从而为法律解释、漏洞补充、法律续造等提供方法论基础。法学方法论是法律学习与研究的特有知识体系，作为服务法律适用的科学，集中体现了法学学科的价值与功能，进行合乎逻辑的理论解释和修补续造是对法学研究提出的更高要求。在新时代法治建设的进程中，法学方法论还需不断吸收社会科学领域的相关知识与研究成果，丰富法学方法论的内容，无论对于法学解释论还是立法论，依然任重道远。

本章参考文献

[1] 卡尔·拉伦茨．法学方法论［M］．陈爱娥，译．北京：商务印书馆，2003.

[2] 萨维尼，格林．萨维尼法学方法论讲义与格林笔记［M］．杨代雄，译．北京：法律出版社，2008.

[3] 王利明．法学方法论［M］．北京：中国人民大学出版社，2012.

[4] 夏正林．论规范分析方法与法学研究方法［J］．法律方法与法律思维，2011，（00）：199-206.

[5] Samuel G. The foundation of legal reasoning［J］. International & Companative Law Quarterly，1995，44（3）：728-730.

[6] 齐佩利乌斯．法学方法论［M］．金振豹，译．北京：法律出版社，2009.
[7] 许中缘．论法学方法论与中国法学发展［J］．比较法研究，2012，(4)：55-72.
[8] 本杰明·卡多佐．司法过程的性质［M］．苏力，译．北京：商务印书馆，1998.
[9] 周舜隆．司法三段论在法律适用中的局限性——兼论法官裁判思维［J］．比较法研究，2007，(6)：11-21.
[10] 舒国滢，王夏昊，梁迎修，等．法学方法论问题研究［M］．北京：中国政法大学出版社，2007.
[11] 焦宝乾．事实与规范的二分及法律论证［J］．法商研究，2005，(4)：52-57.
[12] 周枏．罗马法原论（上册）［M］．北京：商务印书馆，2014.
[13] 陈颐．萨维尼历史法学方法论简释——以《论立法与法学的当代使命》为中心［J］．比较法研究，2005，(5)：125-136.
[14] 杨远家．论概念法学逻辑实证主义在法官裁量中的重塑［J］．前沿，2012，(18)：66-68.
[15] 卡尔·拉伦茨．德国民法通论（上册）［M］．王晓晔，邵建东，程建英，等译．北京：法律出版社，2004.
[16] 吴从周．民事法学与法学方法（第2册）［M］．台北：一品文化出版社，2007.
[17] 谢小瑶．法律约束、个案正义与司法论证——对自由法学的另一种解读［J］．环球法律评论，2011，(2)：41-49.
[18] 冯文生．推理与诠释——民事司法技术范式研究［M］．北京：法律出版社，2005.
[19] 聂长建．司法三段论的大前提研究——兼论逻辑涵摄与法律涵摄的区别［J］．烟台大学学报（哲学社会科学版），2010，(1)：28-33.
[20] 郝建设．司法三段论小前提的建构及其价值判断［J］．法律方法，2013，(1)：165-175.
[21] 陈飞翔．司法裁判权的运作与限度——对司法自由裁量权的规范［J］．学习与探索，2012，(4)：67-70.
[22] 萨维尼．当代罗马法体系Ⅰ［M］．朱虎，译．北京：中国法制出版社，2010.
[23] 陈金钊．文义解释：法律方法的优位选择［J］．文史哲，2005，(6)：144-150.
[24] 谢晖．文义解释与法律模糊的释明［J］．学习与探索，2008，(6)：114-119.
[25] 林诚二．民法总则（上册）［M］．北京：法律出版社，2008.
[26] 疏义红．法律解释方法的发现与归类［J］．法商研究，2004，(2)：18-22.
[27] 梁慧星．民法解释学（第四版）［M］．北京：法律出版社，2015.
[28] 谢晓尧，吴思罕．论一般条款的确定性［J］．法学评论，2004，(3)：21-28.
[29] 黄茂荣．法学方法与现代民法（第5版）［M］．北京：法律出版社，2007.
[30] 卓泽渊．法的价值论（第二版）［M］．北京：法律出版社，2006.
[31] 吴春雷，张文婧．论司法三段论构建中的价值判断——兼论司法裁判如何形成［J］．

南都学坛，2013，33（5）：73-77.
［32］郝建设．司法推理大前提建构中的价值判断问题［J］．法律方法，2012，（00）：278-287.
［33］韩登池．司法三段论——形式理性与价值理性的统一［J］．法学评论，2010，（3）：140-145.
［34］孙光宁．利益衡量方法在新型案件中的运作方式［J］．法律适用，2013，（8）：111-115.

第三章　新兴法学方法研究理论概述

第一节　科学计量学方法

一、科学计量学方法概述

科学计量学（scientometrics）是应用数理统计等定量分析方法，结合计算技术等数学方法，对科学活动的投入（如科研人员、科研经费、科研仪器设备等）、产出（如论文数量、专利数量、引证数量等）和过程（如科学合作、信息交流等）进行定量分析，从中找出科学活动规律性的一门科学学分支学科[1]。科学计量学中的“科学”是个广义的概念，包括自然科学、社会科学、人文科学及交叉领域的科学。

二、引文分析方法

共引分析包括共同施引分析和共同被引分析。共同施引分析，又称为耦合分析，指两个作者共同施引了相同的科学文献，这种情况下，往往认为这两位作者之间的研究领域或研究主题等具有一定的相似性。也可能是两篇文献、两本期刊、两个机构等共同施引了相同的文献，具有同上类似的假设。共同被引分析，简称共被引分析或共引分析，是国际上应用范围最为广泛的一种引文分析方法，也是一种非常重要的科学计量学方法。共被引分析包括作者共被引分析、期刊共被引分析、文献共被引分析、机构共被引分析等类型。

共被引分析（co-citation analysis）是引文分析的最重要类型。引文分析（citation analysis）是对科学文献的引证频次、引证模式和引证网络结构图示等进行的一种分析。对科学文献进行引证与被引证分析，可以揭示其中的数量特征和内在规律。科学文献之间的互相引用，反映了科学发展过程中的承继和借鉴，常被用来探测科学发展轨迹[2]、学科 / 主题之间相互关系[3, 4]、新兴领域的出现[5]、知识扩散[6, 7]、重大创新[8, 9]等领域。我们将运用引文分析方法探索全球知识产权、知识产权管理学科发展过程中的理论基础、经典文献和代表人物等。引文分析包括单纯的被引频次统计分析和共被引分析，在信息可视化过程中，使用的就是共被引分析，具体包括文献共被引分析（reference co-citation analysis）、作者共被引分析（author co-citation analysis，ACA）[10, 11]、期刊共被引分析（journal co-citation analysis，JCA）[12-14]、国家共被引分析（country co-citation analysis，CCA）、机构共被引分析（institution co-citation analysis，ICA）等。与共被引分析相对应，还有一种被称为耦合分析（coupling analysis）的引文分析[15-18]。如果多篇文献具有相同的参考文献，它们之间就形成了文献耦合关系。相应地，耦合分析包括文献耦合分析、期刊耦合分析、作者耦合分析等。耦合分析方法可以用来识别文献之间、期刊之间、作者之间研究领域与所属学科的相似性。

我们采用文献共被引分析方法探索全球法学学科发展的理论基础与理论来源，即经典文献；采用作者共被引分析方法探测法学学科发展过程中的代表人物；采用期刊共被引分析方法从较高层次探索法学学科发展的理论来源、学科领域。国家共被引与机构共被引分析方法，可以从更宏观及中观层面探索一个学科与研究领域发展的理论地域来源和机构来源。共被引分析采用的软件工具主要是陈超美博士开发的 CiteSpace。

三、共现分析方法

共现，即共同出现的意思。在科学文献中，可能是两个作者联署一篇作品，由此形成作者合作关系。我们可以这样假设，如果两位作者经常合作发表论文，则他们的研究领域或研究主题或研究方法等，一定具有很大的相似度，也可能是两个词组共同出现于同一篇文献的标题中，或关键词中，或摘要中。在这种情况下，我们的假设是，如果两个词组经常出现，则这两个词组所表达的思想主题一定具有关联度，或者它们所代表的研究领域具有较强的联系。

共现分析的理论与方法最早是由语言学家提出来的，并将其应用于语义贴近度的分析研究中，指若两个术语在一个语境下以一定的顺序频繁地共同出现，则其语义贴近度较高[19-21]。之后，共现分析被广泛应用于相似性的研究，包括合著分析、共引分析、共词分析和共类分析等。合著分析主要应用于科学合作[22-24]与技术合作[25-27]研究；共引分析主要应用于研究领域[14, 28-31]与新兴技术领域探测与预测[32-34]研究；共词分析则应用于研究前沿[35-38]和技术前沿探测[39-41]分析。

我们主要采用学科共现分析[42, 43]考查全球法学学科地位的演变，采用主题词或关键词共现分析方法，即共词分析方法，探测法学学科研究热点的演变。

在较早历史时期的文献没有关键词的情况下，我们采用的共词分析中的主题词（term）主要来自科学论文的篇名（title）；在1992年之后的SSCI和A&HCI① 数据库的科学文献有关键词的情况下，可以采用关键词分析的方法进行共词分析。不同发展阶段的共词分析，可以揭示一个学科或研究领域的研究热点主题的演进。共词分析采用的软件工具主要是陈超美博士开发的CiteSpace，有时会结合Bibexcel[44]大型文献处理软件和Ucinet[45]软件包的网络绘制工具Netdraw等进行。共词与共引分析过程中得到的科学知识图谱，有时会采用时区图分布显示，进而识别科学技术发展的前沿趋势，为科学预测提供参考；有时会采用聚类图分布显示，揭示不同领域、不同研究团队或不同的期刊群体等。

第二节　科学知识图谱方法与信息可视化技术

一、科学知识图谱方法

科学知识图谱（mapping knowledge domains），指运用数学、图形学、计算机技术、信息可视化技术等学科的理论与方法，结合科学计量学理论发展过程中的引文分析、共现分析、社会网络分析等具体方法，借助可视化的图谱，形象、生动地展示学科或研究领域的科学合作结构、研究领域分布、基础理论来源、代表人物与经典文献等，将研究人员手工无法完成的前人知识成果的汇总、抽象和凝练工作，通过现代计算机与信息技术，经过复杂的信息处理、数据挖掘、知识计量和图形绘制等过程清晰地显现出来[46, 47]，所谓“一图胜万言”，从而揭示科学知识的动态发展规律，为研究人员提供有价值的参考信息。科学知识图谱的绘制一般包括下列步骤：数据的检索与预处理、知识单元的选择、构建知识单元关系、算法选择与数据标准化、数据分析、信息可视化与图谱解读等。一般认为，知识图谱产生于20世纪60年代[48]，当《科学引文索引》（SCI）创始人加菲尔德等基于引文数据而绘制了DNA研究领域的历史发展图谱，以及随之而来的普赖斯用相同的数据在《科学论文的网络》中进行了知识图谱绘制的开创性工作时，以引文分析为基础的“知识图谱”理论与方法已经应运而生了。随着信息技术与计算机技术的发展，国际上出现了陈超美[49]、Katy Borner[50]、White与McCain[51]等一批著名的科学知识图谱软件平台开发与数据算法研究的专家。

① 艺术与人文引文索引。

二、信息可视化理论

在信息爆炸的时代，人们的时间和精力有限的情况下，“一图胜万言”的理念、技术与方法迅速发展起来。信息可视化（information visualization）是一个跨学科领域，旨在通过图形图像方面的技术与方法，帮助人们理解和分析数据。信息可视化技术（information visualization technology）指的是运用计算机图形学和图像处理技术，将数据转换为图形或图像在屏幕上显示出来，并进行交互处理的理论、方法和技术。它涉及计算机图形学、图像处理、计算机辅助设计、计算机视觉及人机交互技术等多个领域[52-54]。近年来，随着科学文献的迅猛增长和网络技术的发展，我们可以通过运用大型文献处理软件和数据可视化技术，处理海量的科学文献数据，并借助信息可视化技术，使人们更容易地观察、浏览和理解信息，并且找到数据中隐藏的规律和模式[55]，从而为决策提供依据。进入21世纪以来，信息可视化已成为数据可视化（data visualization）技术中新的热点。

信息可视化包括数据可视化、信息图形、知识可视化、科学可视化及视觉设计方面的所有发展与进步[56-58]。信息可视化致力于创建那些以直观方式传达抽象信息的手段和方法[59]。可视化的表达形式与交互技术则是利用人类眼睛通往心灵深处的广阔带宽优势，使用户能够目睹、探索以至立即理解大量的信息。各种各样数据结构的可视化需要新的用户界面及可视化技术方法，“信息可视化”已经发展成为一门独立的学科。

三、信息可视化技术、方法及示例

信息可视化技术与方法已有200多年的发展历史。抽象信息的视觉表达手段起源于18世纪后期的数据图形学的诞生。自此，人们开始逐渐认识到图形揭示数据背后隐藏规律与模式的奥妙与优势所在。20世纪90年代以来，随着计算机技术与信息技术突飞猛进的发展，信息可视化技术与方法也与时俱进，并越来越受到人们的喜爱与推崇。1967年，法国制图工作者Bertin发表了关于图形理论的研究成果；1983年美国耶鲁大学统计学教授TuRe提出了数据图理论。Bertin与TuRe的成果大大推动了信息可视化理论、技术与方法的发展。1989年，Stuart、Jock和George创造性提出信息可视化的英文术语information visualization。

科学家开发的信息可视化软件平台很多。陈超美开发的基于JAVA平台的CiteSpace系列应用软件[42, 60-62]，是一种适于多元、分时、动态的复杂网络分析的新一代信息可视化技术，目前已被国际上科学计量学与科学技术政策研究者广泛使用，正成为科学计量学普遍应用的新手段。比如，图 3.1 即是我们利用 CiteSpace 绘制的技术会聚领域－主题混合网络图谱。

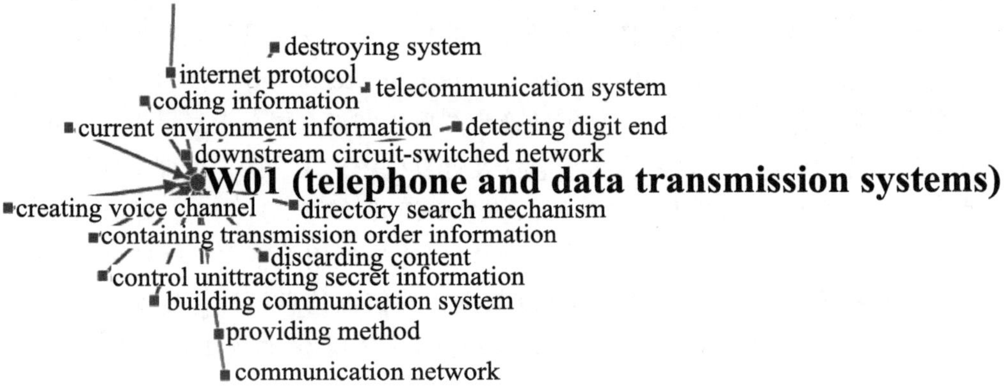

图 3.1　技术会聚领域－主题混合网络图谱

网络图谱中黑体字为专利技术领域；其余为相关专利技术主题词

荷兰莱顿大学（Leiden University）科学技术研究中心（Center for Science and Technology Stuclies，CWTS）开发的可视化软件 VOSviewer①[147，148] 也是最近受到国内外学者广泛喜爱的可视化软件平台。VOSviewer 只用以下关联强度（association strength）来展现图谱中项目彼此之间的关联，见式（3.1）。

$$S_{ij} = \frac{C_{ij}}{W_i W_j} \quad (3.1)$$

式中，S_{ij} 表示项目 i 和项目 j 的相似度；C_{ij} 为项目 i 和 j 共现的总次数；W_i 和 W_j 是指项目 i 和 j 各自出现的次数。

VOSviewer 是专门用于科学知识图谱绘制的有效工具[149-151]，网络图谱反映的信息量非常大，并且清晰的主题网络结构以深浅不同颜色表示（图 3.2），该软件可接收数以万计的数据源，为科学计量学研究提供更全面的信息。

① VOSviewer 是一款主要应用于科学文献计量网络图谱绘制的软件工具，包括期刊网络、合作者网络等，可视化网络绘制的方法包括作者共被引分析、文献耦合分析、作者合作分析等具体方法。VOSviewer 也可以应用于文本挖掘，通过从科学文献文本中提取重要主题词的方法，绘制主题词网络，从而实现其文本挖掘的功能，探测科学与技术发展的新兴和前沿趋势。

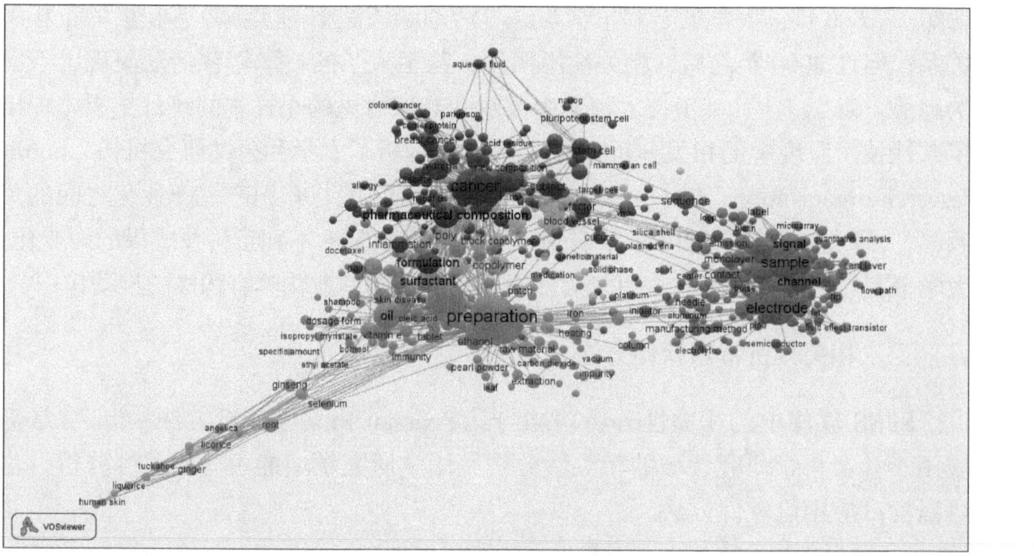

图 3.2　技术会聚主题词网络结构

第三节　相 关 分 析

一、相关分析理论

相关性分析（correlation analysis）是指对两个或多个具有相关性的变量元素进行分析，进而判断两个变量元素之间是否具有相关性，是正相关 / 负相关 / 不相关，以及相关程度如何。栾春娟等曾经用技术领域相关性分析方法，研究了全球太阳能新兴产业技术的会聚与收敛的发展规律[68]。依据马克思主义哲学的普遍联系原理，世界万事万物都是相关的、相通相连的，法学学科的演进与发展同样包含这个道理。比如，创新主体的专利申请活动与专利法的保护范围、程度、期限和强度等具有怎样的相关性？公司的专利有效期维护与其专利的市场价值具有何种相关性？法学学科与其他学科的发展，如经济学、管理学及计算机科学和信息科学等，在理论、方法与路径等方面具有何种相关性？其他学科的哪些具体理论与方法可以移植到法学学科？

国内外学者进行了一些法学领域的相关分析研究。Tseng 和 Raudensky 探索了美国大学的技术转移活动与《拜杜法案》实施的相关性[69]，即《拜杜法案》的实施是否促进了美国大学的技术转移。研究结果发现，在《拜杜法案》实施期间的

1980～2000年，大学的专利申请与许可活动和该法案的实施具有积极的正相关关系；但在2000年之后，相关性不明显，甚至大学的技术转移活动呈现出下滑的趋势。袁思达[70]基于技术预见中德尔菲专家意见的小样本的统计结果，提出了共性技术测度中的相关分析方法。Giuri等分析了大学和公共研究机构（public research organization，PRO）的知识产权所有权制度与知识产权商业化之间的关系[71]。研究结果发现，PRO享有知识产权所有权时，不利于科技成果的商业化；大学享有知识产权的所有权时，对知识产权成果的商业化具有积极的推动作用。

二、相关分析常用软件方法

SPSS软件中的相关性分析功能与其Pearson相关性分析方法[72]，常常被应用于社会科学研究领域的相关性分析。法学研究领域的一些相关性分析，也可以尝试应用该软件方法。

SPSS，即“社会科学统计软件包”（statistical package for the social sciences，SPSS）。随着SPSS产品服务领域的不断扩大和服务深度的持续增加，SPSS公司已经于2000年正式将SPSS软件名称更改为“统计产品与服务解决方案”（statistical product and service solutions，SPSS），名称的更改意味着SPSS的战略方向正在进行重大调整。SPSS是世界上最早的著名统计分析软件之一，主要应用于统计建模、数据管理、文本挖掘等领域。SPSS最初由美国斯坦福大学的三位研究生Norman H. Nie、Dale H. Bent和C. Hadlai Hull于1968年研究开发成功[73]，同时他们成立了SPSS公司，1975年在芝加哥组建了SPSS总部。1984年SPSS总部首次推出了世界上第一个统计分析软件微机版本，开创了SPSS微机系列产品的开发方向，极大地扩充了它的应用范围，并使其能很快地应用于自然科学、技术科学、社会科学等诸多研究领域。世界上许多有影响的报纸、期刊纷纷对SPSS的自动统计绘图、数据的深入分析、使用方便、功能齐全等方面给予了高度的评价。虽然学者们经常运用SPSS软件进行相关性分析[74, 75]，但其在法学相关领域的应用尚不多见。

第四节　法律政策评估方法

一、法律政策评估理论

从广义上看，法律也是公共政策的范畴，“政法不分家”一说即是这个道理。无论在中国社会，还是在西方社会，政策法律常常是指同一事物，或者不加区分地使用[76-78]。政策与法律的制定和修改过程等，虽有诸多区别，但二者更具有广泛的联系。更多情况下，学者们认为广义的政策是包括法律在内的一套治理制度措施等。

法律政策评估是指由特定评估主体对一项法律政策的各个方面所进行的评价。评估主体利用科学的方法和技术，依据一定的价值标准和事实标准，遵循一定的程序和步骤，对法律政策实施中的价值因素和事实因素进行分析，目的在于利用这些法律政策相关信息，对法律政策的未来走向作出基本的判断，从而调整、修正法律政策和制定新的法律政策，包括法律政策制定的水平的评估、法律政策实施方案的评估、法律政策执行情况的评估、法律政策实施结果的评估等。

国内外学者对法律政策评估主体[79-81]、法律政策评估体系[80, 82-84]、法律政策评估指标[85-87]、法律政策评估方法[88, 89]、法律政策实施效果[69]等进行了很多相关研究。

二、法律政策评估常用方法

法律政策评估包括多种类型，如正式评估与非正式评估、外部评估与内部评估、预期评估与现实评估及综合评估等。每一种评估类型，往往会有相应的评估标准、评估指标和评估方法等。

就法律政策评估方法而论，常见的有前后对比法、对象评定法、专家评定法、效率分析法等。前后对比法是指一项法律政策实施前后不同效果的对比分析。实施前，即无此法律政策时，社会及相关利益者或相关事物的发展状况是什么情形；实施后产生了什么新的变化、新的效果，积极的还是消极的[90-94]。比较明显的对比分析，能够让政策制定者和政策实施者感受和发现一项法律政策实施产生的效果和社会影响。

对象评定法是针对法律政策的实施和影响对象，了解其感受及其相应行为或选择的变化等，对一项法律政策的实施效果从实施对象的角度进行评价，并进而对其进行调整和完善。

专家评定法则是从专家的视角，采取头脑风暴法、德尔菲专家调查法、圆桌会议法等[95-97]，对一项法律政策从理论基础、精神实质、文本水平、实施效果和社会影响等多个视角进行的综合考察和评价。

效率分析法，即成本－收益分析方法，更多的是从经济学视角对一项法律政策实施前后的人们经济行为选择及其效果、社会经济活动发展变化及其效果、投入－产出比率变化[78, 98-100]等多个方面进行的评判和分析。

本章参考文献

［1］侯剑华，杨秀财，李莲姬．科学计量学研究中心转移特征的可视化分析［J］．科学学研究，2018，(2)：211-220.

［2］杨中楷，刘佳．基于专利引文网络的技术轨道识别研究——以太阳能光伏电池板领域为例［J］．科学学研究，2011，(9)：1311-1317.

［3］杨中楷，刘倩楠，于霜．基于专利引文网络的技术领域间关系探析［J］．科研管理，2011，(5)：149-155.

［4］Chen D Z，Huang M H，Hsieh H C，et al. Identifying missing relevant patent citation links by using bibliographic coupling in LED illuminating technology［J］. Journal of Informetrics，2011，5（3）：400-412.

［5］Erdi P，Makovi K，Somogyvari Z，et al. Prediction of emerging technologies based on analysis of the US patent citation network［J］. Scientometrics，2013，95（1）：225-242.

［6］Chang S B，Lai K K，Chang S M. Exploring technology diffusion and classification of business methods：using the patent citation network［J］. Technological Forecasting and Social Change，2009，76（1）：107-117.

［7］洪勇，康宇航．基于专利引文的企业间技术溢出可视化研究［J］．科研管理，2012，(7)：81-87.

［8］Csardi G，Strandburg K J，Zalanyi L，et al. Modeling innovation by a kinetic description of the patent citation system［J］. Physica A：Statistical Mechanics and Its Applications，2007，374（2）：783-793.

［9］Patel D，Ward M R. Using patent citation patterns to infer innovation market competition［J］. Research Policy，2011，40（6）：886-894.

［10］Kim H J，Jeong Y K，Song M. Content- and proximity-based author co-citation analysis using citation sentences［J］. Journal of Informetrics，2016，10（4）：954-966.

［11］Bu Y，Liu T Y，Huang W B. MACA：a modified author co-citation analysis method combined with general descriptive metadata of citations［J］. Scientometrics，2016，108（1）：143-166.

［12］Mustafee N，Katsaliaki K，Fishwick P. Exploring the modelling and simulation knowledge base through journal co-citation analysis［J］. Scientometrics，2014，98（3）：2145-2159.

［13］Hu C P，Hu J M，Gao Y，et al. A journal co-citation analysis of library and information science in China［J］. Scientometrics，2011，86（3）：657-670.

［14］Ding Y，Chowdhury G G，Foo S. Journal as markers of intellectual space：journal co-citation analysis of information retrieval area，1987-1997［J］. Scientometrics，2000，47（1）：55-73.

［15］Yang S L，Han R Z，Wolfram D，et al. Visualizing the intellectual structure of information science（2006-2015）：introducing author keyword coupling analysis［J］. Journal of Informetrics，2016，10（1）：132-150.

［16］Zhao D Z，Strotmann A. The knowledge base and research front of information science 2006-2010：an author cocitation and bibliographic coupling analysis［J］. Journal of the Association for Information Science and Technology，2014，65（5）：995-1006.

［17］Ma R M. Author bibliographic coupling analysis：a test based on a Chinese academic database［J］. Journal of Informetrics，2012，6（4）：532-542.

［18］Zhao D Z，Strotmann A. Evolution of research activities and intellectual influences in information science 1996—2005：introducing author bibliographic-coupling analysis［J］. Journal of the American Society for Information Science and Technology，2008，59（13）：2070-2086.

［19］Kroeger P. Analyzing Grammar：An Introduction［M］. Cambridge：Cambridge University Press，1957.

［20］Southworth F C. The marathi verbal sequences and their co-occurrences［J］. Language，1961，37（2）：201-208.

［21］Harris Z S. Co-occurrence and transformation in linguistic structure［J］. Language，1957，33（3）：283-340.

［22］Hossain M D，Moon J，Kang H G，et al. Mapping the dynamics of knowledge base of innovations of R&D in Bangladesh：triple helix perspective［J］. Scientometrics，2012，90（1）：57-83.

［23］Almeida P，Hohberger J，Parada P. Individual scientific collaborations and firm-level innovation［J］. Industrial and Corporate Change，2011，20（6）：1571-1599.

［24］Klitkou A，Nygaard S，Meyer M. Tracking techno-science networks：a case study of fuel cells and related hydrogen technology R&D in Norway［J］. Scientometrics，2007，70（2）：491-518.

［25］Meyer M，Persson O. Nanotechnology-interdisciplinarity，patterns of collaboration and differences in application［J］. Scientometrics，1998，42（2）：195-205.

［26］Hsieh W H，Chiu W T，Lee Y S，et al. Bibliometric analysis of patent ductus arteriosus treatments [J] . Scientometrics，2004，60（2）：105-115.

[27] Meyer M. Knowledge integrators or weak links? An exploratory comparison of patenting researchers with their non-inventing peers in nano-science and technology [J] . Scientometrics，2006，68（3）：545-560.

[28] Small H .A co-citation model of a scientific specialty：a longitudinal study of collagen research [J] . Social Studies of Science，1977，7（2）：139-166.

[29] Small H. Co-citation context analysis and the structure of paradigms [J] . Journal of Documentation，1980，36（3）：183-196.

[30] Chen C M. Visualising semantic spaces and author co-citation networks in digital libraries [J] . Information Processing & Management，1999，35（2）：401-420.

[31] Ding Y，Yan E J，Frazho A，et al. PageRank for ranking authors in co-citation networks [J] . Journal of the American Society for Information Science and Technology，2009，60（11）：2229-2243.

[32] Wang X W，Zhang X，Xu S M. Patent co-citation networks of Fortune 500 companies [J] . Scientometrics，2011，88（3）：761-770.

[33] Shen Y C，Chang S H，Lin G T R，et al. A hybrid selection model for emerging technology [J] . Technological Forecasting and Social Change，2010，77（1）：151-166.

[34] Chang C K N，Breitzman A. Using patents prospectively to identify emerging，high-impact technological clusters [J] . Research Evaluation，2009，18（5）：357-364.

[35] Rokaya M，Atlam E，Fuketa M，et al. Ranking of field association terms using Co-word analysis [J] . Information Processing & Management，2008，44（2）：738-755.

[36] Bhattacharya S，Basu P K. Mapping a research area at the micro level using Co-word analysis [J] . Scientometrics，1998，43（3）：359-372.

[37] Leydesdorff L. Words and Co-words as indicators of intellectual organization [J] . Research Policy，1989，18（4）：209-223.

[38] Ding Y，Chowdhury G G，Foo S. Bibliometric cartography of information retrieval research by using Co-word analysis [J] . Information Processing & Management，2001，37（6）：817-842.

[39] Lee B，Jeong Y I. Mapping Korea's national R&D domain of robot technology by using the Co-word analysis [J] . Scientometrics，2008，77（1）：3-19.

[40] Rip A，Courtial J P. Co-word maps of biotechnology: an example of cognitive scientometrics [J] . Scientometrics，1984，6（6）：381-400.

[41] An X Y，Wu Q Q. Co-word analysis of the trends in stem cells field based on subject heading

weighting [J] . Scientometrics，2011，88 (1)：133-144.
[42] Zhu Y J，Kim M C，Chen C M. An investigation of the intellectual structure of opinion mining research [J] . Information Research: An International Electronic Journal，2017，22 (1)：739.
[43] Qu Z, Zhang S S, Zhang C B. Patent research in the field of library and information science：less useful or difficult to explore? [J] . Scientometrics, 2017, 111 (1)：205-217.
[44] Olle Persson BibExcel [EB/OL] . http：//blog. sciencenet. cn/blog-554179-989279. html [2016-7-7] .
[45] 周应恒，赵文，张晓敏 . 近期中国主要农业国内支持政策评估 [J] . 农业经济问题，2009，(5)：4-11，110.
[46] 栾春娟，侯海燕，王贤文 . 国际科技政策研究热点与前沿的可视化分析 [J] . 科学学研究，2009，(2)：240-243.
[47] 侯海燕，刘则渊，陈悦，等 . 当代国际科学学研究热点演进趋势知识图谱 [J] . 科研管理，2006，(3)：90-96.
[48] 侯海燕 . 基于知识图谱的科学计量学进展研究 [D] . 大连：大连理工大学，2006.
[49] Chen C M. CiteSpace II：detecting and visualizing emerging trends and transient patterns in scientific literature [J] . Journal of the American Society for Information Science and Technology，2006，57 (3)：359-377.
[50] Borner K，Chen C M，Boyack K W. Visualizing knowledge domains [J] . Annual Review of Information Science and Technology，2003，37 (1)：179-255.
[51] White H D，McCain K W. Visualizing a discipline：an author co-citation analysis of information science，1972-1995 [J] . Journal of the American Society for Information Science，1998，49 (4)：327-355.
[52] Li W J，Dong H，Yu H，et al. Global characteristics and trends of research on ceramic membranes from 1998 to 2016：based on bibliometric analysis combined with information visualization analysis [J] . Ceramics International，2018，44 (6)：6926-6934.
[53] Sanchez-Bonvehi C，Ribera M. Information visualization in data democratization：proposals from journalism and storytelling [J] . Profesional De La Informacion，2014，23 (3)：311-318.
[54] Pham T，Jones J，Metoyer R，et al. Toward exploratory analysis of diversity unified across fields of study：an information visualization approach [J] . Environmental Earth Sciences，2014，72 (10)：3803-3825.
[55] 李运景，侯汉青 . 引文分析可视化研究 [J] . 情报学报，2007，26 (2)：301-308.

[56] Dasgupta A, Arendt D L, Franklin L R, et al. Human factors in streaming data analysis: challenges and opportunities for information visualization [J]. Computer Graphics Forum, 2018, 37 (1): 254-272.

[57] Oliveira E C, Oliveira L C, Cardoso A, et al. Meta-model of information visualization based on Treemap [J]. Universal Access in the Information Society, 2017, 16 (4): 903-912.

[58] Mercun T, Zumer M, Aalberg T. Presenting bibliographic families using information visualization: evaluation of FRBR-based prototype and hierarchical visualizations [J]. Journal of the Association for Information Science and Technology, 2017, 68 (2): 392-411.

[59] Dusse F, Simoes J P, Alves A T, et al. Information visualization for emergency management: a systematic mapping study [J]. Expert Systems with Applications, 2016, 45: 424-437.

[60] Ping Q, He J G, Chen C M. How many ways to use CiteSpace? A study of user interactive events over 14 months [J]. Journal of the Association for Information Science and Technology, 2017, 68 (5): 1234-1256.

[61] Hou J H, Yang X C, Chen C M. Emerging trends and new developments in information science: a document co-citation analysis (2009—2016) [J]. Scientometrics, 2018, 115 (2): 869-892.

[62] Kim M C, Zhu Y J, Chen C M. How are they different? A quantitative domain comparison of information visualization and data visualization (2000—2014) [J]. Scientometrics, 2016, 107 (1): 123-165.

[63] Ma F C, Li Y T. Utilising social network analysis to study the characteristics and functions of the co-occurrence network of online tags [J]. Online Information Review, 2014, 38 (2): 232-247.

[64] Kavuluru R, Lu Y. Leveraging output term co-occurrence frequencies and latent associations in predicting medical subject headings [J]. Data & Knowledge Engineering, 2014, 94: 189-201.

[65] Waltman L, van Eck N J. Some comments on the question whether co-occurrence data should be normalized [J]. Journal of the American Society for Information Science and Technology, 2007, 58 (11): 1701-1703.

[66] van Eck N J, Waltman L. How to normalize cooccurrence data? An analysis of some well-known similarity measures [J]. Journal of the American Society for Information Science and Technology, 2009, 60 (8): 1635-1651.

[67] van Eck N J, Waltman L, van den Berg J, et al. A novel algorithm for visualizing concept associations [C]. Los Alamitos: IEEE Computer Society, 2005: 405-409.

[68] Luan C J, Liu Z Y, Wang X W. Divergence and convergence: technology-relatedness evolution in solar energy industry [J]. Scientometrics, 2013, 97 (2): 461-475.

[69] Tseng A A, Raudensky M. Assessments of technology transfer activities of US universities and associated impact of Bayh-Dole Act [J]. Scientometrics, 2014, 101 (3): 1851-1869.

[70] 袁思达.技术预见德尔菲调查中共性技术课题识别研究［J］.科学学与科学技术管理，2009，(10)：21-26.

[71] Giuri P, Munari F, Pasquini M. What determines university patent commercialization? Empirical evidence on the role of IPR ownership [J]. Industry and Innovation, 2013, 20 (5): 488-502.

[72] Chaudhuri K, Kumbhakar S C, Sundaram L. Estimation of firm performance from a MIMIC model [J]. European Journal of Operational Research, 2016, 255 (1): 298-307.

[73] None. SPSS. [EB/OL]. http://spss.en.softonic.com/ [2013-5-23].

[74] Lorenzo-Seva U, Ferrando P J. TETRA-COM: a comprehensive SPSS program for estimating the tetrachoric correlation [J]. Behavior Research Methods, 2012, 44 (4): 1191-1196.

[75] Weaver B, Dubois S. SPSS macros to compare any two fitted values from a regression model [J]. Behavior Research Methods, 2012, 44 (4): 1175-1190.

[76] Shahab S, Clinch J P, O'Neill E. Accounting for transaction costs in planning policy evaluation [J]. Land Use Policy, 2018, 70: 263-272.

[77] Kuminoff N V. Can understanding spatial equilibria enhance benefit transfers for environmental policy evaluation? [J]. Environmental & Resource Economics, 2018, 69 (3): 591-608.

[78] Deng F, Wang S Y, Zhang L Y, et al. Establishment of attribute bitmaps for efficient XACML policy evaluation [J]. Knowledge-Based Systems, 2018, 143: 93-101.

[79] 陈军.政策评估的中外比较研究［J］.科技管理研究，2014，(2)：20-22，35.

[80] 郭俊华，曹洲涛.知识产权政策评估体系的建立与推进策略研究［J］.科学学与科学技术管理，2010，(3)：31-38.

[81] 高兴武.公共政策评估：体系与过程［J］.中国行政管理，2008，(2)：58-62.

[82] 王军锋，姜银苹，董战峰，等.欧盟环境政策评估体系及管理机制研究——推进我国环境政策评估工作的思考［J］.未来与发展，2014，(10)：27-31，21.

[83] 庞宇，崔玉亭.日本的政策评估体系和实践及其对中国科技评估的启示［J］.中国科技论坛，2012，(3)：148-155.

[84] 唐云锋，李侠．论我国科技政策评估体系中存在的问题[J]．中国科技论坛，2004，(4)：106-110.

[85] 薛二勇．区域内义务教育均衡发展指标体系的构建——当前我国深入推进义务教育均衡发展的政策评估指标[J]．北京师范大学学报(社会科学版)，2013，(4)：21-32.

[86] 王再进，方衍，田德录．国家中长期科技规划纲要配套政策评估指标体系研究[J]．中国科技论坛，2011，(9)：5-10.

[87] 郭俊华，黄思嘉，吕守军．知识产权政策评估指标体系的构建及其应用研究[J]．中国软科学，2009，(7)：19-27.

[88] 盛济川，吴优．发展中五国森林减排政策的比较研究——基于结构变量“REDD+ 机制”政策评估方法[J]．中国软科学，2012，(9)：175-183.

[89] Mons U，Nagelhout G E，Allwright S，et al. Impact of national smoke-free legislation on home smoking bans：findings from the International Tobacco Control Policy Evaluation Project Europe Surveys [J]. Tobacco Control，2013，22 (E1)：e2-e9.

[90] Costa M A，Rajao R，Stabile M C C，et al. Epidemiologically inspired approaches to land-use policy evaluation: The influence of the Rural Environmental Registry (CAR) on deforestation in the Brazilian Amazon [EB/OL]. http：//doi. org/10. 1525/elementa. 260 [2018-2-9].

[91] van Sluisveld M A E，Hof A F，van Vuuren D P，et al. Low-carbon strategies towards 2050：comparing ex-ante policy evaluation studies and national planning processes in Europe [J]. Environmental Science & Policy，2017，78：89-96.

[92] Strom K J，Smith E L. The future of crime data：the case for the national incident-based reporting system (NIBRS) as a primary data source for policy evaluation and crime analysis [J]. Criminology & Public Policy，2017，16 (4)：1027-1048.

[93] Meacock R，Sutton M，Kristensen S R，et al. Using survival analysis to improve estimates of life year gains in policy evaluations [J]. Medical Decision Making，2016，37 (4)：415-426.

[94] Labi S，Chen S K，Preckel P V，et al. Rural two-lane highway shoulder and lane width policy evaluation using multiobjective optimization [J]. Transportmetrica A：Transport Science，2017，13 (7)：631-656.

[95] van Ooyen-Houben M M J，Bieleman B，Koff D J. Tightening the Dutch coffee shop policy：evaluation of the private club and the residence criterion [J]. The International Journal on Drug Policy，2016，31：113-120.

[96] Colen L，Sergio G Y P，Latacz-Lohmann U，et al. Economic experiments as a tool for agricultural policy evaluation：insights from the European CAP [J]. Canadian Journal of

Agricultural Economics-Revue Canadienne D'Agroeconomie，2016，64（4）：667-694.

[97] Ward D S，Mazzucca S，McWilliams C，et al. Use of the Environment and Policy Evaluation and Observation as a Self-Report Instrument（EPAO-SR）to measure nutrition and physical activity environments in child care settings：validity and reliability evidence [J]. International Journal of Behavioral Nutrition and Physical Activity，2015，12（1）：124.

[98] Yang W，He A J，Fang L J，et al. Financing institutional long-term care for the elderly in China：a policy evaluation of new models [J]. Health Policy and Planning，2016，31（10）：1391-1401.

[99] Gatta V，Marcucci E. Stakeholder-specific data acquisition and urban freight policy evaluation：evidence，implications and new suggestions [J]. Transport Reviews，2016，36（5）：585-609.

[100] Yassir Y，White L B. Folding algorithm for policy evaluation for Markov decision processes with quasi-birth death structure [J]. IEEE Transactions on Automatic Control，2015，60（4）：1164-1168.

第四章　共被引分析方法在法学研究中的应用

第一节　法学学科的经典文献

一、高被引指标测度的经典文献

（一）法学学科发展第一阶段（1900 ～ 1965 年）

我们选取法学学科发展第一阶段（1900 ～ 1965 年）中的全部法学学科文献（43 323 条数据），通过对文档中的被引参考文献（cited reference，CR）字段的分析，测度该时间段内文献的被引状况，发现高被引文献。运用可视化软件 CiteSpace，选择引文分析栏目中的被引文献分析功能，对被引文献数据进行读取与分析。将每 6 年划分为一个时区，选择每一时区的前 30 篇高被引文献，运行 CiteSpace，选择时区图谱（time-zone）显示形式，生成图 4.1 所示的第一阶段（1900 ～ 1965 年）法学学科经典文献时区图谱。图谱中，代表文献的结点越大，表明该文献的被引频次越高。

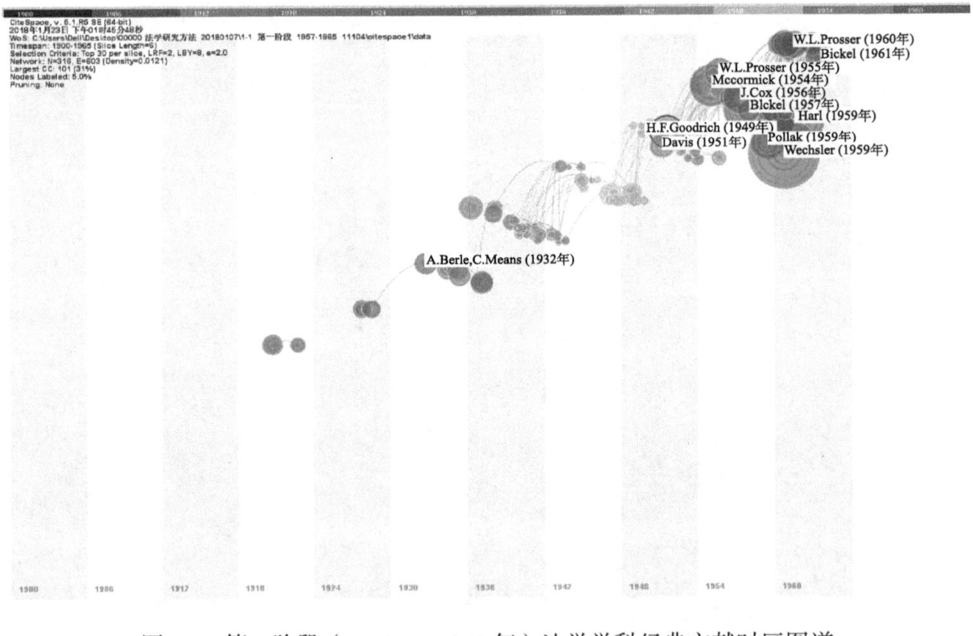

图 4.1　第一阶段（1900 ～ 1965 年）法学学科经典文献时区图谱

图 4.1 显示，20 世纪前 50 年中，法学学科经典文献产出较少，且影响力相对较低。在这一时期中，被引频次最高的是 A.Berle 与 C.Means 在 1932 年出版的《现代企业与私有财产》（*The Modern Corporation and Private Property*）一书。该书对公司法的成立基础进行了探讨，从法律与经济的视角探索了大型企业的发展过程，并提出在现代社会中，公司的所有权与控制权已经分离。A.Berle 和 C.Means 指出，20 世纪 30 年代的美国《公司法》（*Corporations*）强化了这种所有权与控制权分离的情况。与个人私有财产（如笔记本或自行车）的概念相比，现代《公司法》的功能"破坏了我们通常称之为财产的统一性"；所有权和控制权的分离会导致，随着企业规模的增长和股东数量的增加，董事们所持有的股权比例相应地减少[1]。因此，为保障股东权益，A.Berle 和 C.Means 提倡为所有股东提供嵌入投票权，提高透明度和强化问责制。该书的修订版于 1967 年发行，是公司治理、公司法和机构经济学的奠基之作。

1950 ～ 1965 年是法学学科经典文献的高产时期，众多优秀法学学科研究成果产生并集中于该阶段。例如，H.Wechsler 在 1959 年发表于《哈佛法律评论》中的文章[2]；同年，H. M.Hart 发表于《哈佛法律评论》中的文章[3]；A. M. Bickel 与 H. H. Wellington 于 1957 年发表于《哈佛法律评论》中的文章[4]等。第一阶段（1900 ～ 1965 年）法学学科被引频次排名前十的经典文献如表 4.1 所示。

表 4.1 第一阶段（1900 ～ 1965 年）法学学科被引频次排名前十的经典文献

频次	突发性	作者	出版年份	来源	卷	页数
89	40.67	H.Wechsler	1959	Harvard Law Review（哈佛法律评论）	3	
77	35.06	H.M.Hart	1959	Harvard Law Review（哈佛法律评论）	3	4
70	26.06	A.M.Bickel，H. H. Wellington	1957	Harvard Law Review（哈佛法律评论）	1	
58	25.88	Mccormick	1954	Evidence（证据）		
47	21.20	L.H.Pollak	1959	University of Pennsylvania Law Review（宾夕法尼亚法律评论）	8	
46	25.32	H. F. Goodrich	1949	Conflict Laws（冲突法）		

续表

频次	突发性	作者	出版年份	来源	卷	页数
45	16.77	J.Cox	1956	Harvard Law Review（哈佛法律评论）	9	1
43	16.99	W.L.Prosser	1955	Torts（侵权法）		
37	17.89	W.L.Prosser	1960	Yale Law Journal（耶鲁法律杂志）	9	99
36	17.77	A.Berle，C.Means	1932	The Modern Corporation and Private Property（现代企业与私有财产）		

表 4.1 显示，法学学科发展第一阶段中，被引频次最高的是 H.Wechsler 于 1959 年发表在《哈佛法律评论》中的文章，共计被引 89 次，突发性为 40.67。H.Wechsler 反对勒恩德 · 汉德（L. Hand）法官提出的法院对立法行为进行司法审查具有正当性这一观点，并在文中指出，法院有权力和义务来裁决所有符合司法管辖权和司法程序要求的宪法案件[2]，但法院的权力范围应被严格控制在司法管辖权与正当司法程序之中。H.Wechsler 在文中提出了宪法案件判决中经典的"中立原则"[5]，强调法官在审判案件时必须依靠推理与分析，同时指出最高法院在进行判决时并没有完全依照此原则。法学学术界对法院权力的质疑由此滥觞[6]。

排名第二位的是 H. M. Hart 于 1959 年发表在《哈佛法律评论》中的文章，共计被引 77 次，突发性为 35.06。排名第三位的是 A. M. Bickel 与 H. H. Wellington 于 1957 年发表在《哈佛法律评论》中的文章，共计被引 70 次，突发性为 26.06。A. M. Bickel 与 H. H. Wellington 在文中指出《美国劳资关系法案》（Taft-Hartley Act）第 301 部分授予联邦法院的职责属于授权越权，联邦法院不具有处理这些被授权事务的权力[4]。因此，纺织工人工会诉林肯·米尔斯案（Textile Workers Union v. Lincoln Mills）中，联邦法院的正确做法应该是将此案提交国会进行审议。此外，A. M. Bickel 与 H. H. Wellington 还在文中对法院未能清晰、完整阐述其判决理由的行为进行了批判。Mccormick 于 1954 年出版的《证据》一书，共计被引 58 次，排名第四位，突发性为 25.88。排名第五位的是 L. H.Pollak 于 1959 年发表在《宾夕法尼亚法律评论》中的文章，突发性为 21.20。

图 4.2 展示了第一阶段（1900 ～ 1965 年）法学学科经典文献来源期刊的分布情况。其中，《哈佛法律评论》共产出经典文献 10 篇，排名第一位；排名

第二位的《耶鲁法律杂志》共产出经典文献 3 篇。其余期刊的经典文献产出数量均为 1 篇。《哈佛法律评论》的突出表现，意味着其受到了法学研究界的广泛认可与尊重，对法学学科的发展产生了重大影响。

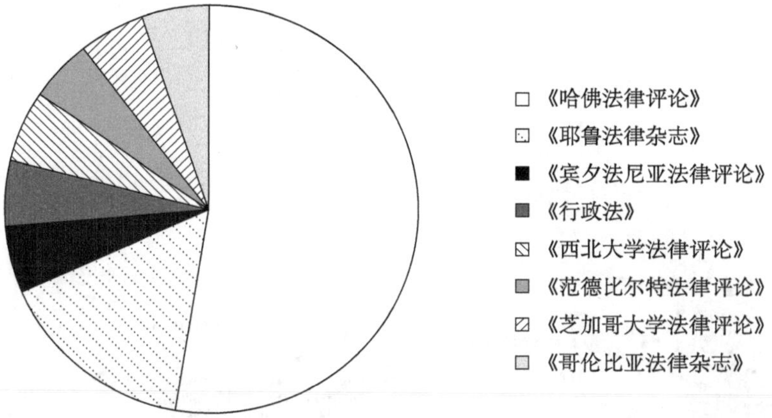

图 4.2 第一阶段（1900 ～ 1965 年）法学学科经典文献所属期刊分布图

（二）法学学科发展第二阶段（1966 ～ 1976 年）

我们选取法学学科发展第二阶段（1966 ～ 1976 年）中的全部法学学科文献（33 800 条数据），采用同样的方法，对文档中的被引文献信息进行分析，测度该时间段内高被引文献。运用可视化软件 CiteSpace，选择引文分析栏目中的被引文献分析功能，将每年划分为一个时区，选择每一时区内被引频次最高的 30 篇论文，运行 CiteSpace，选择时区图谱显示形式，生成图 4.3 所示的第二阶段（1966 ～ 1976 年）法学学科经典文献时区图谱。图谱中，代表文献的结点越大，表明该文献的被引频次越高。

图 4.3 显示，法学学科发展第二阶段（1966 ～ 1976 年）初期，大量的法院判决被高频次引用。例如，1961 年的马普诉俄亥俄州案（Mapp v. Ohio）、1966 年的米兰达诉亚利桑那州案（Miranda v. Arizona）、1963 年的吉迪恩诉温赖特案（Gideon v. Wainwright）、1965 年的格里斯沃尔德诉康涅狄格州案（Griswold v. Connecticut）等。沃伦法庭（The Warren Court）对这一时期法庭判决的高关注度作出了决定性、突出性贡献。沃伦法庭指 1953 ～ 1969 年的美国最高法院，因厄尔 · 沃伦（E. Warren）担任首席大法官而得名。除首席大法官外，沃伦时代的最高法院大法官还有 W. J. Brennan 大法官、Jr. W. O. Douglas 大法官、H. Black 大法官、F. Frankfurter 大法官、J. M. Harlan 二世大法官[7]。沃伦法庭不仅使联邦最高法院的司法理念从保守主义转向自由主

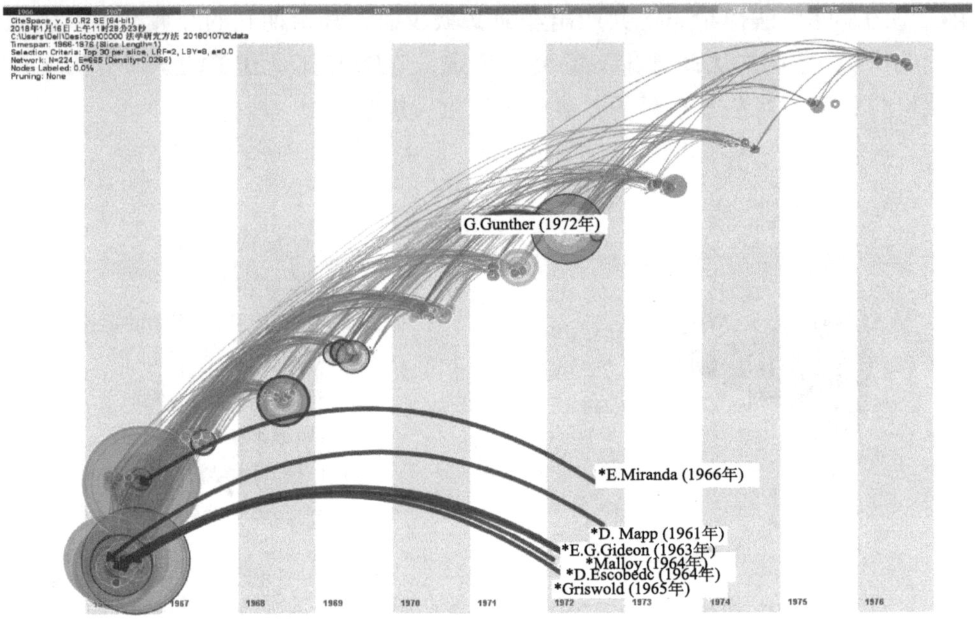

图 4.3　第二阶段（1966 ～ 1976 年）法学学科经典文献时区图谱

带有 * 前缀的标签，表明该文献类型为法院判决

义，极大地提升了最高法院在美国宪政体制中的地位，也引发了美国当代社会中的平等权利风暴，进一步扩大了联邦政府的权力[8]。厄尔·沃伦领导时期被认为是美国司法权力的一个高点时期。此后，司法权力逐渐减弱，但法院仍保持着对美国社会持续、巨大的影响。虽然沃伦法庭的司法能动主义遭到了法院内外保守人士的激烈反对，但它在当时的美国社会中所发挥的作用是不可磨灭的。后文中，我们将对沃伦法庭作出的部分高被引判决进行简单介绍。

法学学科发展第二阶段中后期经典文献产出量相对较少，其中最突出的是1972年G. Gunther 在《哈佛法律评论》上发表的文章。第二阶段（1966～1976年）法学学科被引频次超过 200 次的法学学科经典文献相关信息，如表 4.2 所示。

表 4.2　第二阶段（1966 ～ 1976 年）法学学科被引频次超过 200 次经典文献

频次	突发性	作者	出版年	来源	卷	页	半衰期 / 年
366	74.63	*E. Miranda	1966	Arizona			1
332	57.37	*E. G.Gideon	1963	Wainwright			4
282	52.92	*D. Mapp	1961	Ohio			6

续表

频次	突发性	作者	出版年	来源	卷	页	半衰期 / 年
268	53.45	*D. Escobedo	1964	Illinois			3
218	81.09	G. Gunther	1972	Harvard Law Review（哈佛法律评论）	86	1	3

注：表格中作者栏以 * 为前缀的，表示该文献为法院判决。软件处理过程中将该部分文献的原告划分为作者，被告划为来源。

表 4.2 显示，法学学科发展第二阶段中被引频次最高的是 1966 年的米兰达诉亚利桑那州案（Miranda v. Arizona），共计被引 366 次，突发性为 74.63。米兰达诉亚利桑那州案缘起于 1963 年，米兰达（E. Miranda）因绑架与强奸案被警方逮捕。审讯过程中，警方没有告知米兰达他有权保持沉默并且享有与律师进行商议的权利，也没有告知其证词将会被用于指控他。庭审过程中，地方检察官出示了米兰达写下的供词作为指控他犯罪的重要证据，而米兰达的公共辩护律师指出，由于警方没有在审问前告知被告的宪法权利，因此这些证据应该被排除，但法庭没有接受这一意见。米兰达被陪审团认定强奸和绑架罪名成立。案件最终上诉至联邦最高法院（沃伦法庭）。法院的多数意见认为，警方强制性关押和审讯环境会对被告产生胁迫性的效果，因此除非犯罪嫌疑人清楚地知道自己的权利并且主动选择放弃这些权利，否则根据美国《宪法》第五条修正案中的自证其罪条款和第六条修正案中的律师权条款，其所作的任何供词都将是无效的。这个案件中，由首席大法官厄尔 · 沃伦在其亲自执笔撰写的法院判决书中提出，"实施逮捕和审讯嫌犯时，警方应及时宣读下列提醒和告诫事项：第一，告诉嫌犯有权保持沉默；第二，告诉嫌犯，他们的供词将会用来起诉和审判他们；第三，告诉嫌犯，在受审时有请律师在场的权利；第四，告诉嫌犯，如果雇不起律师，法庭将免费为其指派一位律师①"。美国司法审判体系中经典的"米兰达告诫"正是由此而来。

排名第二位的是 1963 年的吉迪恩诉温赖特案（Gideon v. Wainwright），共计被引 332 次，突发性为 57.37。该案中，吉迪恩（E. G. Gideon）由于无力支付律师费被迫充当自己的律师为自己作无罪辩护，陪审团最终对他作出了有罪判决。吉迪恩在监狱服刑过程中向最高法院提起上诉，最高法院受理了吉迪恩的上诉，并判决吉迪恩胜诉。在本案的法院意见中，最高法院明确指出，州法院应该在刑事案件中为无力支付律师费用的被告人提供律师，被

① 李新贵 . 从米兰达规则利弊谈我国自首、坦白、沉默权制度的并存确立［EB/OL］. http：//www.iolaw. org. cn/showNews. aspx？ id=46873［2018-7-15］.

告人获得律师协助的权利是一项根本的、公正审判所必需的权利。吉迪恩诉温赖特案是美国历史上具有里程碑式意义的案件，它通过司法判例的形式保障了公民享受宪法中正当程序所要求的程序性保护的权利，通过程序正义保障实体正义的实施。

排在第三位的是 1961 年的马普诉俄亥俄州案（Mapp v. Ohio），共计被引 282 次，突发性为 52.92。1957 年，俄亥俄州克利夫兰市郊区的一名警察收到了一份举报材料，材料声称马普（D. Mapp）家藏有爆炸案件嫌疑犯与一些非法赌博设备。接到举报后，警察在没有搜查令的情况下对马普家进行了强行搜查。警方在搜查过程中没有发现炸弹案件嫌疑人和赌博设备，但在马普的床上发现了一些色情物品。警方逮捕了马普，并对她提起公诉。法院审判过程中，在没有合理证据来源的情况下，以持有色情资料判处马普有罪。最高法院最终推翻了这一判决，并指出“宪法第四修正案规定了美国执法官员搜查和扣押的标准，第十四条修正案要求法官在每个州都遵守这些标准”①，而在违反宪法第四修正案的情况下收集的证据均应被排除。大法官汤姆克拉克解释说，“就在去年（1960 年），埃尔金斯诉美国一案中，法院意识到，非法证据排除规则的目的是为了迫使人们尊重宪法，保证宪法的实施，法庭因此保证：无论在哪个州或联邦政府中，任何人都不会因违反宪法的证据而被定罪”②。美国的非法证据排除规则始于 1914 年，并在历经长达 50 年的发展后，最终在 1961 年的马普诉俄亥俄州案中达到了顶峰。沃伦法庭通过一系列判例，实现了以下目标：一是将非法证据排除规则的适用范围从联邦司法体系扩大至州系统；二是将非法证据排除规则的规则对象从仅针对非法搜查、扣押行为延伸至所有违宪的强制性执法行为[9]。

文献半衰期是描述文献老化速度的重要指标。一般来说，最新发表的文献具有最强的生命力，然而随着时间的推移，其生命力会逐渐衰退，受到研究者的关注和引用也就越来越少。因此被引半衰期越长，说明该文献老化速度越慢，被利用时间越长，生命周期越长；反之，则表明该文献老化速度越快，被利用时间短，文献的生命周期短[10]。根据表 4.2 中展示的经典文献信息，可以发现 1961 年的马普诉俄亥俄州案具有较长的半衰期，这意味着这些文献在法学界具有较长的生命周期，对该时间段内的法学学科研究与发展具有重要意义。

① Mapp v. Ohio law case [EB/OL]. https://www.britannica.com/event/Mapp-v-Ohio#ref1115395 [2018-7-16].

（三）法学学科发展第三阶段（1977 ～ 2004 年）

采用同样的方法，对法学学科发展第三阶段（1977 ～ 2004 年）中的全部法学学科文献（85 174 条数据）中的被引文献信息进行分析，测度该时间段内高被引文献。确定网络结点为文献后，将每两年划分为一个时区，并选择每个时区的前 30 篇高被引文献在图谱中进行显示，运行 CiteSpace，生成图 4.4 所示的第三阶段（1977 ～ 2004 年）法学学科经典文献时区图谱。图谱中，代表文献的结点越大，表明该文献被引频次越高。

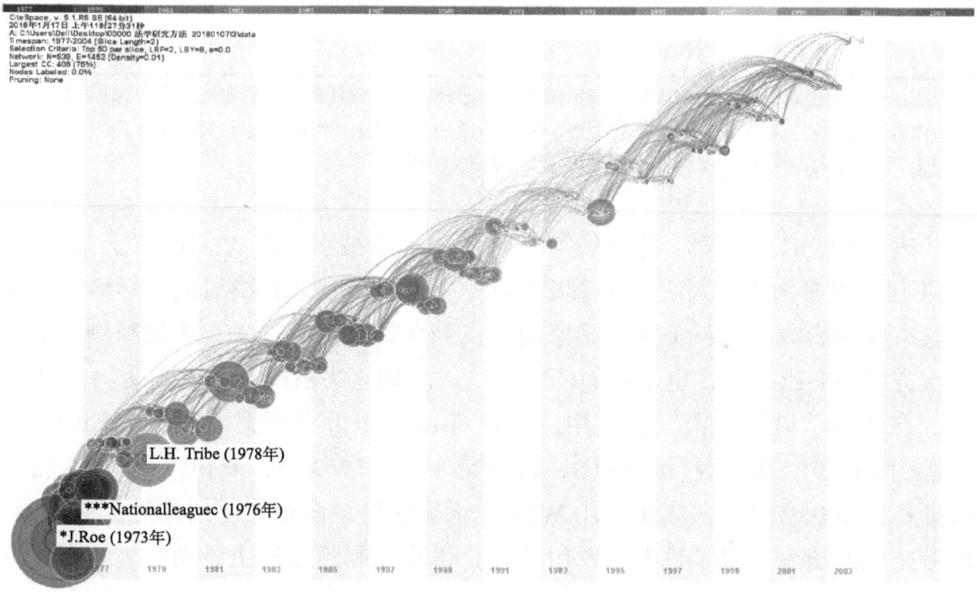

图 4.4　第三阶段（1977 ～ 2004 年）法学学科经典文献时区图谱

图中带有 * 前缀标签的，表明该文献类型为法院判决。带有 *** 前缀标签的，表明该文献来自早年的 Web of Science 数据库，一般代表该作者为人数众多的团体（现已很少出现）

图 4.4 显示，法学学科发展第三阶段（1977 ～ 2004 年）初期，经典文献产出数量相对较多，文献被引频次也相对较高。其中，具有代表性的有 1973 年的罗伊诉韦德案（Roe v. Wade），1976 年的全美城市联盟诉用户案（National League of Cities v. Usery）及 L. H. Tribe 于 1978 年出版的《美国宪法》（*American Constitutional Law*）一书。随时间推移，尤其是到法学学科发展第三阶段中后期，法学学科经典文献产出数量逐渐减少，文献被引频次也相对较低。法学学科发展第三阶段中，被引频次不少于 200 次的法学学科经典文献相关信息如表 4.3 所示。

表 4.3　第三阶段（1977～2004 年）法学学科被引频次不少于 200 次经典文献

频次	突发性	作者	出版年	来源	卷	页	半衰期 / 年
426	149.62	*J. Roe	1973	H. Wade			5
261	98.58	L. H. Tribe	1978	American Constitutional Law（美国宪法）			5
258	89.73	***Nationalleaguec	1976	Usery			2
211	73.18	*San Ai	1973	Rodriguez			5
210	72.83	*J. L. Buckley	1976	Valeo			2
203	70.37	*N. Goss	1975	Lopez			3

注：表格中作者栏以 * 为前缀的，表示该文献为法院判决。软件处理过程中将该部分文献的原告划分为作者，被告划为来源。表格中作者栏以 *** 为前缀的，是 Web of Science 数据库早年间对作者的标注方式，一般代表该作者为人数众多的团体（现已很少出现）。

表 4.3 显示，法学学科发展第三阶段中，高被引文献大多集中于 20 世纪 70 年代，且多为法院判决。这意味着在这一时期，法院判决对法学学科发展走向具有深刻影响。对英美法系国家而言，判例具有重要意义，法院判例在被引频次方面的突出表现，也从侧面证明了这一时期立法格局有重大变动。

在法学学科发展第三阶段中，1973 年的罗伊诉韦德案（Roe v. Wade）共计被引 426 次，突发性为 149.62，排名第一位。1969 年，罗伊（J. Roe）将达拉斯市刑事法官亨利·威德（H. Wade）诉至法庭，向得克萨斯州（简称得州）限制堕胎的法令提出了挑战。罗伊认为，得州限制堕胎的法令剥夺了她在妊娠中的选择权。而被告得州政府在诉讼中辩称：宪法修正案第十四条表明，“非经正当法律程序，不得剥夺任何人的生命、自由和财产；不得在其管辖范围之内否定任何人享有平等的法律保护”。宪法中所称的“人”包括胎儿在内，非经正当法律程序而剥夺胎儿生命是违反宪法修正案第十四条之规定的行为。该案最终上诉到联邦最高法院。1973 年，联邦最高法院以多数意见裁定，得州限制堕胎的法令过于宽泛地限制了孕妇在妊娠过程中的选择权，侵犯了联邦宪法修正案第十四条所保护的个人自由，构成违宪。罗伊诉韦德案赋予了全美范围内妇女的堕胎权，被誉为对美国历史产生深远影响的重要案件之一。

排名第二位的是 L. H. Tribe 于 1978 年出版的《美国宪法》一书，该书共计被引 261 次，突发性为 98.58。L. H. Tribe 教授致力于宪法学研究。在 47 岁的时候，L. H. Tribe 教授已撰写过十几本书和发表了许多具有影响力的文章。宪法中一个重要的案例手册引用了他的评论将近 50 次[11]。哈佛大学前任院长埃尔文格里斯沃尔德曾这样评价他：L. H. Tribe 教授对美国宪法所产生的影响是任何法学学者难以超越的。

1976 年的全美城市联盟诉用户案（National League of Cities v. Usery），共计被引 258 次，突发性为 89.73，排名第三位。现代美国联邦权力的触角几乎触及所有经济领域，有所保留的是国会不得立法增加州的负担及干涉州本身事务的管理[12]。而这一底线的划分正是源于全美城市联盟诉用户案与 1983 年的平等就业机会委员会诉怀俄明平等就业机会委员会案（E-Qual Employment Opportunity Commission v. Wyoming Eeoc）。

（四）法学学科发展第四阶段（2005 ～ 2017 年）

我们采用与前文同样的方法，对法学学科发展第四阶段（2005 ～ 2017 年）的全部法学学科文献（共 50 890 条数据）进行共被引分析，测度该时间段内高被引文献。选择网络结点被引文献，将每两年划分为一个时区，选择显示每个时区的前 30 篇高被引文献，运行 CiteSpace，生成图 4.5 所示的第四阶段（2005 ～ 2017 年）法学学科经典文献时区图谱。图谱中代表文献的结点越大，表示该文献的被引频次越高。

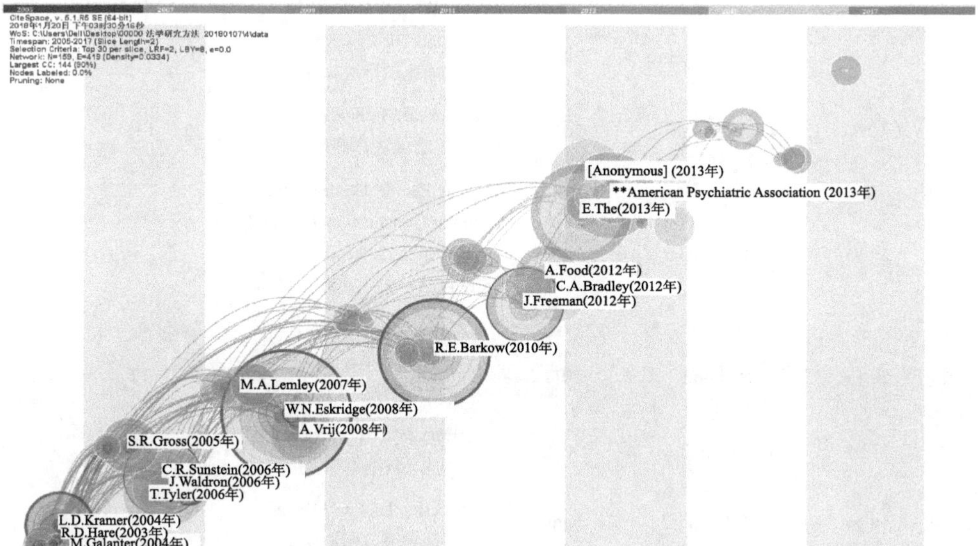

图 4.5　第四阶段（2005 ～ 2017 年）法学学科经典文献时区图谱

图中作者栏以 ** 为前缀的，是 Web of Science 数据库早年间对作者的标注方式，一般代表该作者为人数众多的团体（现已很少出现）

图 4.5 显示，第四阶段（2005 ～ 2017 年）法学学科经典文献的产出时间分布较为均匀。图谱中，W. N. Eskridge（2008 年）与 R. E. Barkow（2010 年）两个结点最为突出，表明这两篇文献在法学学科发展第四阶段中被引频次较高，具有较强的影响力。此外，J. Freeman（2012 年）、C. R. Sunstein（2006 年）、L. D. Kramer（2004 年）等代表文献的结点在图谱中也有突出表现。表 4.4 列出了法学学科发展第四阶段中被引频次不少于 50 次的经典文献相关信息。

表 4.4　第四阶段（2005 ～ 2017 年）法学学科被引频次不少于 50 次经典文献

频次	突发性	作者	出版年	来源	卷	页	半衰期 / 年
145	16.35	W. N. Eskridge，L. E. Baer	2008	The Georgetown Law Journal（乔治城法学评论）	6	83	5
123	6.63	R. E. Barkow	2010	Texas Law Review（得克萨斯法学评论）	9	5	4
100	29.4	**American Psychiatric Association	2013	Diagnostic and Statistical Manual of Mental Disorders（精神障碍诊断与统计手册）			3
90	26.52	J. Waldron	2006	Yale Law Journal（耶鲁法律杂志）	15	346	6
88	15.64	C. R. Sunstein	2006	Vanderbilt Law Review（范德比尔特法律评论）	2	87	6
86	9.07	J. Freeman	2012	Harvard Law Review（哈佛法律评论）	25	131	3
78	26.05	L. D. Kramer	2004	The People Themselves：Popular Constitutionalism and Judicial Review（人民自己：人民宪政主义与司法审查）			5
71	20.77	A. Food	2012	Federal Register（联邦公报）	7	12	4
71	13.07	C. A. Bradley	2012	Harvard Law Review（哈佛法律评论）	26	11	3
70	19.23	A. Vrij	2008	Detecting Lies and Deceit（探索谎言与欺骗）			4
65	29.09	S. R. Gross	2005	Journal of Criminal Law & Criminology（犯罪学及刑罚学）	5	23	3
63	20.46	M. Galanter	2004	Journal of Empirical Legal Studies（实证法律研究杂志）		59	6

续表

频次	突发性	作者	出版年	来源	卷	页	半衰期 / 年
62	32.94	**American Psychiatric Association	2000	Diagnostic and Statistical Manual of Mental Disorders（精神障碍诊断与统计手册）			7
62	21.84	T. Tyler	2006	Why People Obey Law（人民为什么服从法律）			7
60	26.82	R. D. Hare	2003	The hare psychopathy checklist（变态心理疾病清单）			5
56	19.7	M. A. Lemley	2007	Texas Law Review（得克萨斯法学评论）	5	991	6
53	22.15	D. A. Andrews	2010	The Psychology of Criminal Conduct（犯罪心理学）			6
53	15.45	D. Kahneman	2011	Thinking，Fast and Slow（思考，快与慢）			5
51		A. R. Gluck	2013	Stanford Law Review（斯坦福法学评论）	5	1	1
50	25.09	R. Post	2007	Harvard Civil Rights-Civil Liberties Law Review（哈佛民权：民权法律评论）	2	73	4

注：表格中作者栏以 ** 为前缀的，是 Web of Science 数据库早年间对作者的标注方式，一般代表该作者为人数众多的团体（现已很少出现）。

表 4.4 显示，相较于法学学科发展第三阶段，本阶段中法学学科学术文章代替法院判决，成为第四阶段经典文献的主力。其中，被引频次最高的文献是 W. N. Eskridge 与 L. E. Baer 于 2008 年发表在《乔治城法学评论》上的文章，共计被引 145 次，突发性为 16.35。该文从美国雪弗龙公司诉自然资源保护委员会案（Chevron U.S.A.，Inc. v. Natural Resources Defense Council）与哈姆丹诉拉姆斯菲尔德案（Hamdan v. Rumsfeld）两案出发，引出对美国最高法院法律解释问题的探讨，通过对最高法院判决的实证研究，发现过半数的最高法院判决都对法律进行了动态解释[13]。文章最后指出在现代司法系统中动态法律解释适用的必然性，以及这种必然性在现代行政状态中所起的作用[14]。

排名第二位的是 R. E. Barkow 于 2010 年发表在《得克萨斯法学评论》的文章，共计被引 123 次，突发性为 6.63。R. E. Barkow 在文章中对建立“绝缘机构”的途径进行了探索。“绝缘机构”指为了保障公共利益而建立的，不受利益集团左右的行政机构。R. E. Barkow 认为，传统的行政法在建立“绝缘机构”时仅从机构建制出发，而忽视了对建立“绝缘机构”的原因分析。因此，R. E. Barkow 在文章中打破传统“绝缘机构”建立模式，提取出被忽视的机构设计元素，即“均衡因素”[15]，并对“均衡因素”的具体内容进行了阐释。

被引频次较高的经典文献还有：美国精神病学会（American Psychiatric Association）2013 年出版的《精神障碍诊断与统计手册》，共计被引 100 次，突发性为 29.4，排名第三位；J. Waldron 于 2006 年发表在《耶鲁法律杂志》中的文章，共计被引 90 次，突发性为 26.52，排名第四位；2006 年由 C. R. Sunstein 发表于《范德比尔特法律评论》中，共计被引 88 次，突发性为 15.64，排名第五位。

此外，法学学科发展第四阶段经典文献中，美国精神病学会 2000 年出版的《精神障碍诊断与统计手册》；T. Tyler 2006 年出版的《人民为什么服从法律》一书，半衰期均长达 7 年。其对法学学科发展第四阶段中法学研究影响之深远可见一斑。

二、中介度指标测度的经典文献

（一）法学学科发展第一阶段（1900 ～ 1965 年）

中介度是应用于网络分析的一个重要度量指标，用于测量网络中结点、边、社团等“元素”的重要性[16]。中介度存在多种算法，CiteSpace 为我们提供了“中介中心度”（betweenness centrality）作为中介度测度的指标，计算方法如下：

$$\text{中介中心度}=\frac{\text{网络中经过某点并连接这两点的最短路径}}{\text{两点之间最短路径线总数}}$$

通过中介中心度指标测度法学学科经典文献，能够发现法学学科发展过程中，起衔接、纽带作用的经典文献。我们同样选取法学学科发展第一阶段（1900 ～ 1965 年）中的全部法学学科文献（43 323 条数据），分析文档中的被引参考文献字段。运用可视化软件 CiteSpace，选择引文分析栏目中的被引文献分析功能，对被引文献数据进行读取与分析。将每 6 年划分为一个时区，选择每一时区的前 30 篇高被引文献，运行 CiteSpace，选择显示中介中心度指标图谱，生成图 4.6 所示的第一阶段（1900 ～ 1965 年）法学学科经典文献中介中心度图谱。图谱中，代表文献的标签越大，表明该文献的中介中心度越高。

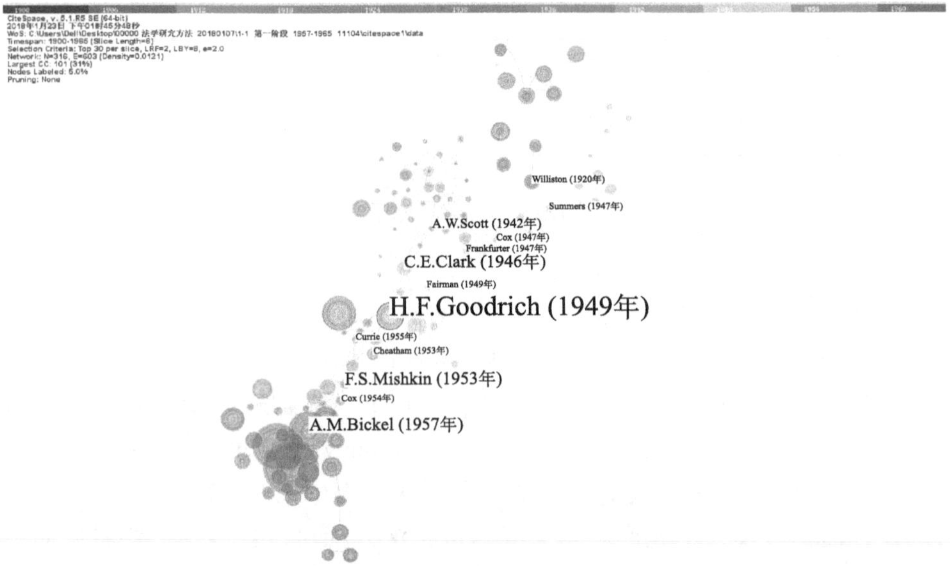

图 4.6　第一阶段（1900 ～ 1965 年）法学学科经典文献中介中心度图谱

图 4.6 法学学科发展第一阶段经典文献中介中心度图谱中，用深色外圈对结点“Goodrich（1949 年）”进行了重点标注，表明其是中介中心度指标测度下的关键文献。图谱中，自右上至左下的变化，代表着年代由远及近的更替。法学学科发展第一阶段中，时间由远及近的高中介中心度文献主要有：“A. W. Scott，1942，Harvard Law Rev，V6”，“C. E. Clark，1946，Yale Law J，V5，P67”，“H. F. Goodrich，1949，Conflict Laws”，“F. S. Mishkin，1953，Col L Rev，V3，P57”，“A. M. Bickel，1957，Harvard Law Rev，V1” 等。表 4.5 列出了 1900 ～ 1965 年法学学科中介中心度不低于 0.05 的被引文献基本信息。

表 4.5　第一阶段（1900 ～ 1965 年）法学学科中介中心度不低于 0.05 的被引文献

频次	突发性	中心度	作者	出版年	文献来源	卷	页
46	25.32	0.11	H. F. Goodrich	1949	Conflict of Laws（法律冲突）		
70	26.06	0.08	A. M. Bickel, H.H.Wellington	1957	Harvard Law Review（哈佛法律评论）	1	
29	16.20	0.07	C. E. Clark	1946	Yale Law Journal（耶鲁法律杂志）	5	67
19	10.66	0.07	F. S. Mishkin	1953	Columbia Law Review（哥伦比亚法律评论）	3	57

续表

频次	突发性	中心度	作者	出版年	文献来源	卷	页
15	9.04	0.05	A. W. Scott	1942	Harvard Law Review（哈佛法律评论）	6	

表 4.5 显示，法学学科发展第一阶段中，中介中心度最高的被引文献是 H. F. Goodrich 法官于 1949 年出版的《法律冲突》，中介中心度为 0.11，突发性为 25.32。美国第三巡回上诉法院法官 H. F. Goodrich 曾任美国法律学会主任，并主持《统一商法典》（第一版）的起草。被任命为法官之前，H. F. Goodrich 曾在艾奥瓦大学法学院、密歇根大学法学院、宾夕法尼亚大学法学院任教，并担任宾夕法尼亚大学法学院院长。虽然，H. F. Goodrich 法官的《法律冲突》一书主要是为法律入门者提供法律冲突方面的知识，书中仅对法律冲突原有规则进行陈述，而不涉及、不允许对相关问题进行深入探讨，且会用一些看似简单、系统的答案来回答一些最令人困惑的问题。该书观点的单一性与解决问题的思路，决定了其不是初学者学习法律冲突的最佳选择[17]。但该书逻辑结构严谨，写作手法优秀，因对司法权力的透彻讲解与分析而被诸多学者称赞，是对法律冲突进行深入研究的优秀作品。

排名第二位的也是法学学科发展第一阶段中的高被引文献[4]，由 A. M. Bickel 与 H. H. Wellington 于 1957 年发表，中介中心度为 0.08，突发性为 26.06。图 4.7 展示了在高被引与中介中心度不同指标测度的基础上，第一阶段（1900 ～ 1965 年）法学学科发展中经典文献来源的期刊分布情况。图 4.7 中，

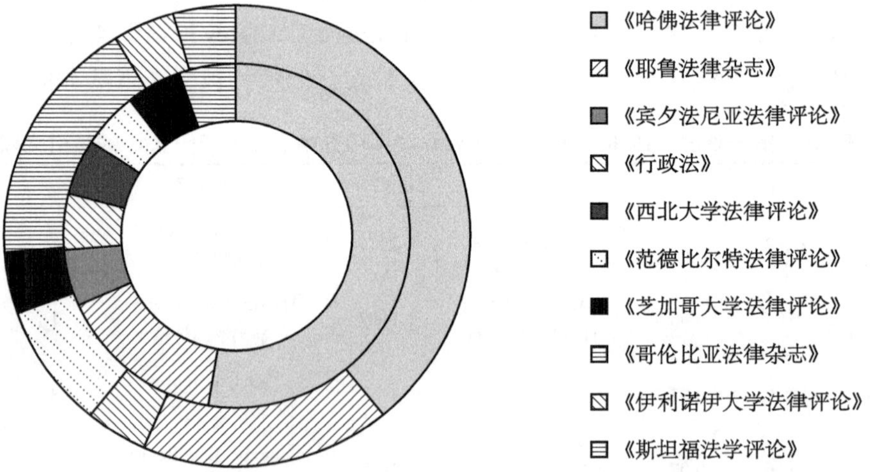

图 4.7　第一阶段（1900 ～ 1965 年）法学学科经典文献所属期刊对比分布图

外圈为中介中心度指标测度下的经典文献所属期刊分布情况，内圈为高被引指标测度下经典文献所属期刊分布情况。

图 4.7 显示，《哈佛法律评论》在两种测度指标下均为经典文献产出量最高的期刊，表明其在法学学科研究领域具有重要参考价值，对法学学科发展产生了深远影响。在中介中心度指标测度下，《耶鲁法律杂志》与《哥伦比亚法律杂志》也产出了较多经典文献，在法学学科发展过程中具有重要的桥梁、纽带作用。

（二）法学学科发展第二阶段（1966 ～ 1976 年）

我们选取法学学科发展第二阶段（1966 ～ 1976 年）中的全部法学学科文献（33 800 条数据），采用同样的方法，分析被引文献信息。运用可视化软件 CiteSpace，选择引文分析栏目中的被引文献分析功能，对被引文献数据进行读取与分析。将每一年划分为一个时区，选择每个时区内被引频次最高的 30 篇论文，运行 CiteSpace，选择显示中介中心度指标图谱，生成图 4.8 所示的第二阶段（1966 ～ 1976 年）法学学科经典文献中介中心度图谱。图谱中，代表文献的标签越大，表明该文献的中介中心度越高。

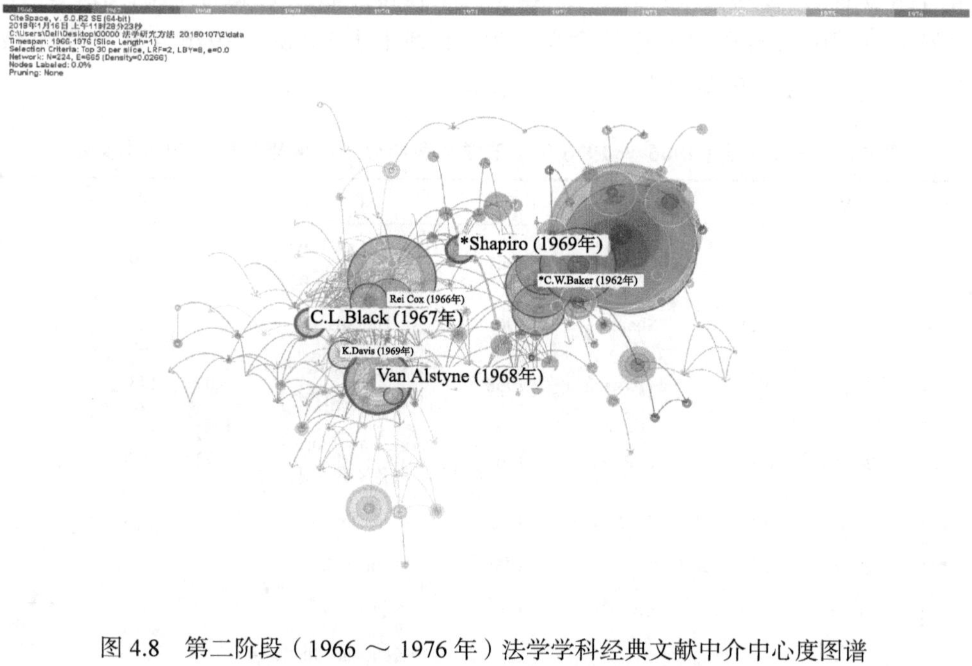

图 4.8　第二阶段（1966 ～ 1976 年）法学学科经典文献中介中心度图谱

图中带有 * 前缀标签的，表明该文献类型为法院判决

图 4.8 显示，法学学科发展第二阶段经典文献中介中心度图谱中，出现了

左右两个较为明显的自然聚类。右侧聚类以深色为主导颜色，表明其时间相对久远，左侧聚类主导颜色较浅，其时间相对较近。

右侧聚类中较为突出的结点是“*C. W. Baker（1962 年）”。此结点代表的文献是美国 1962 年的贝克诉卡尔案（Baker v. Carr）。原告贝克（C. W. Baker）是一位住在田纳西州的共和党人，曾在田纳西州的米灵顿市担任市长。田纳西州的州宪法规定，田纳西州议会的国会选区每隔 10 年就会根据联邦人口普查重新划定。贝克指出，1901 年至今，田纳西州的人口数量发生了巨大变化，而田纳西州的选区仍停留在 1901 年的状态。这种差异导致他未能获得第十四条修正案所要求的“平等的法律保护”。最高法院在判决中指出重新划分选区的必要性，并提出了在美国法学领域著名的“一人一票”标准，规定每个人必须在立法分配中获得同等权重。该案是美国最高法院的一项具有里程碑意义的案件。在此案的影响下，许多具有类似情况的州，都对国会选区进行了重新划定，它也最终影响了州立法区域的构成。

左侧聚类较为突出的结点有 C. L. Black（1967年）、Van Alstyne（1968年）、K. Davis（1969 年）等。结点“*Shapiro（1969 年）”位于左右两聚类之间，且带有明显的深色外圈，表明这一结点起到了连接左右两聚类的作用，在法学学科发展过程中具有重要的连接意义。表 4.6 列出了 1966 ～ 1976 年法学学科被引文献的中介中心度排名前十的文献基本信息。

表 4.6　第二阶段（1966 ～ 1976 年）法学学科中介中心度排名前十的被引文献

频次	突发性	中心度	作者	出版年	来源	卷	页	半衰期 / 年
75	11.51	0.25	C. L. Black	1967	Harvard Law Review（哈佛法律评论）	81	69	6
63		0.24	*Shapiro	1969	Thompson			7
164	24.39	0.23	Van Alstyne	1968	Harvard Law Review（哈佛法律评论）	81	1439	5
121	24.99	0.15	C.A.Reich	1964	Yale Law Journal（耶鲁法律杂志）	73	733	5
170	21.42	0.14	*C. W. Baker	1962	Carr			6
191	27.56	0.12	*E. T. Griswold	1965	Connecticut			2
132	16.54	0.12	*NAACP	1963	Button			5
73	34.25	0.12	K. Davis	1969	Discretionary Justic：A preliminary inquiry（裁量正义：初步分析）			4

续表

频次	突发性	中心度	作者	出版年	来源	卷	页	半衰期 / 年
69	8.13	0.12	Rei Cox	1966	Harvard Law Review（哈佛法律评论）	80	91	5
218	81.09	0.11	G. Gunther	1972	Harvard Law Review（哈佛法律评论）	86	1	3

注：表格中作者栏以 * 为前缀的，表示该文献为法院判决。软件处理过程中将该部分文献的原告划分为作者，被告划为来源。

表 4.6 显示，法学学科发展第二阶段，被引文献中介中心度最高的是 C. L. Black 在 1967 年发表在《哈佛法律评论》杂志上的文章[18]，中介中心度为 0.25，突发性为 11.51。第二次世界大战结束后，美国黑人在经济、政治尤其教育方面的困顿，表明他们仍然处于二等公民地位[19]。20 世纪五六十年代，已经觉醒的黑人为争取充分的公民权和平等的受教育权发动了争取平等权利的民权运动。在民权运动的风波下，美国政府也出台了旨在缓和、消除在就业、教育等领域的种族和性别歧视的“平权法案”[20]。Black 在此背景下，对平权法案与平权法案下的美国进行了分析与反思。

排名第二位的是 1969 年的夏比罗诉汤普森案（Shapiro v. Thompson），中介中心度为 0.24。汤普森（Thompson）在生活困顿、无经济来源的情况下，向政府提交援助申请，却因申请立案前一年没有在该州居住过，不符合康涅狄格州法律规定，而被驳回。该州声称，这项要求通过一种客观的居住条件测试能够减少欺诈，保障和提高福利管理的有效性。最高法院在裁决中提出，居住时间条件是具有惩罚性的条款，不符合权利平等的要求，并基于此判决此类州法律违宪。最高法院的这一裁决确立了美国法律一项基本的人权——“流动权”。

Van Alstyne 在 1968 年发表于《哈佛法律评论》中的文章的中介中心度为 0.23，排名第三位。Van Alstyne 在文中指出，霍姆斯法官（Justice Holmes）早期提出的权利与特权之区别，致使个体在遭受政府公权力滥用的情况下难以维护自身合法权利[21]。文章通过对“特权”这一概念的误用与使用过程的追溯，提出传统的特权概念已不再可行，政府在公共领域所拥有特权的大小应通过实体法律与正当程序进行严格控制。

中介中心度指标测度下的经典文献还有：C. A. Reich 于 1964 年在《耶鲁法律杂志》中发表的文章[22]，1962 年的贝克诉卡尔案（Baker v. Carr），1965 年的格里斯沃尔德诉康涅狄格州案（Griswold v. Connecticut）等。

（三）法学学科发展第三阶段（1977～2004年）

我们采用同样的方法，利用中介中心度指标，测度法学学科发展第三阶段（1977～2004年）中的全部法学学科文献。确定网络结点为文献后，将每两年划分为一个时区，并选择每个时区的前30篇高被引文献在图谱中进行显示，运行CiteSpace，生成图4.9所示的第三阶段（1977～2004年）法学学科经典文献中介中心度图谱。图谱中，代表文献的结点越大，表明该文献被引频次越高；代表文献的标签越大，表明该文献的中介中心度越高。

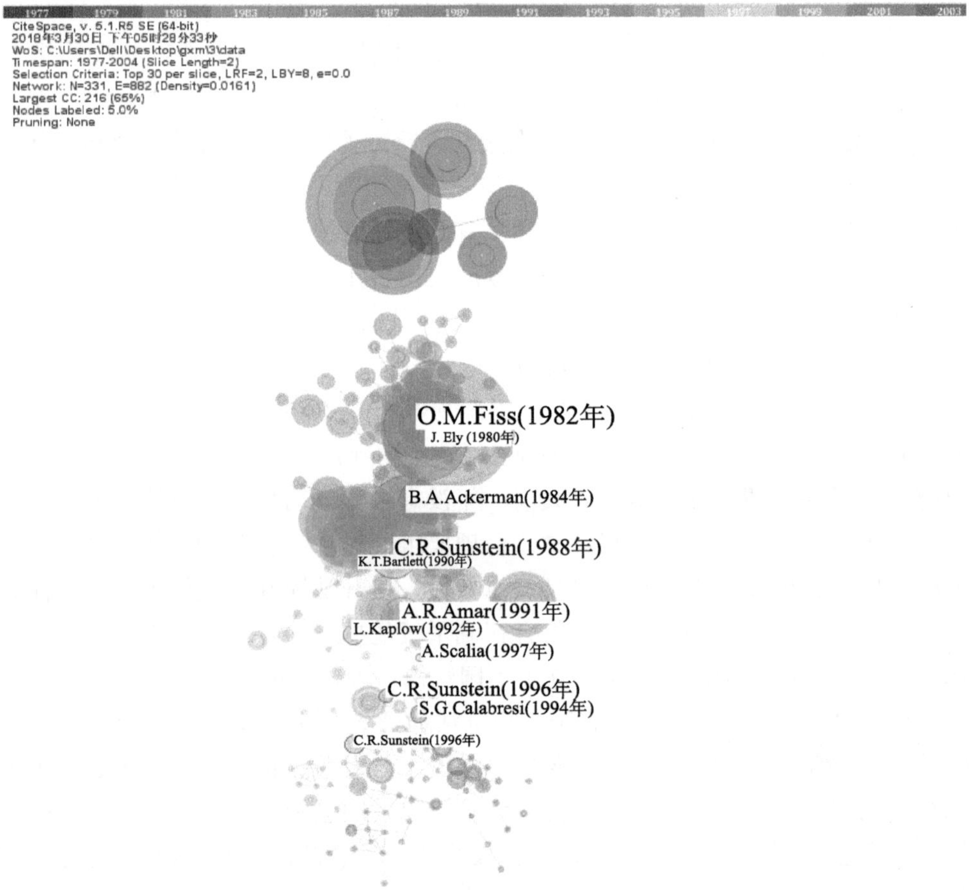

图4.9　第三阶段（1977～2004年）法学学科经典文献中介中心度图谱

法学学科发展第三阶段中介中心度图谱中，自上而下，颜色由深至浅，代表着时间由远及近的变化。图4.9显示，法学学科发展第三阶段早期文献被引频次较高，在中介中心度指标测度下并不突出。20 世纪 80 年代，高中介中心度文献开始出现，以时间为序，其分别有：1980 年出版的 J. Ely 的《民主与疑虑》(*Democracy and Distrust*)；O. M. Fiss 1982 年发表于《斯坦福法学评论》中的文章[23]；C. R. Sunstein 1988 年发表于《耶鲁法律杂志》中的文章[24]，1996 年发表在《哈佛法律评论》中的文章[25]等。表 4.7 列出了 1977 ～ 2004 年法学学科被引文献的中介中心度不低于 0.01 的文献基本信息。

表 4.7　第三阶段（1977 ～ 2004 年）法学学科中介中心度不低于 0.01 的被引文献

频次	突发性	中心度	作者	出版年	来源全称	卷	页	半衰期 / 年
130	55.34	0.25	O. M. Fiss	1982	Stanford Law Review（斯坦福法学评论）	4	39	5
27	16.68	0.20	C. R. Sunstein	1996	Harvard Law Review（哈佛法律评论）	10		2
94	49.53	0.19	C. R. Sunstein	1988	Yale Law Journal（耶鲁法律杂志）	7	539	5
82	45.51	0.18	A. R. Amar	1991	Yale Law Journal（耶鲁法律杂志）	0	131	3
81	45.18	0.17	B. A. Ackerman	1984	Yale Law Journal（耶鲁法律杂志）	3	13	6
31	18.16	0.17	S. G. Calabresi	1994	Yale Law Journal（耶鲁法律杂志）	4	41	4
14	9.17	0.17	A. Scalia	1997	A Matter of Interpretation（法律解释方法）		6	1
37	21.47	0.15	L. Kaplow	1992	Duke Law Journal（杜克法学杂志）	2	57	7
132	58.77	0.14	F. I. Michelman	1986	Harvard Law Review（哈佛法律评论）	0		4
165	70.99	0.13	J. Ely	1980	Democracy and Distrust（民主与疑虑）			5
34	21.01	0.11	C. R. Sunstein	1996	Columbia Law Review（哥伦比亚法律杂志）	6	3	2
45	26.65	0.10	K. T. Bartlett	1990	Harvard Law Review（哈佛法律评论）	3	29	4

表 4.7 显示，中介中心度指标测度下，法学学科发展第三阶段排名第一位的文献是：O. M. Fiss 1982 年发表于《斯坦福法学评论》中的文章的中介中心度为 0.25，突发性为 55.34。O. M. Fiss 在文中对法律解释的方法进行了探讨，

并指出审判是法官与权威法律文本之间动态交互的产物。无论是在法律领域还是在文学领域，解释都不是完全自由的，也不能完全僵化[23]。

排名第二位的是，C. R. Sunstein 在 1996 年发表在《哈佛法律评论》中的文章，中介中心度为 0.2，突发性为 16.68。C. R. Sunstein 在文中提出“极简主义”这一概念。极简主义，即法院在审判过程中应保持事物的开放性，仅对必要事项作出决定[25]。C. R. Sunstein 指出，“极简主义”的应用能够减轻法官的审判负担，同时降低审判失误率，“极简主义”在美国法院的使用具有应然性与必然性。

中介中心度较高的还有：C. R. Sunstein 1988 年发表于《耶鲁法律杂志》中的文章，中介中心度为 0.19，突发性为 49.53；A. R. Amar 1991 年发表于《耶鲁法律杂志》中的文章，中介中心度为 0.18，突发性为 45.51；B. A. Ackerman 1984 年发表于《耶鲁法律杂志》中的文章，中介中心度为 0.17，突发性为 45.18；等等。

（四）法学学科发展第四阶段（2005 ～ 2017 年）

我们采用同样的方法，对法学学科发展第四阶段（2005 ～ 2017 年）的全部法学学科文献（共 50 890 条数据）进行共被引分析，测度该时间段内被引文献的中介中心度。选择网络结点为被引文献，将每两年划分为一个时区，选择显示每个时区的前 30 篇高被引文献，运行 CiteSpace，选择显示中介中心度指标图谱，生成图 4.10 所示的第四阶段（2005 ～ 2017 年）法学学科经典文献中

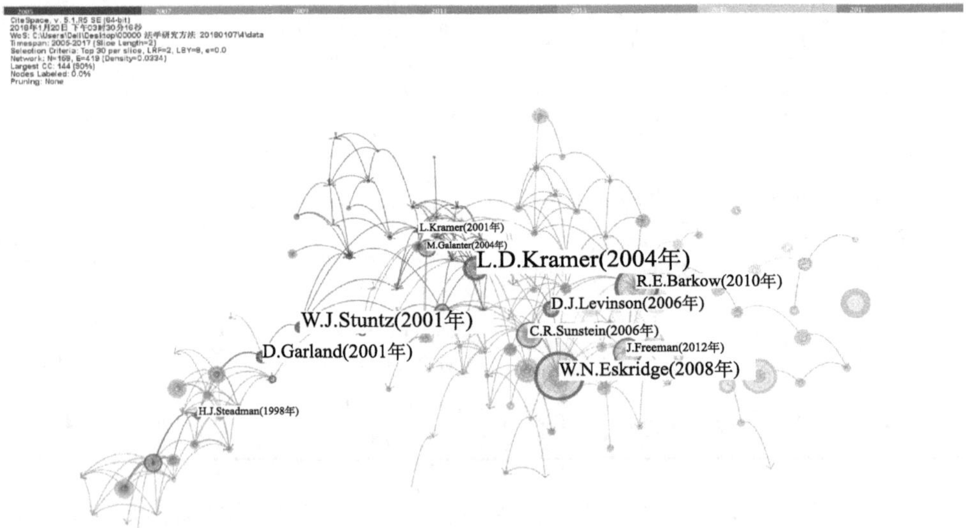

图 4.10　第四阶段（2005 ～ 2017 年）法学学科经典文献中介中心度图谱

介中心度图谱。我们分别利用代表文献的标签与结点的大小来表示该文献被引频次的多少与中介中心度指标的高低，即图谱中代表被引文献的结点越大，表明该文献被引频次越高；标签越大，表示该文献的中介中心度越高。

图 4.10 法学学科经典文献中介中心度图谱中，由左至右，颜色由深至浅，代表时间由远及近的变化过程。从时间顺序来看，法学学科发展第四阶段中，中介中心度较高的文献有：W. J. Stuntz 2001 年发表于《密歇根法律评论》中的文章[26]；2001 年出版的 D. Garland 的《控制文化——当代社会的罪行与秩序》（*The Culture of Control—Crime and Social Order in Contemporary Society*）；2004 年出版的 L. D. Kramer 的《宪政与司法审查》（*The People Themselves*：*Popular Constitutionalism and Judicial Review*）；C. R. Sunstein 2006 年发表于《密歇根法律评论》中的文章[27]；2006 年，D. J. Levinson 与 R. H. Pildes 发表于《哈佛法律评论》中的文章[28]；2008 年，W. N. Eskridge 与 L. E. Baer 发表于《乔治城法学评论》中的文章[14]及 2010 年 R. E. Barkow 发表于《得克萨斯法学评论》中的文章[29]等。

此外，图 4.10 显示，W. N. Eskridge 和 L. E. Baer 2008 年发表于《乔治城法学评论》、R. E. Barkow 2010 年发表于《得克萨斯法学评论》中的两篇文章在被引频次与中介中心度两种指标测度下，均具有较高水平，对法学学科第四阶段的发展产生了重要影响。表 4.8 列出了第四阶段（2005 ～ 2017 年）法学学科被引文献的中介中心度不低于 0.05 的文献基本信息。

表 4.8 第四阶段（1966 ～ 1976 年）法学学科中介中心度不低于 0.05 的被引文献

频次	突发性	中心度	作者	出版年	来源	卷	页	半衰期 / 年
78	26.05	0.38	L. D. Kramer	2004	The People Themselves: Popular Constitutionalism and Judicial Review（人民自己：人民宪政主义与司法审查）			5
20	12.24	0.32	W. J. Stuntz	2001	Michigan Law Review（密歇根法律评论）	0	5	5
28	14.79	0.30	D. Garland	2001	The Culture of Control—Crime and Social Order in Contemporary Society（控制文化——当代社会的罪行与秩序）			6
145	16.35	0.29	W. N. Eskridge, L. E. Baer	2008	The Georgetown Law Journal（乔治城法学评论）	6	83	5

续表

频次	突发性	中心度	作者	出版年	来源	卷	页	半衰期 / 年
123	6.63	0.26	R. E. Barkow	2010	Texas Law Review（得克萨斯法学评论）	9	5	4
44	15.96	0.26	D. J. Levinson, R. H. Pildes	2006	Harvard Law Review（哈佛法律评论）	19	311	5
88	15.64	0.20	C. R. Sunstein	2006	Vanderbilt Law Review（范德比尔特法律评论）	2	87	6
86	9.07	0.18	J. Freeman	2012	Harvard Law Review（哈佛法律评论）	25	131	3
17	10.40	0.17	H. J. Steadman	1998	Archives of General Psychiatry（精神病学杂志）	5	93	7
14	8.56	0.17	L. Kramer	2001	Harvard Law Review（哈佛法律评论）	15		4
63	20.46	0.15	M. Galanter	2004	Journal of Empirical Legal Studies（实证法律研究杂志）		59	6
18	11.02	0.14	S. A. Benjamin	2008	Boston College Law Review（波士顿法学评论）	9	31	2
39	20.64	0.13	T. W. Merrill	2001	The Georgetown Law Journal（乔治城法学评论）	9	33	6
20	12.25	0.12	B. L. Garrett	2008	Columbia Law Review（哥伦比亚法律杂志）	8	5	2
60	26.82	0.11	R. D. Hare	2003	The hare psychopathy Checklist（变态心理疾病清单）			5
65	29.09	0.10	S. R. Gross	2005	Journal of Empirical Legal Studies（实证法律研究杂志）	5	23	3
14	8.56	0.1	R. B. Korobkin	2000	California Law Review（加利福尼亚法学评论）	8	51	6
14	8.56	0.1	J. M. Balkin	2001	Vanderbilt Law Review（范德比尔特法律评论）	7	45	5
23	13.40	0.09	P. L. Strauss	2007	George Washington Law Review（乔治・华盛顿法律评论）	5	96	4
22	12.82	0.08	K. M. Clermont	2010	Iowa Law Review（艾奥瓦州法律评论）	5	21	1

续表

频次	突发性	中心度	作者	出版年	来源	卷	页	半衰期 / 年
17	10.40	0.08	L. D. Kramer	2000	Columbia Law Review（哥伦比亚法律杂志）	0	15	6
47	23.57	0.07	N. Bagley	2006	Columbia Law Review（哥伦比亚法律杂志）	6	260	5
29	17.10	0.07	R. A. Posner	2005	Harvard Law Review（哈佛法律评论）	19	1	1
22	12.82	0.07	A. Liptak	2010	New York Times（纽约时报）		1	2
18	11.02	0.07	D. J. Barron	2008	Harvard Law Review（哈佛法律评论）	21	89	2
51		0.06	A. R. Gluck	2013	Stanford Law Review（斯坦福法学评论）	5	1	1
31	16.38	0.06	C. A. Bradley	2005	Harvard Law Review（哈佛法律评论）	18	47	2
30	15.85	0.06	E. Kagan	2001	Harvard Law Review（哈佛法律评论）	14	245	6
17	10.4	0.06	R. G. Bone	2009	Iowa Law Review（艾奥瓦州法律评论）	4	73	1
90	26.52	0.05	J. Waldron	2006	Yale Law Journal（耶鲁法律杂志）	15	346	6
46	24.39	0.05	J. A. Segal	2002	The Supreme Court and the Attitudinal Model（最高法院及其态度）			7
23	13.40	0.05	P. W. Hatamyar	2010	American University Law Review（美国大学法律评论）	9	53	1
19	11.63	0.05	D. L. Burk	2003	Vanderbilt Law Review（范德比尔特法律评论）	9	575	7
16	9.77	0.05	N. A. Mendelson	2004	Michigan Law Review（密歇根法律评论）	2	37	4

表 4.8 显示，法学学科发展第四阶段中，中介中心度指标最高的是 2004 年出版的 L. D. Kramer 的《人民自己：人民宪政主义与司法审查》，中介中心度为 0.38，突发性为 26.05。过去几十年中，美国最高法院在自由主义者的支持与引导下，通过宪法解释权，将《宪法修正案》十四条的内容不断扩展，书写了保障刑事被告、宗教、少数族裔、妇女和同性恋者权益的光辉历史。然而，自

1995年以来，宪法解释权使美国最高法院对政治的干预逐渐加强，对联邦行政长官、州立法机构、州和地方检察官产生了严重影响[30]。L. D. Kramer 在书中从自由派宪法学者视角对最高法院的宪法解释史进行了描述，在对最高法院权力扩张感到震惊的同时，指出应在一定程度上削弱最高法院的宪法解释权[31]。

排名第二位的是 W. J. Stuntz 2001 年发表于《密歇根法律评论》中的文章，中介中心度为 0.32，突发性为 12.24。人们普遍认为，选举政治是美国刑法过于宽泛和严厉的主要成因。W. J. Stuntz 认为，美国刑法过于严厉与宽泛这一问题是切实存在的，但导致此情况的根本原因在于美国三权分立的政治制度。立法机关、行政机关的双向互动将法院排除于立法程序之外。这导致在刑法扩张过程中，执法者占据了主导地位，而法律本身所起的作用越来越小[26]。W. J. Stuntz 在文章中对制度设计及其相关问题进行了探讨，并指出刑法宪法化、强化司法权力在刑法范围内的应用是解决此问题的根本之道。W. J. Stuntz 同时指出，这种方法的可行性较差，随着时间推移，美国刑法问题可能会更为严重。

2001 年出版的 D. Garland 的《控制文化——当代社会的罪行与秩序》，中介中心度为 0.30，突发性为 14.79，排名第三位。20 世纪中后期的美国，封闭社区居住人口增加，监狱人口飙升，诸如种族定性、社区治安和对待犯罪“零容忍”政策等问题占据了新闻头条，人们对犯罪的态度发生了巨大的变化。D. Garland 通过数据展示了美国、英国在 1975 ～ 2000 年中两种社会力量的更迭，用以阐释上述现象的成因，并为社会关系转型下犯罪学思想的重塑提供了指南。

中介中心度高于 0.2 的文献还有：2008 年，W. N. Eskridge 与 L. E. Baer 发表于《乔治城法学评论》中的文章，中介中心度为 0.29，突发性为 16.35，排名第四位；2010 年，R. E. Barkow 发表于《得克萨斯法学评论》中的文章及 2006 年 D. J. Levinson 与 R. H. Pildes 发表于《哈佛法律评论》中的文章，中介中心度为 0.26，突发性分别为 6.36 与 15.96，并列第五位；C. R. Sunstein 2006 年发表于《范德比尔特法律评论》中的文章的中介中心度为 0.2，突发性为 15.64，排名第七位。

第二节　法学学科核心期刊

一、高被引指标测度的核心期刊

（一）法学学科发展第一阶段（1900 ～ 1965 年）

我们选取法学学科发展第一阶段（1900 ～ 1965 年）中的全部法学学科文

献（43 323 条数据），通过对文档中的引用参考文献字段的分析，测度该时间段内期刊被引状况，发现高被引期刊。运用可视化软件 CiteSpace，选择引文分析栏目中的被引期刊分析功能，将每 6 年划分为一个时区，选择每个时区的前 30 个高被引期刊，运行 CiteSpace，选择时区图谱显示形式，生成图 4.11 所示的第一阶段（1900 ～ 1965 年）法学学科核心期刊时区图谱。图谱中，代表期刊的结点越大，表明该期刊被引频次越高。在图谱绘制过程中，我们将写法不同但实质相同的期刊进行了合并。例如，我们将 Harvard Law Rev 与 Harvard L Rev" 合并为 Harvard Law Rev，Calif L Rev 与 Calif Law Rev 合并为 Calif L Rev 等；同时，为了将研究对象控制为“期刊”，我们在图谱绘制过程中手动删除了司法裁判案例、书籍等无关被引文献来源。

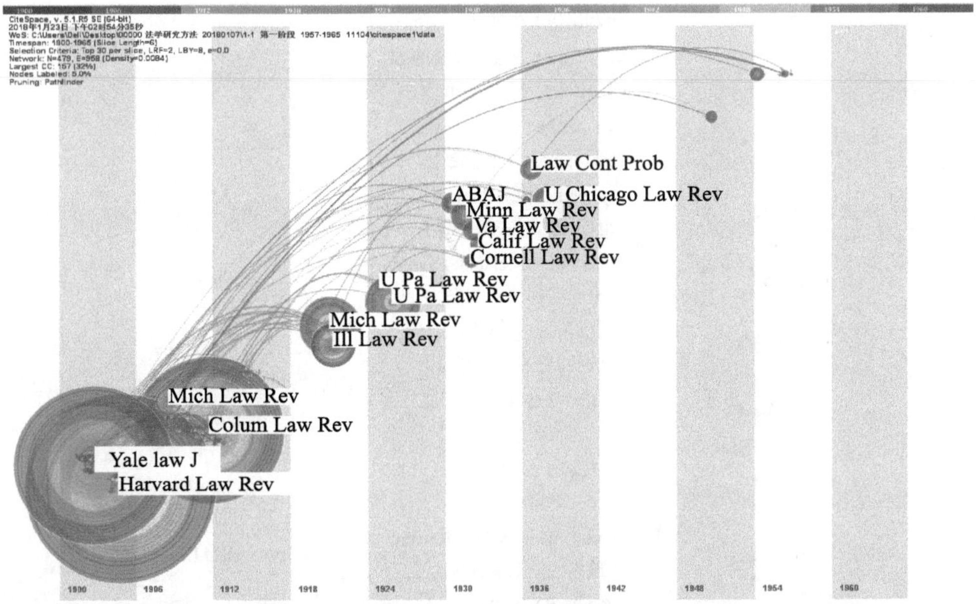

图 4.11　第一阶段（1900 ～ 1965 年）法学学科核心期刊时区图谱

图 4.11 显示，法学学科发展第一阶段中，核心期刊主要集中于 1900 ～ 1924 年与 1924 ～ 1942 年，这两个时间段内，高被引期刊分布较为集中；1942 ～ 1965 年，高被引指标测度下的核心期刊鲜有出现。其中，1900 ～ 1924 年，期刊被引次数相对较高，具有代表性的期刊有《哈佛法律评论》《耶鲁法律杂志》《康奈尔大学法律评论》等；1924 ～ 1942 年，高被引期刊分布更为集中，但被引频次相对较低，《明尼苏达法律评论》《芝加哥大学法律评论》等为本时期的代表性期刊。法学学科发展第一阶段中，被引频次超过 100 次的核心期刊如表 4.9 所示。

表 4.9 第一阶段（1900～1965 年）法学学科被引频次超过 100 次的核心期刊

排序	被引频次	突发性	来源全称	来源简称	半衰期 / 年
1	7433		Harvard Law Review（哈佛法律评论）	Harv Law Rev	48
2	5175		Yale Law Journal（耶鲁法律杂志）	Yale Law J	33
3	4668		Columbia Law Review（哥伦比亚法律杂志）	Colum Law Rev	40
4	2842		Michigan Law Review（密歇根法律评论）	Mich Law Rev	36
5	2634	6.96	University of Pennsylvania Law Review（宾夕法尼亚法律评论）	U Pa Law Rev	31
6	2411	27.73	University of Illinois Law Review（伊利诺伊大学法律评论）	Ill Law Rev	28
7	2064	18.82	University of Chicago Law School（芝加哥大学法律评论）	U Chicago Law Rev	20
8	1909		Minnesota Law Review（明尼苏达法律评论）	Minn Law Rev	25
9	1908	63.32	Vanderbilt Law Review（范德比尔特法律评论）	Va Law Rev	27
10	1524	114.49	American Bar Association Journal（全美律师协会杂志）	ABAJ	28
11	1509	18.57	California Law Review（加利福尼亚法学评论）	Calif Law Rev	27
12	861	55.88	Iowa Law Review（艾奥瓦州法律评论）	Iowa Law Rev	22
13	793	131.07	Texas Law Review（得克萨斯法学评论）	Tex Law Rev	11
14	528	162.24	New York University Law Review（纽约大学法学评论）	New York U Law Rev	7
15	481	141.48	Stanford Law Review（斯坦福法学评论）	Stanford Law Rev	7
16	461	133.49	Northwestern University Law Review（西北大学法律评论）	Nw U Law Rev	7
17	429	121.68	Wisconsin Law Review（威斯康星法律评论）	Wis Law Rev	6
18	224	104.33	The Georgetown Law Journal（乔治城法学评论）	Georgetown Law J	3
19	187	93.86	American University Law Review（美国大学法律评论）	Am U Law Rev	29
20	174	80.96	The Ohio State Law Journal（俄亥俄州法律期刊）	Ohio St Law J	2

表 4.9 显示，1900 ～ 1965 年，被引频次最高的是《哈佛法律评论》，共计被引 7433 次，半衰期为 48 年。期刊引证报告（Journal Citation Reports）分析显示，《哈佛法律评论》2015 年的影响因子为 4.979，在法学类 143 种期刊中位列第一[32]。1887 年，在律师 Louis Brandeis（后为美国最高法院法官）的鼎力支持下，《哈佛法律评论》第一期出版，是美国由学生编辑的最古老的法律期刊之一。由学生做期刊编辑是《哈佛法律评论》的传统。19 世纪 80 年代至 20 世纪 70 年代，《哈佛法律评论》根据在校生成绩遴选杂志编辑，期刊评审主席是具有最高学术地位的学生；20 世纪 70 年代以来，分数不再是《哈佛法律评论》选择编辑的唯一依据，写作能力等因素也被加入编辑遴选标准中。由《哈佛法律评论》、《哥伦比亚法律杂志》、《耶鲁法律杂志》与《宾夕法尼亚法律评论》合作出版的《统一活释体系》（*A Uniform Citation System*），是美国法律引用格式之权威。

《耶鲁法律杂志》共计被引 5175 次，排名第二位，半衰期为 33 年。《耶鲁法律杂志》初版于 1891 年发行，是耶鲁法学院附属的一项法律评论期刊。同《哈佛法律评论》相似，该期刊也是完全由学生编辑、管理运营的。《耶鲁法律杂志》至今已有百余年出版历史，每年出版 8 次，其中出版内容包括专业法律学者的文章、特写和书评，以及学生写的笔记和评论等。《耶鲁法律杂志》曾被评为美国高被引法学期刊之一，是高被引文章的重要产出阵地。

排名第三位的是《哥伦比亚法律杂志》，共计被引 4668 次，半衰期为 40 年。《哥伦比亚法律杂志》由 J · E. Corrigan 与 J · M. Woolsey 于 1901 年创办，并担任首位总编辑和秘书，是哥伦比亚大学法学院由学生编辑和出版的重要法律期刊。该期刊发表学术文章、论文和学生笔记等内容。

被引次数较高的期刊还有《密歇根法律评论》，共计被引 2842 次，排名第四位，半衰期为 36 年。《密歇根法律评论》成立于 1902 年，是美国密歇根大学法学院的旗舰法律期刊，同时也是美国最重要的法律期刊之一。期刊包含法律学者和从业者文章、学生编辑笔记、书评、专题讨论座谈会等内容。建立初期至 20 世纪 30 年代，《密歇根法律评论》的学生成员在担任主编的教师的指导下工作。1940 年，第一个学生主编被选中。在随后的几年里，学生编辑们被赋予了越来越多的责任和自主权。时至今日，《密歇根法律评论》已脱离了教师监督，完全由法律系学生自主运营管理。排名第五位的《宾夕法尼亚法律评论》共计被引 2634 次，突发性为 6.96，半衰期为 31 年。《宾夕法尼亚法律评论》始建于 1852 年，由宾夕法尼亚大学法学院的二年级、三年级学生组织出版，是美国最古老的法律期刊，宾夕法尼亚大学法学院的五份官方学术期刊之一，也是世界上被引用次数最多的法律期刊之一。排名第六位的《伊利诺伊大学法律评论》，共计被引 2411 次，突发性为 27.73，半衰期为 28 年。《伊利诺伊大学法律评论》由伊利诺伊大学法学院的学生运营管理，每年刊登五版。

学生修改、编辑并决定是否刊登教授、专家论文这一现象，难以被外界人士接受，在法学界内也饱受争议。但上述期刊在学生编辑的传统下，历经百年，依旧迸发出强大的活力与经久不息的生命力，其对法律和法学教育的贡献大大超过了发起人的预期。

（二）法学学科发展第二阶段（1966 ～ 1976 年）

我们采用相同方法，对法学学科发展第二阶段高被引期刊进行测度。运用可视化软件 CiteSpace，选择引文分析栏目中的被引期刊分析功能，将每一年划分为一个时区，选择每一时区的前 30 个高被引期刊，运行 CiteSpace，生成图 4.12 所示的第二阶段（1966 ～ 1976 年）法学学科核心期刊时区图谱。在图谱绘制过程中，我们同样将写法不同但实质相同的期刊进行了合并，并在图谱绘制过程中手动删除了司法裁判案例、书籍等无关被引文献来源。

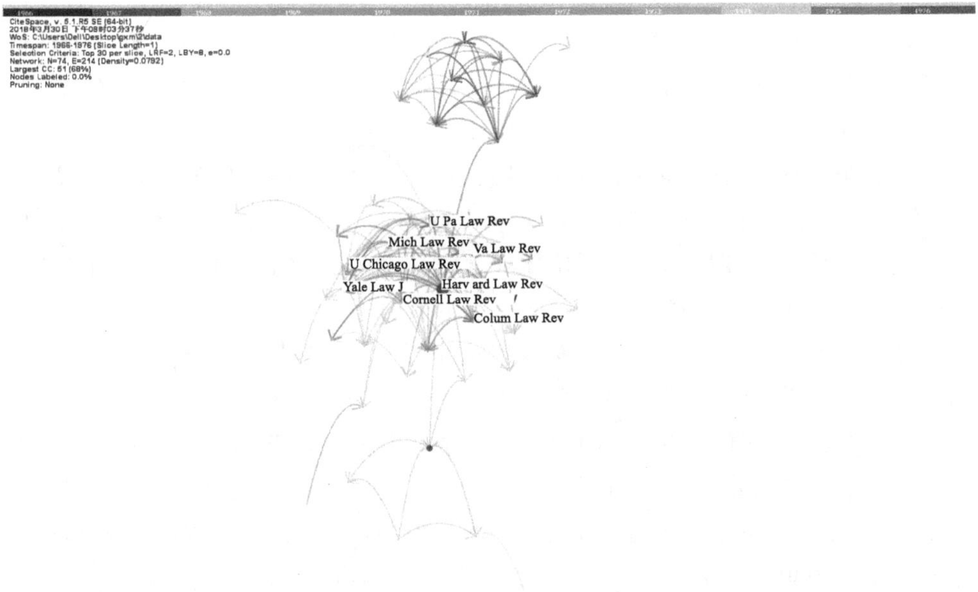

图 4.12　第二阶段（1966 ～ 1976 年）法学学科核心期刊时区图谱

图 4.12 显示，法学学科发展第二阶段形成了以《哈佛法律评论》为核心的法学学科核心期刊群。这一核心期刊群还包含《耶鲁法律杂志》《哥伦比亚法律杂志》《密歇根法律评论》《范德比尔特法律评论》等。此外，图中各结点连

线颜色显示，核心期刊多出现于法学学科发展第二阶段中前期；第二阶段中后期，鲜有新的核心期刊出现。法学学科发展第二阶段中，被引频次超过 100 次的核心期刊如表 4.10 所示。

表 4.10　第二阶段（1966～1976 年）法学学科被引频次超过 100 次的核心期刊

排序	被引频次	突发性	来源全称	来源简称	半衰期 / 年
1	6401		Harvard Law Review（哈佛法律评论）	Harvard Law Rev	5
2	3311		Yale Law Journal（耶鲁法律杂志）	Yale Law J	5
3	3064		Columbia Law Review（哥伦比亚法律杂志）	Colum Law Rev	5
4	2446		Michigan Law Review（密歇根法律评论）	Mich Law Rev	4
5	2306		University of Chicago Law Review（芝加哥大学法律评论）	U Chicago Law Rev	6
6	2194		University of Pennsylvania Law Review（宾夕法亚大学法学评论）	U Pa Law Rev	5
7	2035		Vanderbilt Law Review（范德比尔特法律评论）	Va Law Rev	5
8	1778		California Law Review（加利福尼亚法学评论）	Calif Law Rev	5
9	1688		American Bar Association Journal（全美律师协会杂志）	ABAJ	4
10	1430		Minnesota Law Review（明尼苏达法律评论）	Minn Law Rev	4
11	1327		Stanford Law Review（斯坦福法学评论）	Stanford Law Rev	6
12	1038		New York University Law Review（纽约大学法学评论）	New York U Law Rev	4
13	660	33.36	Cornell Law Review（康奈尔大学法律评论）	Cornell Law Rev	2
14	461	173.32	University of Illinois Law Review（伊利诺伊大学法律评论）	IU Law Rev	1
15	454	52.39	The Georgetown Law Journal（乔治城法学评论）	Georgetown Law J	3

续表

排序	被引频次	突发性	来源全称	来源简称	半衰期 / 年
16	401	56.23	Texas Law Review（得克萨斯法学评论）	Tex Law Rev	6
17	390	93.75	Wisconsin Law Review（威斯康星法学评论）	Wis Law Rev	2
18	355	133.12	The Ohio State Law Journal（俄亥俄州法律期刊）	Ohio St Law J	1
19	215	62.97	Iowa Law Review（艾奥瓦州法律评论）	Iowa Law Rev	2
20	195	98.66	Duke Law Journal（杜克法学杂志）	Duke Law J	1
21	113	64.56	George Washington Law Review（乔治·华盛顿法律评论）	George Wash Law Rev	1

表 4.10 显示，1966 ～ 1976 年，被引频次最高的是《哈佛法律评论》，共计被引 6401 次，半衰期为 5 年。排名第二位的是《耶鲁法律杂志》，共计被引 3311 次，半衰期为 5 年。《哥伦比亚法律杂志》排名第三位，共计被引 3064 次，半衰期为 5 年。《密歇根法律评论》排名第四位，共计被引 2446 次，半衰期为 4 年。《芝加哥大学法律评论》排名第五位，共计被引 2306 次，半衰期为 6 年。《芝加哥大学法律评论》创办于 1933 年[33]，是由芝加哥大学法学院出版的法律期刊。期刊编辑根据成绩与写作能力从芝加哥大学法学院的学生中选出。受第二次世界大战影响，1942 ～ 1945 年，期刊编辑由教工担任。《芝加哥大学法律评论》刊登来自世界各地的学者、律师与学生的文章或评论。《宾夕法尼亚法律评论》排名第六位，共计被引 2194 次，半衰期为 5 年。《范德比尔特法律评论》排名第七位，共计被引 2035 次，半衰期为 5 年。《范德比尔特法律评论》每年出版六次，是范德比尔大学法学院的旗舰学术期刊，现任主编是 Alex Carver。排名第八位的是《加利福尼亚法学评论》，共计被引 1778 次，半衰期为 5 年。《加利福尼亚法学评论》是加州大学伯克利分校法律学院的杰出法律出版物。该刊成立于 1912 年，由伯克利法学院的学生编辑和出版，每年出版 6 次，出版内容涉及各种各样的法律学术研究课题。

表 4.10 显示，1966 ～ 1976 年，被引频次超过 100 次的期刊共有 21 种，其中，各大法学院校出版刊物共 20 种，对法学学科发展产生了重要影响。此外，法学学科发展第二阶段中，随着法律社会团体的成长壮大，由社会团体

出版的学术期刊在法学界崭露头角。《全美律师协会杂志》便是其中之一。该刊在法学学科发展第二阶段中，共计被引 1688 次，排名第九位，半衰期为 4 年。《全美律师协会杂志》创始于 1915 年，由 1908 ～ 1914 年的《年度公报》（*Annual Bulletin*）演变而来，后更名为《全美律师协会杂志》。该刊是由全美律师协会（American Bar Association）出版的以法律贸易为主要研究对象的月刊。据称“每月，全美 100 万名律师中有一半的人会阅读”[①] 该刊物。

（三）法学学科发展第三阶段（1977 ～ 2004 年）

我们采取同样的方法，对法学学科发展第三阶段（1977 ～ 2004 年）的数据进行分析。运用可视化软件 CiteSpace，选择引文分析栏目中的被引期刊分析功能，将每两年划分为一个时区，选择每一时区的前 30 个高被引期刊，运行 CiteSpace，选择时区图谱显示形式，生成图 4.13 所示的第三阶段（1977 ～ 2004 年）法学学科核心期刊时区图谱。图谱中，代表期刊的结点越大，表明该期刊被引频次越高。在图谱绘制过程中，我们将写法不同但实质相同的期刊进行了合并；同样，为了将研究对象控制为“期刊”，我们在图谱绘制过程中手动删除了司法裁判案例、书籍等无关被引文献来源。

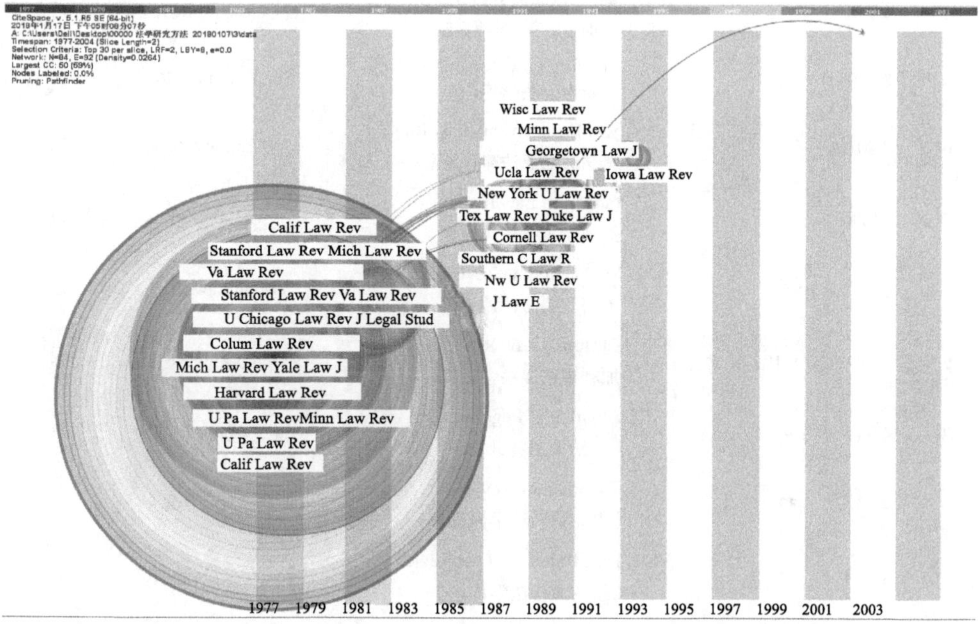

图 4.13 第三阶段（1977 ～ 2004 年）法学学科核心期刊时区图谱

① Wikipedia. ABA Journal [EB/OL]. https://en. wikipedia. org/wiki/ABA_Journal#cite_ref-ABAJ-About_2-0 [2018-9-5].

图 4.13 显示，法学学科发展第三阶段中，高被引指标测度下的核心期刊主要集中于 1977 ～ 1983 年与 1987 ～ 1991 年两时间段内。其余时期核心期刊产量较少，期刊被引频次也相对较低。1977 ～ 1983 年形成了两大期刊群，分别是以《哈佛法律评论》《耶鲁法律杂志》为核心的期刊群，与稍晚些时候出现的以《范德比尔特法律评论》《密歇根法律评论》为核心的期刊群。随着时间推移，1987 ～ 1991 年《纽约大学法学评论》《得克萨斯法学评论》《加州大学洛杉矶分校法律评论》《杜克法学杂志》等高被引指标测度下的核心期刊出现。法学学科发展第三阶段中，被引频次超过 500 次的核心期刊如表 4.11 所示。

表 4.11　第三阶段（1977 ～ 2004 年）法学学科被引频次超过 500 次的核心期刊

排序	被引频次	突发性	来源全称	来源简称	半衰期 / 年
1	16 735		Harvard Law Review （哈佛法律评论）	Harvard Law Rev	13
2	14 083		Yale Law Journal （耶鲁法律杂志）	Yale Law J	14
3	10 543		Columbia Law Review （哥伦比亚法律杂志）	Colum Law Rev	15
4	9 758		University of Chicago Law School （芝加哥大学法律评论）	U Chicago Law Rev	13
5	8 410		Stanford Law Review （斯坦福法学评论）	Stanford Law Rev	16
6	7 801		University of Pennsylvania Law Review （宾夕法尼亚法律评论）	U Pa Law Rev	15
7	7 028		Vanderbilt Law Review （范德比尔特法律评论）	Va Law Rev	11
8	6 827	87.45	Michigan Law Review （密歇根法律评论）	Mich Law Rev	13
9	5 882	9.10	California Law Review （加利福尼亚法学评论）	Calif Law Rev	14
10	4 341		The Journal of Legal Studies （法律研究杂志）	J Law S	11
11	4 090	433.72	Texas Law Review （得克萨斯法学评论）	Tex Law Rev	8
12	3 636		New York Unitersity Law Review （纽约大学法学评论）	New York U Law Rev	8
13	3 494	554.26	UCLA Law Review （加州大学洛杉矶分校法律评论）	Ucla Law Rev	7
14	3 266	517.40	Duke Law Journal （杜克法学杂志）	Duke Law J	7

续表

排序	被引频次	突发性	来源全称	来源简称	半衰期 / 年
15	3 230	526.32	The Georgetown Law Journal （乔治城法学评论）	Georgetown Law J	7
16	2 878	458.31	Southern California Law Review （南加州法律评论）	Southern C Law Rev	7
17	2 815	444.77	Minnesota Law Review （明尼苏达法律评论）	Minn Law Rev	7
18	2 762	436.26	Northwestern University Law Review （西北大学法律评论）	Nw U Law Rev	7
19	2 538	211.76	The Journal of Law and Economics （法律与经济杂志）	J Law E	8
20	2 485	391.87	Wisconsin Law Review （威斯康星法律评论）	Wisc Law Rev	6
21	2 003	314.97	Iowa Law Review （艾奥瓦州法律评论）	Iowa Law Rev	7
22	1 751	282.58	American Economic Review （美国经济评论）	Am E Rev	8
23	1 670	521.48	Fordham Law Review （福德姆法律评论）	Fordham Law Rev	6
24	1 615	413.31	Hastings Law Journal （黑斯廷斯法律杂志）	Hastings Law J	5
25	1 607	521.86	Cornell Law Review （康奈尔大学法律评论）	Cornell Law Rev	5
26	1 438	116.69	Law & Society Review （法律与社会评论）	Law Soc Rev	5
27	1 415	441.13	Boston University Law Review （波士顿大学法学评论）	Boston U Law Rev	5
28	943	96.64	George Washington Law Review （乔治・华盛顿法律评论）	George Wash Law Rev	3
29	708	378.37	University of Illinois Law Review （伊利诺伊大学法律评论）	IU Law Rev	1
30	698	116.18	Journal of Political Economy （政治经济学杂志）	J P E	8
31	663	109.20	Indiana Law Journal （印第安纳法学杂志）	Indiana Law J	4

表 4.11 显示，法学学科发展第三阶段期刊被引频次相对较高，被引频

次超过 500 次的核心期刊共有 31 个。《哈佛法律评论》《耶鲁法律杂志》《哥伦比亚法律杂志》分别被引 16 735 次、14 083 次、10 543 次，被引次数均超过万次，对法学学科研究发展影响重大。被引频次超过 5000 次的期刊有《芝加哥大学法律评论》《斯坦福法学评论》《宾夕法尼亚法律评论》《范德比尔特法律评论》《密歇根法律评论》《加利福尼亚法学评论》。综观法学学科发展第三阶段核心期刊情况，由各大高校法学院出版的法学期刊，依旧在法学学科发展过程中占据主导地位，深刻影响着国际法学研究的发展走向。

随着科学技术的快速发展，学科越来越呈现交叉与融合、系统化与整体化的演变态势[34]，法学也不例外。法学学科发展第三阶段中，核心期刊所属领域不再单一，与经济学、社会学、政治学等领域相关的期刊开始出现在高被引指标测度下的核心期刊中。《法律与经济杂志》共计被引 2538 次，排名第十九位，半衰期为 8 年。《法律与经济杂志》是由芝加哥大学布斯商学院与芝加哥大学法学院联合出版的学术期刊。其内容包含公司监管的行为分析与经济分析、立法与立法程序中的政治经济学、法律和金融、公司财务和治理、产业组织理论等内容。此外，《美国经济评论》《政治经济学杂志》等期刊均为法学学科研究重要期刊。学科发展过程中的交叉与融合，不仅是学科发展的历史必然，也是科学技术在其自身发展与演化过程中的自我选择。

（四）法学学科发展第四阶段（2005 ～ 2017 年）

我们对法学学科发展第四阶段（2005 ～ 2017 年）核心期刊的分析过程中，同样采取前述方法，将法学学科发展第四阶段全部文献 50 890 条数中的被引文献进行分析。运用可视化软件 CiteSpace，选择引文分析栏目中的被引期刊分析功能，将每两年划分为一个时区，并选择每一时区的前 30 个高被引期刊在图谱中进行显示，运行 CiteSpace，选择时区图谱显示形式，生成图 4.14 所示的第四阶段（2005 ～ 2017 年）法学学科核心期刊时区图谱。在图谱绘制过程中，我们同样将写法不同但实质相同的期刊进行了合并；为了将研究对象控制为“期刊”，我们在图谱绘制过程中手动删除了司法裁判案例、书籍等无关被引文献来源。

图 4.14 显示，法学学科发展第四阶段，核心期刊集中出现于阶段发展初期（2005 ～ 2006 年），该时间段内代表期刊的结点分布密集，且结点相对较大，表明该阶段内核心期刊数量多，且被引频次高。具有代表性的有《哈佛法律评论》《耶鲁法律杂志》《范德比尔特法律评论》等。2007 ～ 2008 年，结点《圣母院大学法学评论》（*Notre Dame Law Rev*）出现；2012～2013年，出现了结点《华盛顿邮报》

（*Wash Post*）。其余时间内，鲜有高被引指标测度下的核心期刊出现。法学学科发展第四阶段中，被引频次超过 500 次的核心期刊如表 4.12 所示。

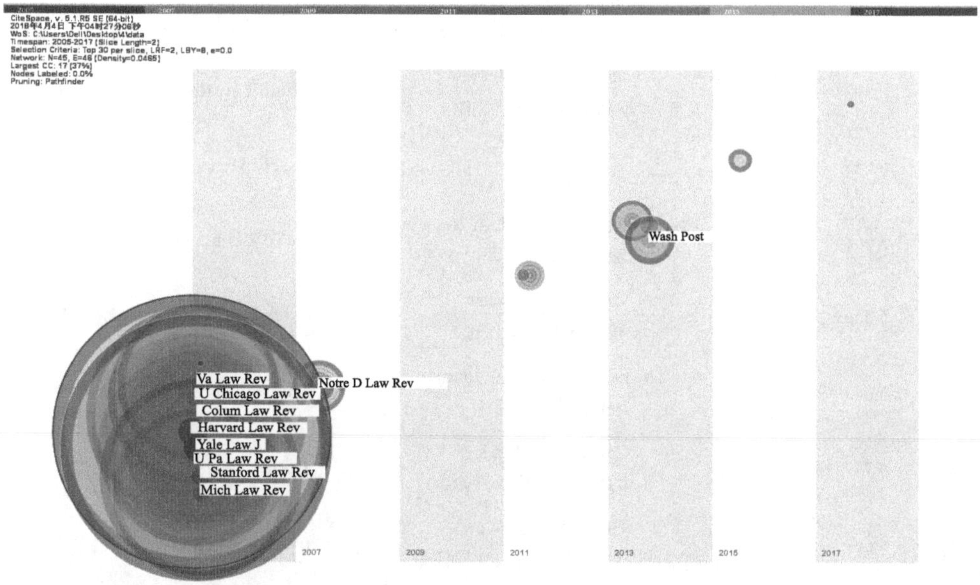

图 4.14　第四阶段（2005 ～ 2017 年）法学学科核心期刊时区图谱

表 4.12　第四阶段（2005 ～ 2017 年）法学学科被引频次超过 500 次的核心期刊

排序	被引频次	突发性	来源全称	来源简称	半衰期 / 年
1	10 850		Harvard Law Review （哈佛法律评论）	Harvard Law Rev	7
2	10 655		Yale Law Journal （耶鲁法律杂志）	Yale Law J	7
3	8 731		Columbia Law Review （哥伦比亚法律杂志）	Colum Law Rev	7
4	7 958		Stanford Law Review （斯坦福法学评论）	Stanford Law Rev	7
5	7 039		Michigan Law Review （密歇根法律评论）	Mich Law Rev	7
6	6 997		University of Chicago Law School （芝加哥大学法律评论）	U Chicago Law Rev	7
7	6 783		University of Pennsylvania Law Review （宾夕法尼亚法律评论）	U Pa Law Rev	8

续表

排序	被引频次	突发性	来源全称	来源简称	半衰期 / 年
8	6 433		Vanderbilt Law Review（范德比尔特法律评论）	Va Law Rev	7
9	6 392		California Law Review（加利福尼亚法学评论）	Calif Law Rev	7
10	6 083	260.19	New York Times（纽约时报）	Ny Times	9
11	5 668		New York University Law Review（纽约大学法学评论）	New York U Law Rev	7
12	5 556		Texas Law Review（得克萨斯法学评论）	Tex Law Rev	7
13	5 343		The Georgetown Law Journal（乔治城法学评论）	Georgetown Law J	8
14	4 777		Cornell Law Review（康奈尔大学法律评论）	Cornell Law Rev	7
15	4 699		UCLA Law Review（加州大学洛杉矶分校法律评论）	Ucla Law Rev	7
16	4 679		Northwestern University Law Review（西北大学法律评论）	Nw U Law Rev	7
17	4 583		Duke Law Journal（杜克法学杂志）	Duke Law J	8
18	4 157		Minnesota Law Review（明尼苏达法律评论）	Minn Law Rev	7
19	4 014		Fordham Law Review（福德姆法律评论）	Fordham Law Rev	8
20	3 940		The Journal of Legal Studies（法律研究杂志）	J L S	7
21	3 721		American Economic Review（美国经济评论）	Am E Rev	7
22	3 497		Iowa Law Review（艾奥瓦州法律评论）	Iowa Law Rev	8
23	3 100		Boston University Law Review（波士顿大学法学评论）	Boston U Law Rev	8
24	2 955		William & Mary Law Review（威廉与玛丽法律评论）	Wm M Law Rev	8
25	2 381	31.21	The Journal of Law and Economics（法律与经济杂志）	J Law E	6

续表

排序	被引频次	突发性	来源全称	来源简称	半衰期 / 年
26	2 233	20.14	Notre Dame Law Review（圣母院大学法学评论）	Notre D Law Rev	5
27	2 032	393.18	The Washington Post（华盛顿邮报）	Wash Post	2
28	1 636	305.82	Wall Street Journal（华尔街日报）	Wall St J	2
29	1 485	303.09	Journal of Political Economy（政治经济学杂志）	J PE	5
30	932	261.46	George Washington Law Review（乔治·华盛顿法律评论）	George W Law Rev	8
31	927	256.11	Law & Society Review（法律与社会评论）	Law Soc Rev	3
32	794	227.58	Southern California Law Review（南加州法律评论）	South C Law Rev	6
33	538	275.14	Indiana Law Journal（印第安纳法学杂志）	Indiana Law J	1

表 4.12 显示，法学学科发展第四阶段中，核心期刊分布状况延续了前期发展趋势，依旧以高校法学院期刊为主要出版阵地。《哈佛法律评论》《耶鲁法律杂志》《哥伦比亚法律杂志》《斯坦福法学评论》《密歇根法律评论》《芝加哥大学法律评论》等期刊依旧名列核心期刊前茅。《法律与经济杂志》《美国经济评论》等跨领域期刊被引频次虽有所增加，但增幅较小，且相对于第三阶段，此类期刊在核心期刊列表中排名后移。这表明在法学学科发展过程中，学科交叉与融合虽有进展，但前进步伐较小，推进较为缓慢。

对新闻、报刊的大量引用，成为法学学科在 2005 ～ 2017 年的发展新特点。《纽约时报》排名第十位，共计被引 6083 次，突发性为 260.19，半衰期为 9 年。《纽约时报》创刊于 1851 年，原刊名为“纽约每日时报”（The New-York Daily Times），是一份在美国纽约出版、全世界发行的日报，有相当高的影响力，曾 125 次获得普利策奖（Pulitzer Prize），在业界排名首位。《纽约时报》被认为是全国性的“记录报纸”，是美国严肃刊物的代表，因此被戏称为“灰色女士”（the gray lady）。此外，《华盛顿邮报》《华尔街日报》也是法学学科发展第四阶段中的高被引新闻刊物。对报刊的高频次引用，体现了法学学科理论研究对实践的依赖。

二、中介度指标测度的核心期刊

（一）法学学科发展第一阶段（1900 ～ 1965 年）

我们运用可视化软件 CiteSpace，选择引文分析栏目中的被引期刊分析功能，对法学学科发展第一阶段（1900 ～ 1965 年）中的全部法学学科文献（43 323 条数据）进行期刊共被引分析。将每 6 年划分为一个时区，选择每一时区的前 30 个期刊，运行 CiteSpace，选择显示中介中心度指标图谱，生成图 4.15 所示的第一阶段（1900 ～ 1965 年）法学学科核心期刊中介中心度图谱。在图谱绘制过程中，我们将写法不同，但实质相同的期刊进行了合并。图谱中，代表期刊的标签越大，表明该期刊的中介中心度越高；代表期刊的结点越大，表明该期刊的被引频次越高。

图 4.15 中介中心度图谱由下至上，展示了法学学科核心期刊的发展历史。下方深色部分为较早的历史发展时期，而上方浅色部分为新近发展时期。中介中心度较高的期刊主要有《美国经济评论》、《哈佛法律评论》与《康奈尔大学法律评论》。1900 ～ 1965 年，法学学科核心期刊中介中心度图谱中，未发现有深色外圈的结点，表明法学学科发展第一阶段中，没有中介中心度指标突出的期刊。表 4.13 所示的是法学学科发展第一阶段中，中介中心度不低于 0.01 的期刊相关信息。

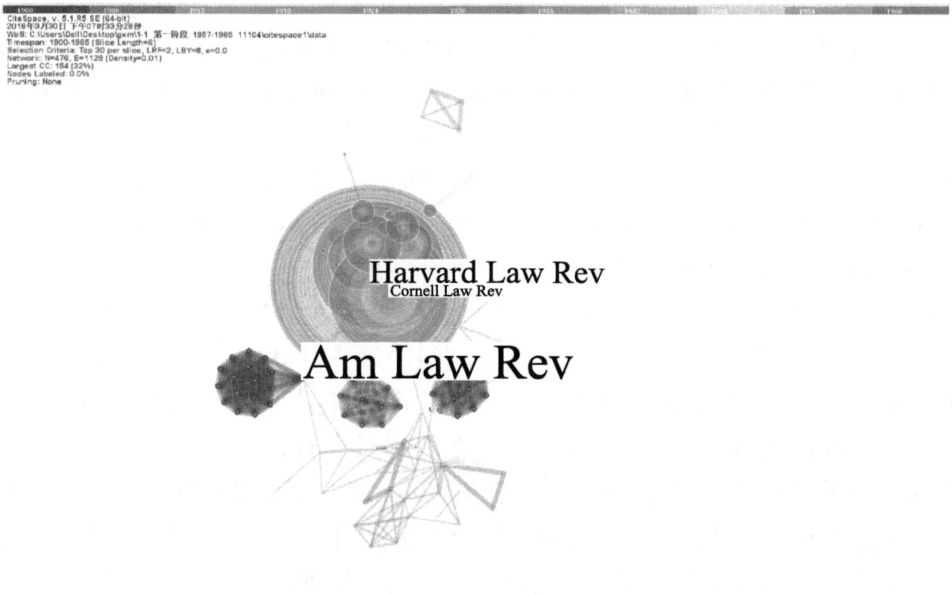

图 4.15　第一阶段（1900 ～ 1965 年）法学学科核心期刊中介中心度图谱

表 4.13　第一阶段（1900 ～ 1965 年）法学学科中介中心度不低于 0.01 的核心期刊

排序	中心度	来源全称	来源简称	半衰期 / 年
1	0.08	American Economic Review（美国经济评论）	Am Law Rev	12
2	0.05	Harvard Law Review（哈佛法律评论）	Harvard Law Rev	48
3	0.04	Cornell Law Review（康奈尔大学法律评论）	Cornell Law Rev	25
4	0.03	Columbia Law Review（哥伦比亚法律杂志）	Colum L Rev	40
5	0.01	Yale Law Journal（耶鲁法律杂志）	Yale Law J	39

表 4.13 显示信息与图 4.15 显示信息相呼应，法学学科发展第一阶段，期刊中介中心度较低，未有中介中心度超过 0.1 的期刊。中介中心度不低于 0.01 的期刊共有五个，分别是《美国经济评论》《哈佛法律评论》《康奈尔大学法律评论》《哥伦比亚法律杂志》《耶鲁法律杂志》。其中，《美国经济评论》排名第一位，中心度为 0.08，半衰期为 12 年。《美国经济评论》是美国同行评议经济学学术期刊，首次出版于 1911 年，由美国经济协会（American Economic Association）每年发布 12 期，被认为是经济学领域最负盛名、最杰出的期刊之一[35]。《哈佛法律评论》中介中心度为 0.05，排名第二位，半衰期为 48 年。排名第三位的是《康奈尔大学法律评论》，中介中心度为 0.04，半衰期为 25 年。《康奈尔大学法律评论》是康奈尔法学院的旗舰法律期刊，最初建立于 1915 年，是康奈尔法律季刊，刊登所有法律领域的学术研究。谷歌学术（Google Scholar）指标显示，《康奈尔大学法律评论》期刊影响力在法律期刊中排名第七位，是法学研究领域的重要刊物。《哥伦比亚法律杂志》排名第四位，中介中心度为 0.03，半衰期为 40 年。排名第五位的是《耶鲁法律杂志》，中介中心度为 0.01，半衰期为 39 年。

（二）法学学科发展第二阶段（1966 ～ 1976 年）

在探测法学学科发展第二阶段（1966 ～ 1976 年）中介中心度指标测度的核心期刊时，我们采取同样的方法，运用可视化软件 CiteSpace，选择引文分析栏目中的被引期刊分析功能，对被引文献数据进行读取与分析。将每一年划分为一个时区，选择每一时区的前 30 个期刊，运行 CiteSpace，选择显示中介中心度指标图谱，生成图 4.16 所示的第二阶段（1966 ～ 1976 年）法学学科核心期刊中介中心度图谱。同样，在图谱绘制过程中，我们将写法不同但实质相同的期刊进行了合并，并手动删除了司法裁判案例与书籍。图谱中，代表期刊的标签越大，表明该期刊的中介中心度越高。

图 4.16　第二阶段（1966 ～ 1976 年）法学学科核心期刊中介中心度图谱

图 4.16 显示，法学学科发展第二阶段，形成了以《哈佛法律评论》为核心的期刊群，其中《哈佛法律评论》《耶鲁法律杂志》《康奈尔法律评论》等期刊，中介中心度较高，是法学学科发展第二阶段的核心期刊。图谱中，代表期刊的标签 Harvard Law Rev，表明该期刊是中介中心度指标测度下的重点期刊。表 4.14 所示的是法学学科发展第二阶段中中介中心度不低于 0.01 的核心期刊相关信息。

表 4.14　第二阶段（1966 ～ 1976 年）法学学科中介中心度不低于 0.01 的核心期刊

排序	突发性	中心度	来源全称	来源简称	半衰期 / 年
1		0.39	Harvard Law Review （哈佛法律评论）	Harvard Law Rev	5
2		0.09	Yale Law Journal （耶鲁法律杂志）	Yale Law J	6
3		0.09	Cornell Law Review （康奈尔大学法律评论）	Cornell Law Rev	2

续表

排序	突发性	中心度	来源全称	来源简称	半衰期 / 年
4		0.08	Columbia Law Review（哥伦比亚法律杂志）	Colum Law Rev	5
5		0.05	University of Pennsylvania Law Review（宾夕法尼亚法律评论）	U Pa Law Rev	5
6		0.04	Vanderbilt Law Review（范德比尔特法律评论）	Va Law Rev	5
7		0.04	Minnesota Law Review（明尼苏达法律评论）	Minn Law Rev	4
8		0.02	Michigan Law Review（密歇根法律评论）	Mich Law Rev	4
9	52.39	0.01	The Georgetown Law Journal（乔治城法学评论）	Georgetown Law J	3

表 4.14 显示，法学学科发展第二阶段，中介中心度高于 0.1 的期刊仅有一个，即《哈佛法律评论》，中介中心度为 0.39，半衰期为 5 年。《耶鲁法律杂志》与《康奈尔大学法律评论》中介中心度均为 0.09，并列第二位，半衰期分别为 6 年、2 年。排名第四位的是《哥伦比亚法律杂志》，中介中心度为 0.08，半衰期为 5 年。《宾夕法尼亚法律评论》中介中心度为 0.05，排名第五位。《范德比尔特法律评论》与《明尼苏达法律评论》并列第六位，中介中心度均为 0.04。《明尼苏达法律评论》始创于 1917 年，是由明尼苏达大学法学院的学生管理并出版的法律评论期刊，每年出版 6 次。

（三）法学学科发展第三阶段（1977 ～ 2004 年）

我们采用同样方法，分析法学学科发展第三阶段（1977 ～ 2004 年）中介中心度指标测度下的核心期刊。运用可视化软件 CiteSpace，选择引文分析栏目中的被引期刊分析功能，对被引文献数据进行读取与分析。将每两年划分为一个时区，选择每一时区的前 30 个期刊，运行 CiteSpace，选择显示中介中心度指标图谱，生成图 4.17 所示的第三阶段（1977 ～ 2004 年）法学学科核心期刊中介中心度图谱。同样，在图谱绘制过程中，我们将写法不同但实质相同的期刊进行了合并，并手动删除了司法裁判案例与书籍。图谱中，代表期刊的标签越大，表明该期刊的中介中心度越高。

图 4.17 显示，《哈佛法律评论》与《耶鲁法律杂志》是法学学科发展第三阶段中中介中心度指标测度下期刊群的核心。表 4.15 所示的是法学学科发

图 4.17　第三阶段（1977 ～ 2004 年）法学学科核心期刊中介中心度图谱

展第三阶段中，中介中心度不低于 0.01 的核心期刊相关信息。表 4.15 显示，法学学科发展第三阶段中，中介中心度指标测度下的核心期刊，大致与法学学科发展第二阶段测度结果无异，《哈佛法律评论》《耶鲁法律杂志》《哥伦比亚法律杂志》《范德比尔特法律评论》等期刊，依旧排名前列。《得克萨斯法学评论》与《南加州法律评论》在本阶段中较为凸显，中介中心度均为 0.02，并列第六位。《得克萨斯法学评论》始创于 1922 年，是一份由学生编辑和出版的法律评论期刊，是法学学科的重要学术刊物，在华盛顿李氏大学（Washington & Lee University）的榜单上排名第 17 位；谷歌学术的顶级出版物排行榜上排名第 10 位；米哈伊尔 · 库利科夫法律评论排名（Mikhail Koulikov's Rankings of Law Reviews）中，排名第四位。《南加州法律评论》创办于 1927 年，是南加州大学古尔德法学院的旗舰学术期刊。该刊由学生编辑、出版，每年出版 6 期，在法学学科发展过程中起着重要的衔接作用。

表 4.15　第三阶段（1977 ～ 2004 年）法学学科中介中心度不低于 0.01 的核心期刊

排序	突发性	中心度	来源全称	来源简称	半衰期 / 年
1		0.16	Harvard Law Review（哈佛法律评论）	Harvard Law Rev	13

续表

排序	突发性	中心度	来源全称	来源简称	半衰期 / 年
2		0.12	Yale Law Journal （耶鲁法律杂志）	Yale Law J	14
3		0.03	Columbia Law Review （哥伦比亚法律杂志）	Colum Law Rev	10
4		0.02	University of Chicago Law Review （芝加哥大学法律评论）	U Chicago Law Rev	13
5	20.10	0.02	Vanderbilt Law Review （范德比尔特法律评论）	Va Law Rev	13
6	433.72	0.02	Texas Law Review （得克萨斯法学评论）	Tex Law Rev	8
7	458.31	0.02	Southern California Law Review （南加州法律评论）	Southern C Law Rev	7
8		0.01	Stanford Law Review （斯坦福法学评论）	Stanford Law Rev	16

（四）法学学科发展第四阶段（2005 ～ 2017 年）

我们运用可视化软件 CiteSpace，探测法学学科发展第四阶段核心期刊，选择引文分析栏目中的被引期刊分析功能，对被引文献数据进行读取与分析。将每两年划分为一个时区，选择每一时区的前 30 个期刊，运行 CiteSpace，选择显示中介中心度指标图谱，生成图 4.18 所示的第四阶段（2005 ～ 2017 年）法

图 4.18 第四阶段（2005 ～ 2017 年）法学学科核心期刊中介中心度图谱

学学科核心期刊中介中心度图谱。同样，在图谱绘制过程中，我们将写法不同但实质相同的期刊进行了合并，并手动删除了司法裁判案例与书籍。图谱中，代表期刊的标签越大，表明该期刊的中介中心度越高。

图 4.18 显示，法学学科发展第四阶段中，中介中心度指标测度下，《哈佛法律评论》、《耶鲁法律杂志》、《哥伦比亚法律杂志》三结点最具代表性，其所代表的期刊是该时期内的核心期刊。表 4.16 所示的是法学学科发展第四阶段中中介中心度不低于 0.01 的核心期刊相关信息。表 4.16 显示，法学学科发展第四阶段中，《哈佛法律评论》《耶鲁法律杂志》《哥伦比亚法律杂志》等刊物是该阶段的核心期刊，在法学学科发展过程中具有重要衔接、纽带作用。

纵观法学学科发展全过程，中介中心度测度下的法学学科核心期刊变化较小，《哈佛法律评论》《耶鲁法律杂志》《哥伦比亚法律杂志》等期刊长期位于法学学科核心期刊前列，印证了其在法学学科发展过程中的重要性。

表 4.16　第四阶段（2005 ～ 2017 年）法学学科中介中心度不低于 0.01 的核心期刊

排序	中心度	来源全称	来源简称	半衰期 / 年
1	0.02	Harvard Law Review （哈佛法律评论）	Harvard Law Rev	7
2	0.02	Yale Law Journal （耶鲁法律杂志）	Yale Law J	7
3	0.02	Columbia Law Review （哥伦比亚法律杂志）	Colum Law Rev	7
4	0.01	Stanford Law Review （斯坦福法学评论）	Stanford Law Rev	7
5	0.01	University of Chicago Law Review （芝加哥大学法学评论）	U Chicago Law Rev	7
6	0.01	Vanderbilt Law Review （范德比尔特法律评论）	Va Law Rev	7

第三节　法学学科代表人物

一、高被引指标测度的代表人物

（一）法学学科发展第一阶段（1900 ～ 1965 年）

我们选取法学学科发展第一阶段（1900 ～ 1965 年）中的全部文献（43 323 条

数据）通过对文档中的被引参考文献字段中作者部分的分析，测度该时间段内作者被引状况，发现高被引作者。运用可视化软件 CiteSpace，选择引文分析栏目中的被引作者分析功能，将每 6 年划分为一个时区，选择每一时区的前 30 个高被引作者，运行 CiteSpace，选择时区图谱显示形式，生成图 4.19 所示的第一阶段（1900 ～ 1965 年）法学学科代表人物时区图谱。Web of Science 显示从来源文献记录中检索出的被引作者完整姓氏和名字。如果没有作者，将以“[Anonymous]”在作者栏进行显示。由于无作者文档对研究法学学科代表人物作用较小，图谱绘制过程中，我们将作者为“[Anonymous]”的结点作删除处理。图谱中，代表作者的结点越大，表明该作者被引频次越高。

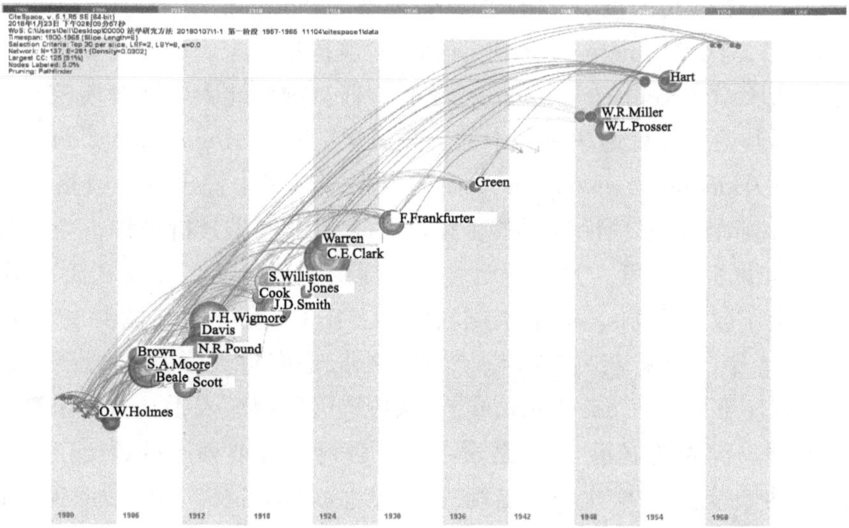

图 4.19 第一阶段（1900 ～ 1965 年）法学学科代表人物时区图谱

图 4.19 显示，高被引指标测度下的法学学科代表人物主要集中于法学学科发展第一阶段前半程（1900 ～ 1935 年），主要有 O. W. Holmes、N. R. Pound 、J. H. Wigmore、C. E. Clark、F. Frankfurter 等。第二次世界大战对法学学科研究发展产生了重要影响。在第二次世界大战期间（1939 ～ 1945 年）法学学科代表人物的产生出现了断层，高被引作者数量少且被引次数低。第二次世界大战后，法学学科得到复兴，以 W. R. Miller 、W. L. Prosser 等学者为代表的高被引人物出现。法学学科发展第一阶段中，被引频次不低于 1000 次的法学学科代表人物的相关信息，如表 4.17 所示。

表 4.17　第一阶段（1900 ～ 1965 年）法学学科被引频次不低于 1000 次的代表人物

频次	突发性	中心度	作者	初现年	半衰期 / 年
1407	8.32	0.05	J. H. Wigmore	1912	36
1348		0.12	C. E. Clark	1924	25
1192	6.65	0.30	N. R. Pound	1912	34
1169	66.79	0.09	S. Williston	1918	21
1162		0.10	J. D. Smith	1920	32
1127	20.84	0.34	S. A. Moore	1907	45

表 4.17 显示，法学学科发展第一阶段中，最具影响力人物是 J. H. Wigmore，其作品共计被引 1407 次，突发性为 8.32，初现年为 1912 年，半衰期为 36 年。J. H. Wigmore（1863 ～ 1943），美国法学家、证据法专家，曾任教于东京应庆大学（Keio University），随后担任美国西北大学法学院院长。J. H. Wigmore 因其论著《普通法审判中的英美证据制度》（*Anglo-American System of Evidence in Trials at Common Law*）而广为人知。其中提出的“威格摩尔图表法”，利用树状图表表现论证过程，以助益审判中事实分析过程，为证据理论问题分析提供了新视角，为证据质量评估提供了新路径[36]，对当代美国证据法实践产生了巨大影响。排名第二位的是 C. E. Clark ，共计被引 1348 次，初现年为 1924 年，半衰期为 25 年。C. E. Clark 是耶鲁大学法学教授，其代表作《诉答程序准则》（*Code Pleading*），从传统诉答程序入手，对诉讼答辩程序进行了完整、优秀的展示[37]，是学习、了解诉讼答辩程序的重要工具书。N. R. Pound 共计被引 1192 次，排名第三位，突发性为 6.65，初年为 1912 年，半衰期为 34 年。N. R. Pound（1870 ～ 1964），美国杰出的法学学者与法学教育家，曾先后担任美国内布拉斯大学（University of Nebraska College）与哈佛大学法学院院长，被《法律研究杂志》（*The Journal of Legal Studies*）评为 20 世纪高被引法学学者[38]。N. R. Pound 对犯罪学实证研究[39]与法律社会学发展[40]作出了突出贡献，他最著名的理论是将法律定义为社会工程，认为立法者实际上是一名试图通过法律手段解决社会问题的社会工程师，强调了社会关系与法律在发展过程中的相互作用。排名第四位的是 S. Williston ，共计被引 1169 次，突发性为 66.79，初现年是 1918 年，半衰期为 21 年。S. Williston 长期以来致力于民商法领域研究，其著名论著《合同法》（*The Law of Contracts*）[41]被广泛引用于英国、美国法院判决中，在合同法研究领域获得了卓越的地位，被认为是合同法研究之标准、权威。

（二）法学学科发展第二阶段（1966 ～ 1976 年）

我们采取同样方法，对法学学科发展第二阶段（1966 ～ 1976 年）中的全部法学学科文献 33 800 条数据中的被引文献进行分析。运用可视化软件 CiteSpace，选择引文分析栏目中的被引作者分析功能，将每一年作为一个时区，选择显示每一时区的前 30 个高被引作者，运行 CiteSpace，生成图 4.20 所示的第二阶段（1966 ～ 1976 年）法学学科代表人物时区图谱。同样，在图谱绘制过程中，我们将作者为“[Anonymous]”的结点作删除处理。图谱中，代表作者的结点越大，表明该作者被引频次越高。

图 4.20 显示，法学学科发展第二阶段中，高被引人物主要集中于发展前期，中后期高被引人物数量少，且被引频次相对较低。按时间由远及近的顺序，法学学科发展第二阶段高被引人物主要有 *US、*State、*People、*Brown、*B. Am、W. Prosser、K. Davis、W. R. Miller、*C. Nat 等。法学学科发展第二阶段中，被引频次超过 600 次的法学学科代表人物有关信息，如表 4.18 所示。

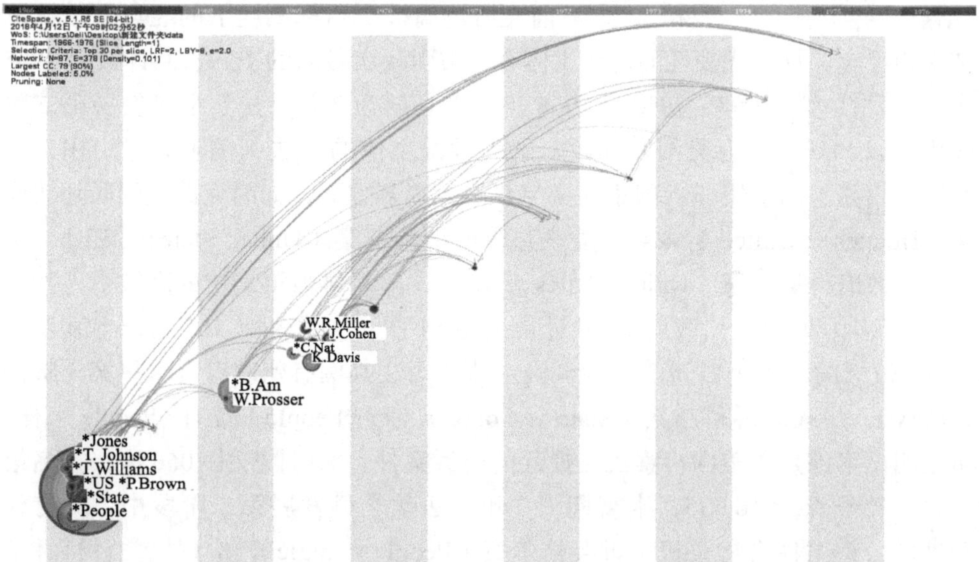

图 4.20　第二阶段（1966 ～ 1976 年）法学学科代表人物时区图谱

表 4.18　第二阶段（1966 ～ 1976 年）法学学科被引频次超过 600 次的代表人物

被引频次	突发性	中心度	作者	初现年	半衰期 / 年
2995	374.58	0.27	*US	1966	2

续表

被引频次	突发性	中心度	作者	初现年	半衰期 / 年
1081	165.16	0.05	*State	1966	2
1066	163.35	0.10	*People	1966	2
993		0.01	*B. Am	1968	5
989	121.93	0.08	*P. Brown	1966	2
734	102.74	0.04	*T. Williams	1966	2
698	126.30	0.07	*T. Johnson	1966	1
696	24.85	0.01	W. Prosser	1968	3
636	35.12	0.03	W. R. Miller	1969	4
625		0.10	K. Davis	1969	5
612	22.71	0.03	J. Cohen	1969	4

表 4.18 显示，法学学科发展第二阶段中，高被引人物主要来源于司法判例（结点标签带有“*”字符），这与前文所述高被引指标测度下的经典文献探测结果相呼应。具有代表性的诉讼主体有：被引频次最高的 *US，共计被引 2995 次，突发性为 374.58，初现于 1966 年，半衰期为 2 年。法学学科发展第二阶段中，以 *US（多为美国联邦政府）为诉讼主体的司法判例被大量引用，涉及民事权益、刑事犯罪、国家安全与尊严等诸多方面，如胡克诉美国联邦政府案（Hooper v. United States）、美联邦政府诉毕普案（United States v. Bishop）、美联邦政府诉韦德案（United States v. Wade）等。排名第二位的高被引人物是 *State（多为美国各州政府），共计被引 1081 次，突发性为 165.16，半衰期为 2 年。被引的以美国各州政府为诉讼主体的司法判例有州政府诉卡里案（State v. Cary）、州政府诉科布案（State v. Cobbs）等。*People（带有 *People 字样，多表明该案件是由美国检察机关提起的公诉案件），共计被引 1066 次，排名第三位，突发性为 163.35，半衰期为 2 年。法学学科发展第二阶段中，具有代表性的公诉案件有检察机关诉英格尔案（People v. Ingle）、检察机关诉科林案（People v. Collins）、检察机关诉汉来案（People v. Hanley）等。被引频次较高的还有：*B. Am[1] 共计被引 993 次，排名第四位，初现于 1968 年，半衰期为 5 年；*Brown 排名第五位，共计被引 989 次，突发性为 121.93，初现于 1966 年，半衰期为 2 年；*Williams，排名第六位，共计被引 734 次，突发性为 102.74，初现于 1966 年，半衰期为 2 年。

① American Bar Association，全美律师协会。

（三）法学学科发展第三阶段（1977 ～ 2004 年）

我们采取同样方法，对法学学科发展第三阶段（1977 ～ 2004 年）中的全部法学学科文献 85 174 条数据中的被引文献进行分析。运用可视化软件 CiteSpace，选择引文分析栏目中的被引作者分析功能，将每两年划分为一个时区，并选择每一时区的前 30 个高被引作者在图谱中进行显示，运行 CiteSpace，选择时区图谱显示形式，生成图 4.21 所示的第三阶段（1977 ～ 2004 年）法学学科代表人物时区图谱。同样，在图谱绘制过程中，我们将作者为“[Anonymous]”的结点作删除处理。图谱中，代表作者的结点越大，表明该作者被引频次越高。

图 4.21 显示，法学学科发展第三阶段前半期，是高被引人物的集中出现期，而后半期则鲜有高被引人物出现，且其被引频次也相对较低。延续了前一阶段发展趋势，法学学科发展第三阶段中，以“美国联邦政府”“全美律师协会”作为当事人的司法判例的被引频次依旧较高。随着时间的推移，司法判例对法学学科研究的影响力逐渐下降，科研论文在法学研究中的影响力得以凸显，R. A. Posner、R. Dworkin、C. R. Sunstein 等高被引学者出现。法学学科发展第三阶段中，被引频次超过 1500 次的法学学科代表人物相关信息，如表 4.19 所示。

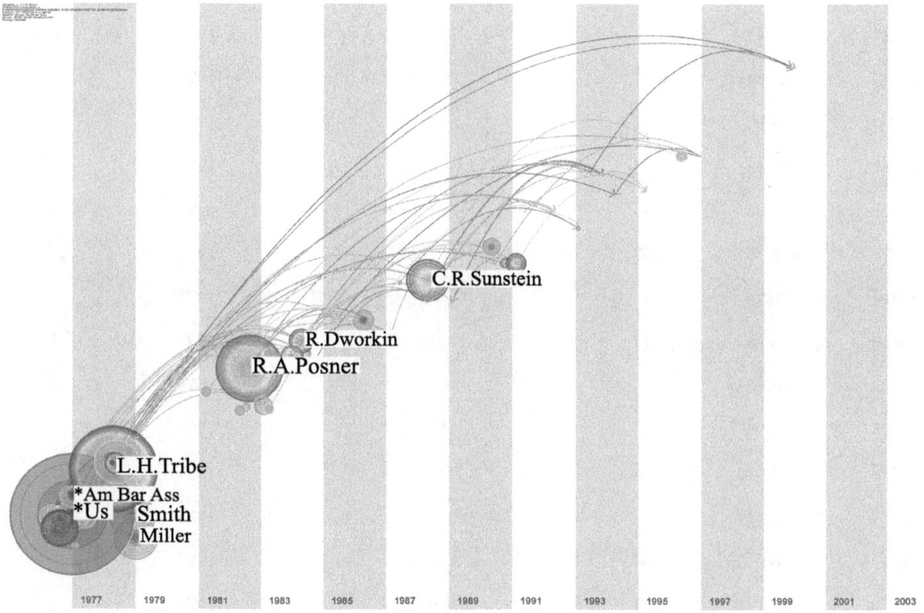

图 4.21　第三阶段（1977 ～ 2004 年）法学学科代表人物时区图谱

表 4.19　第三阶段（1977～2004 年）法学学科被引频次超过 1500 次的代表人物

被引频次	突发性	中心度	作者	初现年	半衰期 / 年
10 957	275.13	0.62	*US	1977	5
3 277	16.79	0.21	L. H. Tribe	1978	1
3 056	533.53	0.22	R. A. Posner	1983	11
2 244		0	*B. Am	1977	7
1 789	538.33	0.34	C. R. Sunstein	1989	8
1 750	264.22	0.27	R. Dworkin	1985	8
1 574	307.98	0.03	J. D. Smith	1979	7
1 528	266.44	0	W. R. Miller	1979	6
1 408	307.31	0.16	Schwartz	1979	6
1 258	80.74	0.09	G. Calabresi	1983	9
1 209	351.10	0.02	R. A. Epstein	1989	7
1 165	500.34	0.15	*Smith	1977	1
1 153	355.38	0.33	Posner	1981	5
1 144	234.57	0.02	Cohen	1979	6
1 133	328.63	0.08	F. H. Easterbrook	1989	6
1 132	485.90	0.04	*Brown	1977	1
1 127	219.43	0	Prosser	1977	4
1 125	482.84	0.06	*State	1977	1
1 099	229.09	0.01	J. Rawls	1987	7
1 091	290.68	0.05	Williams	1981	5
1 071	265.34	0	R. Posner	1981	5
1 024	438.76	0.03	*People	1977	1
1 019	270.85	0	C. Wright	1979	4
1 016	435.28	0.17	*Johnson	1977	1
1 011	195.75	0	Clark	1979	5
1 007	13.94	0	*C. Nat	1979	4
928	285.01	0.08	Kennedy	1981	5
893	274.11	0	Brown	1981	4
883	270.99	0.04	Johnson	1981	5
843	360.14	0.03	*Williams	1977	1
809	345.43	0	*Jones	1977	1

续表

被引频次	突发性	中心度	作者	初现年	半衰期 / 年
804	289.41	0.04	W. N. Eskridge	1991	6
745	287.46	0.08	Easterbrook	1983	4
741	266.46	0.02	D. A. Farber	1991	5
725	53.55	0.05	J. H. Ely	1989	5
723	308.27	0	*Davis	1977	1
686	196.58	0	H. L. A. Hart	1987	7
686	246.47	0.01	O. W. Holmes	1991	6
669	280.2	0	A. R. Amar	1993	6
631	268.64	0	*Miller	1977	1
620	233.63	0.05	Tribe	1981	4
609	229.44	0.09	Stewart	1981	4
568	213.85	0.01	Baker	1981	3
563	226.20	0.01	J. R. Macey	1991	5
548	60.32	0	R. H. Coase	1991	5
542	230.42	0.03	*Moore	1977	1
535	227.42	0	*Jackson	1977	1
534	223.17	0	W. M. Landes	1993	5
525	219.38	0	J. C. Coffee	1993	5
517	219.7	0	*Nlrb	1977	1
505	214.56	0	*Sec	1977	1

表 4.19 显示，法学学科发展第三阶段中，以“美国联邦政府”为诉讼主体的司法判例，被引超过万次，排名第一位，突发性为 257.13，初现于 1977 年，半衰期为 5 年。L. H. Tribe，共计被引 3277 次，排名第二位，突发性为 16.79，初现于 1978 年，半衰期为 1 年；排名第三位的是 R. A. Posner，共计被引 3056 次，突发性为 533.53，初现于 1983 年，半衰期为 11 年。R. A. Posner 致力于法经济学研究，其《经济监管理论》（“Theories of Economic Regulation”）[42]、《监管与垄断的社会成本分析》（“The Social Costs of Monopoly and Regulation”）[43]、《从利益集团角度看司法独立》（“The Independent Judiciary in an Interest-Group Perspective”）[44]、《版权法的经济视角分析》（“An Economic Analysis of Copyright Law”）[45] 等文章均为法学研究中的高被引文章，合计被引近万次。R. A. Posner 在法学学科

发展第三阶段中，半衰期长达 11 年，其产出作品质量与其对法学学科发展作出的贡献可见一斑。“全美律师协会”排名第四位，共计被引 2244 次，初现于 1977 年，半衰期为 7 年。法学学科发展第三阶段，以“全美律师协会”为诉讼主体的司法判例被广泛引用，彰显了其在美国司法系统中的强大影响力。被引次数超过 1500 次的还有 C. R. Sunstein，共计被引 1789 次，排名第五位，突发性为 538.33，初现于 1989 年，半衰期为 8 年；R. Dworkin，共计被引 1750 次，排名第六位，突发性为 264.22，初现于 1985 年，半衰期为 8 年；Smith 排名第七位，共计被引 1574 次，突发性为 307.98，初现于 1979 年，半衰期为 7 年；Miller 共计被引 1528 次，排名第八位，突发性为 266.44，初现于 1979 年，半衰期为 6 年。

（四）法学学科发展第四阶段（2005 ～ 2017 年）

法学学科发展第四阶段（2005 ～ 2017 年）中代表人物的分析过程，同样采取前述方法。运用可视化软件 CiteSpace，选择引文分析栏目中的被引作者分析功能，将每两年划分为一个时区，并选择每一时区的前 30 个高被引作者在图谱中进行显示，运行 CiteSpace，选择时区图谱显示形式，生成图 4.22 所示的第四阶段（2005 ～ 2017 年）法学学科代表人物时区图谱。同样，在图谱绘制过程中，我们将作者为“[Anonymous]”的结点作删除处理。图谱中，代表作者的结点越大，表明该作者被引频次越高。

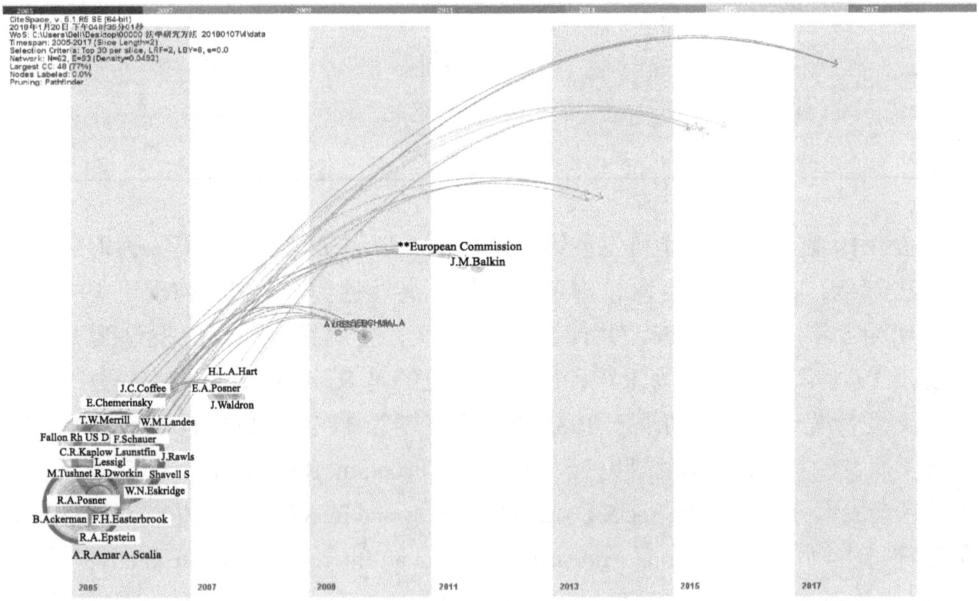

图 4.22　第四阶段（2005 ～ 2017 年）法学学科代表人物时区图谱

图 4.22 显示，大量高被引人物集中出现于法学学科发展第四阶段初期（2005 ～ 2006 年），形成了以 *US、C. R. Sunstein、R. A. Posner 等人物为核心的学科代表人物群。其中，C. R. Sunstein、R. A. Posner 等高被引人物的结点年轮遍历 2005 ～ 2017 年，表明其在法学学科发展第四阶段全阶段都是热门被引人物。随着时间推移，H. L. A. Hart、E. A. Posner、J. Waldron、J. M. Balkin 等高被引人物出现，但这一时期高被引人物产生数量与被引次数均远低于法学学科发展第四阶段初期。法学学科发展第四阶段中，被引频次超过 300 次的法学学科代表人物相关信息，如表 4.20 所示。

表 4.20　第四阶段（2005 ～ 2017 年）法学学科被引频次超过 300 次的代表人物

被引频次	突发性	中心度	作者	初现年	半衰期 / 年
2967		0.84	C. R. Sunstein	2005	7
2761	6.30	0.41	R. A. Posner	2005	7
2671		0.05	*US	2005	7
1389		0.15	R. Dworkin	2005	7
1219		0.06	F. H. Easterbrook	2005	7
1189		0.10	R. A. Epstein	2005	7
1128		0.02	W. N. Eskridge	2005	7
1087		0.09	A. Scalia	2005	7
1077		0.01	F. Schauer	2005	8
1056		0.08	T. W. Merrill	2005	8
1035	14.76	0.10	A. R. Amar	2005	7
1029		0.05	E. A. Posner	2007	6
1015	20.43	0.02	E. Chemerinsky	2005	7
965		0.08	S.Shavell	2005	7
953	10.88	0.13	M. Tushnet	2005	7
945		0.01	J. Waldron	2007	6
931		0.01	J. Rawls	2005	7
903		0.05	L. Kaplow	2005	7
891		0	H. L. A. Hart	2007	6

续表

被引频次	突发性	中心度	作者	初现年	半衰期 / 年
804	32.30	0.09	R. H. Fallon	2005	6
795	11.72	0.01	W. M. Landes	2005	6
750		0	M. A. Lemley	2009	4
659	25.13	0.03	B. Ackerman	2005	6
651	31.18	0	J. C. Coffee	2005	6
640	10.31	0.03	J. M. Balkin	2011	3
626		0	**European Commission	2011	3
547	27.99	0.04	L. Lessig	2005	6
366	36.73	0.01	L. A. Bebchuk	2009	4
365	93.38	0	I. Ayres	2009	2
335	81.73	0	D. Kahneman	2013	1

表 4.20 显示，法学学科发展第四阶段中，被引频次超过 300 次的共有 30 位作者，其中被引频次超过 2000 次的作者共三名，分别是 C. R. Sunstein、R. A. Posner 与 *US。C. R. Sunstein 共计被引 2967 次，排名第一位，初现于 2005 年，半衰期为 7 年。C. R. Sunstein 在法学学科发展第三阶段中排名第四位，共计被引 1789 次，在法学学科发展第三阶段中也具有重要影响力。C. R. Sunstein（出生于 1954 年 9 月 21 日）是美国知名法律学者，在宪法[46, 47]、行政法[48, 49]、环境法[50]、法行为经济学[51]等方面研究中具有较高声誉。C. R. Sunstein 被法律出版物研究评为“2009～2013 年年度高被引人物”第一名[52]。其代表作《法律与经济行为模式》（“A Behavioral Approach to Law and Economics”）[51]、《自由家父式管理理论的内在协调性》（“Libertarian Paternalism Is Not an Oxymoron”）[53]、《美国公法中的利益集团》（“Interest Groups in American Public Law”）[54]等引起国内外学者的广泛关注，单篇被引均超过 500 次，对法学相关领域的发展产生了重要影响。排名第二位的是 R. A. Posner，共计被引 2761 次，突发性为 6.3，初现于 2005 年，半衰期为 7 年。 R. A. Posner（出生于 1939 年 1 月 11 日）是美国法学家、经济学家，1981～2017 年在芝加哥第七巡回上诉法院担任美国巡回法官，同时也是芝加哥大学法学院的高级讲师。R. A. Posner 在其著作中曾谈到动物权利、女权主义、禁毒、同性婚姻、凯恩斯经济学和学术道德哲学等问题，他的研究涉及司法经济学、法理学、性与理

性、法律实用主义，以及资本主义民主的危机[55]等诸多方面。R. A. Posner 曾被《法律研究杂志》评为“20 世纪高被引学者”之一[38]，是法学与经济学发展的重要领军人物。排名第三位的是诉讼主体“美国联邦政府”，共计被引 2671 次，初现于 2005 年，半衰期为 7 年。法学学科发展第三阶段便已崭露头角的 R. Dworkin，在本阶段共计被引 1389 次，排名第四位，半衰期为 7 年。R. Dworkin 是美国哲学家、法学家和宪法学者，曾被《法律研究杂志》评为“20 世纪第二大高被引美国法律学者”。R. Dworkin 在其《法律帝国》(*Law's Empire*)[56]一书中，提出了“整体性法律观”(law as integrity)，是当代最具影响力的法律性质理论之一。此外，F. H. Easterbrook、R. A. Epstein、W. N. Eskridge、A. Scalia、F. Schauer、T. W. Merrill、A. R. Amar、E. A. Posner、E. Chemerinsky 等，在法学学科发展第四阶段中，被引次数均超过 1000 次，也是法学学科发展过程中的重要代表人物。

纵观法学学科发展全过程，司法判例对法学学科研究发展的影响，经历了“小—大—小”的变化过程。法学学科发展第一阶段代表人物全部来源于法学学科研究论文中；而第二阶段中，大批量由司法判例中析出的人物成为高被引指标测度下的代表人物；第三阶段，司法判例维持了其在法学学科研究中的重要地位，同时，法学研究成果的影响力也逐步提升；在法学学发展第四阶段中，法学学科研究成果重回主导地位，成为法学研究代表人物的主要产出地。这一发展过程体现了法学研究与司法实践之间的同一性与互动性[57]，也证明了谋求理论与实践的良性互动对法学学科发展的重要作用。

二、中介度指标测度的代表人物

（一）法学学科发展第一阶段（1900 ～ 1965 年）

中介中心度指标测度下，对探测学科发展过程起桥梁、纽带作用的关键人物具有重要意义。我们同样选取法学学科发展第一阶段（1900 ～ 1965 年）中的全部法学学科文献（43 323 条数据），分析文档中的被引参考文献字段中作者部分。运用可视化软件 CiteSpace，选择引文分析栏目中的被引作者分析功能，对被引文献数据进行读取与分析。将每 6 年划分为一个时区，选择每一时区的前 30 个高被引作者，运行 CiteSpace，选择显示中介中心度指标图谱，生成图 4.23 所示的第一阶段法学学科代表人物中介中心度图谱（1900 ～ 1965 年）。同样，在图谱绘制过程中，我们将作者为

“[Anonymous]” 的结点作删除处理。图谱中，代表作者的标签越大，表明该作者的中介中心度越高。

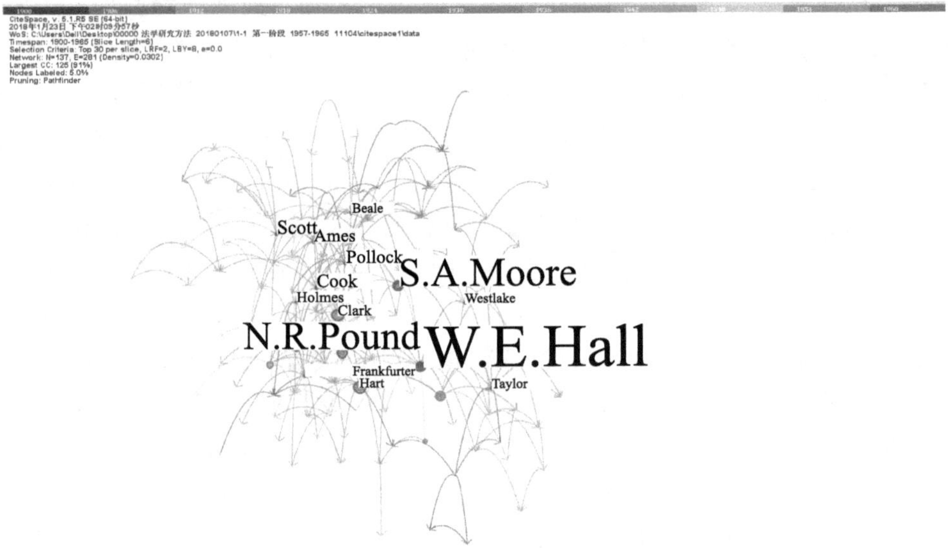

图 4.23　第一阶段（1900 ～ 1965 年）法学学科代表人物中介中心度图谱

图 4.23 显示，法学学科发展第一阶段，在中介中心度指标测度下，形成了以 W. E. Hall、S. A. Moore、N. R. Pound 为核心的代表人物群，对法学学科发展产生了重要影响。法学学科发展第一阶段，跨越了 60 余年的时间，但在法学学科代表人物中介中心度图谱中，时间对图谱中作者分布情况的影响并不大，图谱中并未形成两个或两个以上的自然聚类。1900 ～ 1965 年，中介中心度不低于 0.3 的法学学科代表人物基本信息，如表 4.21 所示。

表 4.21　第一阶段（1900 ～ 1965 年）法学学科中介中心度不低于 0.3 的代表人物

排序	突发性	中心度	作者	初现年	半衰期 / 年
1	38.46	0.46	W. E. Hall	1904	53
2	20.84	0.34	S. A. Moore	1907	45
3	6.65	0.30	N. R. Pound	1912	34

表 4.21 显示，法学学科发展第一阶段中，W. E. Hall 中介中心度高达 0.46，排名第一位，突发性为 38.46，初现于 1904 年，半衰期为 53 年。W. E. Hall 是

英国著名律师，他热爱登山与旅行，曾游历过拉普兰、古埃及、南美、印度等地。1880 年，W. E. Hall 完成了其代表作《国际法》(*International Law*)[58]的首版。W. E. Hall 逝世后，该书被再版多次，广为流传。书中使用简明的语言精准叙述了主题内容，避免了国际法领域研究成果中广泛存在的“修辞上的模糊”这一问题，被认为是该领域研究的最佳英文书。排名第二位的是 S. A. Moore，中介中心度为0.34，突发性为20.84，初现于1907年，半衰期为45年。其代表作《海滨的历史与相关法律》(“*A History of the Foreshore and the Law Relating Thereto*”)[59]，通过大量当代、历史材料的展示与分析，对 765 年到 19 世纪晚期的河岸权利和渔业法律历史进行了阐述，是此领域的重要文章，在法学研究领域中发挥了重要衔接作用。N. R. Pound 中介中心度为 0.30，排名第三位，突发性为 6.65，初现于 1912 年，半衰期为 34 年。N. R. Pound 是一位杰出的美国法律学者和教育家，曾被《法律研究杂志》评为“20 世纪高被引法律学者”之一[38]。N. R. Pound 在法学学科发展第一阶段，共计被引 1192 次，也是高被引指标测度下的重要人物，对法学学科发展、法学学科中学者的沟通与合作均起到了重要作用。

此外，表 4.21 中介中心度指标测度下法学学科发展代表人物信息显示，W. E. Hall、S. A. Moore 半衰期均高于 45 年，表明这两位作者对法学学科发展产生了持续性的影响。

（二）法学学科发展第二阶段（1966 ～ 1976 年）

我们选取法学学科发展第二阶段（1966 ～ 1976 年）中的全部法学学科文献 33 800 条数据，采用同样的方法，分析被引文献信息。运用可视化软件 CiteSpace，选择引文分析栏目中的被引作者分析功能，对被引文献数据进行读取与分析。将每一年划分为一个时区，选择每一时区内被引频次最高的 30 篇论文，运行 CiteSpace，选择显示中介中心度指标图谱，生成图 4.24 所示的第二阶段（1966 ～ 1976 年）法学学科代表人物中介中心度图谱。同样，在图谱绘制过程中，我们将作者为“[Anonymous]”的结点作删除处理。图谱中，代表作者的标签越大，表明该作者的中介中心度越高。

法学学科发展第二阶段代表人物图谱中，出现上下两个自然聚类。其中，上方聚类颜色较深，表明该聚类年代较为久远。聚类中高中介中心度人物主要有 *J. Smith、*P. Jones 等。下方聚类颜色较浅，表明该聚类年代较近。聚类中的代表人物有：K. Davis、W. Prosser、L. Jaffe 等。1966 ～ 1976 年，中介中心度不低于 0.05 的法学学科代表人物，如表 4.22 所示。

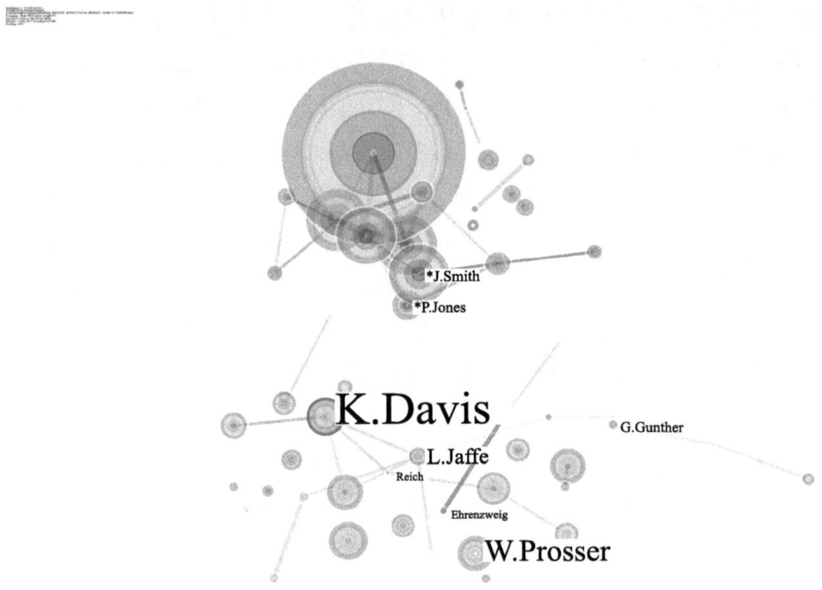

图 4.24 第二阶段（1966 ～ 1976 年）法学学科代表人物中介中心度图谱

表 4.22 第二阶段（1966 ～ 1976 年）法学学科中介中心度不低于 0.05 的代表人物

排序	突发性	中心度	作者	初现年	半衰期 / 年
1	22.12	0.15	K. Davis	1968	2
2	11.78	0.10	W. Prosser	1955	13
3	7.76	0.07	L. Jaffe	1965	4
4	108.64	0.05	*J. Smith	1900	66
5	33.28	0.05	*P. Jones	1900	66
6	95.26	0.05	G. Gunther	1972	1

表 4-22 显示，法学学科发展第二阶段中，中介中心度不低于 0.1 的代表人物有两个，分别是K. Davis与W. Prosser。其中，K. Davis的中介中心度为0.15，初现于 1968 年，半衰期为 2 年。K. Davis 任教于斯康辛大学法学院（University of Wisconsin，Sch Law），其研究涉及法学教育、行政法、商法等多个领域，代表作《案例教学法 - 高级法学生主要训练方法》（“The Text-Problem Form of the Case Method as a Means of Mind Training for Advanced Law Students”）[60]、《行政任意性分析》（Administrative Arbitrariness Final Word）[61]、《美国行政监察

制度下的监察员》(“Ombudsmen in America：Officers to Criticize Administrative Action”)[62]等，在法学学科发展过程中有重要连接作用。W. Prosser，中介中心度为 0.1，初现于 1955 年，半衰期为 13 年。W. Prosser 于 1948 ～ 1961 年任加州大学伯克利分校法学院院长。W. Prosser 致力于侵权法研究，其侵权法著作被公认为时代优秀侵权法研究成果。中介中心度较高的还有：排名第三位的 Jaffe，中介中心度为 0.07，突发性为 7.76，初现于 1965 年，半衰期为 4 年；J. Smith*、P. Jones*、G. Gunther 并列第四位，中介中心度均为 0.05。

（三）法学学科发展第三阶段（1977 ～ 2004 年）

我们采用同样的方法，对法学学科发展第三阶段（1977 ～ 2004 年）中的全部法学学科文献进行中介中心度指标下的法学学科代表人物测度。确定网络结点为文献后，将每两年划分为一个时区，并选择每一时区的前 30 个高产机构在图谱中进行显示，运行 CiteSpace，生成图 4.25 所示的第三阶段（1977 ～ 2004 年）法学学科代表人物中介中心度图谱。同样，在图谱绘制过程中，我们将作者为“[Anonymous]”的结点作删除处理。我们分别利用代表作者的结点与标签的大小来表示该作者被引频次的多少与中介中心度指标的高低，即图谱中，代表作者的结点越大，表明该作者被引频次越高；代表作者的标签越大，表明该作者的中介中心度越高。

图 4.25　第三阶段（1977 ～ 2004 年）法学学科代表人物中介中心度图谱

法学学科发展第三阶段代表人物中介中心度图谱中，左上至右下，结点颜色逐渐变浅，表明时间由远及近的变化。按时间由远及近，高中介中心度指标测度下的代表人物有 *US、L. Tribe、R. Dworkin、C. R. Sunstein、R. A. Posner 等。此外，图 4.25 中，结点年轮颜色反映了各结点在法学学科发展第四阶段的影响时间。结点 *US 仅有深色年轮，表明以美国联邦政府为诉讼主体的司法判决在法学学科发展第四阶段中，影响时间仅限于 1977 ～ 1981 年；结点 L. Tribe 年轮显示，其影响力限于 1981 ～ 1995 年。1977 ～ 2004 年，中介中心度不低于 0.1 的法学学科代表人物基本信息，如表 4.23 所示。

表 4.23　第三阶段（1977 ～ 2004 年）法学学科中介中心度不低于 0.1 的代表人物

排序	突发性	中心度	作者	初现年	半衰期 / 年
1	312.18	0.41	L. Tribe	1979	5
2	1670.26	0.36	*US	1977	1
3	269.90	0.22	R. Dworkin	1985	8
4	538.18	0.19	C. R. Sunstein	1989	8
5	586.07	0.15	R. A. Posner	1985	9
6	478.12	0.13	*P. Brown	1977	1
7	293.57	0.10	D. Kennedy	1981	5

表 4.23 显示，法学学科发展第三阶段，中介中心度超过 0.1 的法学学科代表人物共有 7 位。其中，由司法裁判案件中析出的人物共有 6 位（带有“*”前缀的人物），且半衰期大部分仅有 1 年。相对数量的减少与短暂的半衰期表明司法判例对法学学科研究的影响力在经历了第二阶段的峰值后正逐渐回落。中介中心度指标测度下，排名首位的是 L. Tribe，中介中心度为 0.41，突发性为 312.18，初现于 1979 年，半衰期为 5 年。L. Tribe 是哈佛大学法学院的宪法学教授，美国宪法学会的联合创始人之一。L. Tribe 的研究内容涉及宪法、公民权利和公民自由、隐私法、刑事诉讼程序、网络和互联网法律政策、性别与法律、法律和政治理论、法律和社会变革等诸多方面。其著作《美国宪法》是美国宪法学研究领域的重要文献，引起了国内外学者的广泛关注[12, 63-66]。排名第二位的是 US*，中介中心度为 0.36，突发性为 1670.26，初现于 1977 年，半衰期为 1 年；R. Dworkin 中介中心度为 0.22，排名第三位，突发性为 269.90，初现于 1985 年，半衰期为 8 年；排名第四位的是 C. R. Sunstein，中介中心度为 0.19，突发性为 538.18，初现于 1989 年，半衰期为 8 年；排名第五位的 R. A. Posner，中介中心度为 0.15，突发性为 586.07，初现于 1985 年，半

衰期为 9 年。*P. Brown 排名第六位，中介中心度为 0.13，突发性为 478.12，初现于 1977 年，半衰期为 1 年。

（四）法学学科发展第四阶段（2005 ～ 2017 年）

我们采用同样的方法，对法学学科发展第四阶段（2005 ～ 2017 年）的全部法学学科文献（共 50 890 条数据）进行共被引分析，测度该时间段内被引文献的中介中心度。选择网络结点为“被引作者”，将每两年划分为一个时区，选择显示每一时区的前 30 个高产机构，运行 CiteSpace，选择显示中介中心度指标图谱，生成图 4.26 所示的第四阶段（2005 ～ 2017 年）“法学学科代表人物中介中心度图谱”。同样，在图谱绘制过程中，我们将作者为“[Anonymous]”的结点作删除处理。我们分别利用代表作者的结点与标签的大小，来表示该作者被引频次的多少与中介中心度指标的高低，即图谱中，代表作者的结点越大，表明该作者被引频次越高；代表作者的标签越大，表明该作者的中介中心度越高。

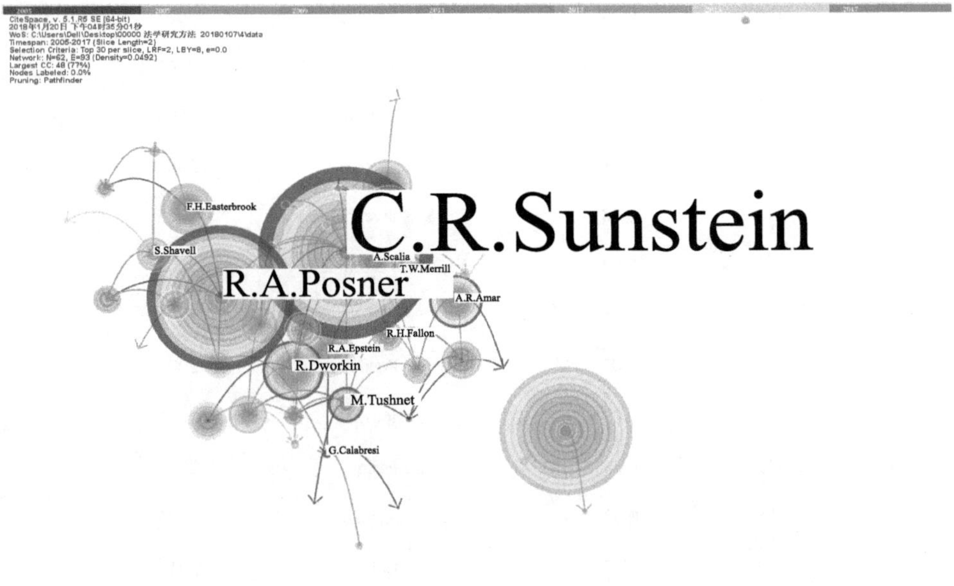

图 4.26　第四阶段（2005 ～ 2017 年）法学学科代表人物中介中心度图谱

图 4.26 显示，法学学科发展第四阶段，在中介中心度指标测度下，形成了以 C. R. Sunstein 与 R. A. Posner 为核心的代表人物群。其中，C. R. Sunstein 与 R. A. Posner 两结点较大，结点外围均有紫色外圈作重点标记，表明结点所代表的两位作者在高被引指标与中介中心度指标测度下，均具有优秀表现，是法学

学科发展过程中的重要人物。代表人物群中，还有R. Dworkin、M. Tushnet、A. R. Amar 等作者，其结点也被紫色外圈包围，是中介中心度指标测度下的重要代表人物。2005 ～ 2017 年，中介中心度不低于 0.01 的法学学科代表人物基本信息，如表 4.24 所示。

表 4.24　第四阶段（2005 ～ 2017 年）法学学科中介中心度不低于 0.01 的代表人物

排序	突发性	中心度	作者	初现年	半衰期 / 年
1		0.84	C. R. Sunstein	2005	7
2	6.30	0.41	R. A. Posner	2005	7
3		0.15	R. Dworkin	2005	7
4	10.88	0.13	M. Tushnet	2005	7
5		0.10	R. A.Epstein	2005	7
6	14.76	0.10	A. R. Amar	2005	7
7	119.94	0.10	G. Calabresi	2005	3
8		0.09	A. Scalia	2005	7
9	32.30	0.09	R. H. Fallon	2005	6
10		0.08	T. W. Merrill	2005	8
11		0.08	S. Shavell	2005	7
12		0.06	F. H. Easterbrook	2005	7
13		0.05	*US	2005	7
14		0.05	E. A. Posner	2007	6
15		0.05	L. Kaplow	2005	7
16	27.99	0.04	L. Lessig	2005	6
17	25.13	0.03	B. Ackerman	2005	6
18	10.31	0.03	J. M. Balkin	2011	3
19		0.02	W. N. Eskridge	2005	7
20	20.43	0.02	E. Chemerinsky	2005	7
21		0.01	F. Schauer	2005	8
22		0.01	J. Waldron	2007	6
23		0.01	J. Rawls	2005	7

续表

排序	突发性	中心度	作者	初现年	半衰期 / 年
24	11.72	0.01	W. M. Landes	2005	6
25	36.73	0.01	L. A. Bebchuk	2009	4
26	71.60	0.01	L. H. Tribe	2005	1

表 4.24 显示，C. R. Sunstein 中介中心度为 0.84，是法学学科发展第四阶段中介中心度最高的作者，初现于 2005 年，半衰期为 7 年。R. A. Posner 中介中心度为 0.41，排名第二位，突发性为 6.30，初现于 2005 年，半衰期为 7 年。排名第三位的是 R. Dworkin ，中介中心度为 0.15，初现于 2005 年，半衰期为 7 年。C. R. Sunstein、R. A. Posner、R. Dworkin 在法学学科发展第三阶段中，均已表现出较高的中介中心度，其对法学学科的影响持续至本阶段，是 20 世纪末 21 世纪初的重要法学学者。

中介中心度高于 0.10 的还有 M. Tushnet、R. A. Epstein、A. R. Amar 与 G. Calabresi。其中，M. Tushnet 排名第四位，中介中心度为 0.13，突发性为 10.88，初现于 2005 年，半衰期为 7 年。M. Tushnet 任教于乔治城大学（Georgetown University），其代表作《权利研究》（"An Essay on Rights"）[68]、《比较宪法的可能性》（"The Possibilities of Comparative Constitutional Law"）[69]、《政治史研究——关键性的法律问题》（"Critical Legal Studies：A Politicalistory"）[70] 等受到法学学者的广泛关注，助益法学理论发展。R. A. Epstein、A. R. Amar 与 G. Calabresi 中介中心度均为 0.10，并列第五位，均初现于 2005 年，半衰期分别为 7 年、7 年、3 年。R. A. Epstein 是一位美国法律学者，致力于自由古典主义、侵权行为、合同法及法经济学领域研究，现任纽约大学古典自由主义研究所主任、胡佛研究所（Hoover Institution）高级研究员、芝加哥大学法学院高级讲师。其著作《征用：私有财产与土地征用权力》（"Takings：Private Property and the Power of Eminent Domain"）[71]、《严格责任理论》（"A Theory of Strict Liability"）[72]、《合同中的意思自治》（"In Defense of the Contract at Will"）[73] 等，对当代美国法律思想产生了极大影响。R. A. Epstein 被评为 20 世纪高被引法律学者之一[38]、当代最具影响力的法律思想家之一[74]。A. R. Amar，美国法律学者，是宪法和刑事诉讼方面的专家。他曾是耶鲁大学法学院教授，并担任哥伦比亚大学法学院法学教授、宾夕法尼亚大学法学院的客座教授等，被法律事务所（legal affairs）评为"20 世纪美国最具影响力法律思想家"[74]。其著作《宪法与刑事诉讼程序：首要原则》（*The Constitution and Criminal Procedure：First Principles*）[75]、

《美国宪法传》(*America's Constitution: a Biography*)[74]、《权利法案：创造与重塑》(*The Bill of Rights: Creation and Reconstruction*)[75]等，对美国宪法、刑事诉讼法的发展产生了重要影响。G. Calabresi，美国法律学者、美国第二巡回上诉法院的高级巡回法官，他曾任耶鲁大学法学院院长，自 1959 年起担任教授，与 Ronald Coase、Richard Posner 一起被认为是法经济学领域的创始人。

第四节 小 结

本章主要探讨共被引分析方法在法学研究中的应用，同样使用来源于SSCI数据库的，发表于 1900 ～ 2017 年法学学科研究成果，共 213 187 条文本数据。利用高被引指标与中介中心度指标，分别探测每一时间段内的经典文献、核心期刊与代表人物。

法学学科高被引指标测度下的经典文献主要有：1959 年，H. Wechsler 的《宪法中立原则分析》；1959 年，H. M. Hart 的《最高法院，1958》；1966 年的米兰达诉亚利桑那州案；1963 年的吉迪恩诉温赖特案；1973 年的罗伊诉韦德案；1978 年出版的 L. H. Tribe 的《美国宪法》一书；2008 年 W. N. Eskridge 与 L. E. Baer 的《最高法院的法律解释选择——从 Chevron 案到 Hamdan 案》；R. E. Barkow 于 2010 年发表的《绝缘机构的制度设计》。法学学科中介中心度指标测度下的经典文献主要有：1949 年出版的 Herbert F. Goodrich 法官的《法律冲突》；A. M. Bickel 与 H. H. Wellington 于 1957 年发表的《法的目的与程序——基于林肯·米尔斯案件的分析》；C. L. Black 1967 年发表的《序言——联邦平权行动与加州主张》；1969 年的夏比罗诉汤普森案；O. M. Fiss 1982 年发表的《客观性与法律解释》；C. R. Unstein 1996 年发表的《遗留事项——1995 年的最高法院》；2004 年出版的 Larry D. Kramer 的《宪政与司法审查》；W. J. Stuntz 2001 年发表的《刑法中的病态政治学》。

法学学科高被引指标测度下的代表人物主要有 J. H. Wigmore、E. Charles Clark、*US、*State、R. A. Posner、*B. Am、C. R. Sunstein、R. A. Posner 等；中介中心度指标测度下的代表人物主要有 W. E. Hall、S. A. Moore、*US、*People、L. Tribe、R. Dworkin、C. R. Sunstein、R. A. Posner 等。其中，*US 、C. R. Sunstein、R. A. Posner 等人物在中介中心度与高被引双重指标测度下，均较为突出，彰显了其在法学学科发展过程中的重要影响力。法学学科经典文献与代表人物的探测结果中均显现出司法判例的身影，这体现了法学研究与司法实践紧密结合、相互促进的特质，证明了理论与实践的良性互动对法学学科发展的重要作用。

在高被引指标与中介中心度指标测度下，法学学科发展不同阶段的核心期刊变化较小，《哈佛法律评论》《耶鲁法律杂志》《哥伦比亚法律杂志》《斯坦福法学评论》《密歇根法律评论》《芝加哥大学法律评论》等名牌法学院的旗舰期刊在法学学科发展过程中长期占据着重要地位。此类法学期刊多由法学院在校生担任编辑，对专家、教授的文章进行修改并决定是否刊发。这一现象，虽难以被界外人士接受，但却成为法学期刊的一大特色，为法学学科发展贡献了重要力量。跨学科期刊的出现成为法学学科核心期刊发展的又一重要特征。随着时间的推移，经济学、政治学、社会学等交叉学科期刊成为法学学科发展过程中的高被引期刊，学科的交叉与融合、系统化与整体化得以发展强化。

借助统计分析方法与信息可视化工具，对法学学科研究成果进行共被引分析，探测法学学科发展过程中的经典文献、核心期刊及代表人物，有助于我们了解法学学科发展特点，把握学科发展脉络，为法学学者提供阅读、参考方向，为我国法学学科发展建设提供有力支撑。

本章参考文献

[1] Berle A A，Means G C. The Modern Corporation and Private Property [J]. Virginia Law Review，1933，20（1）：132-135.

[2] Wechsler H. Toward neutral principles of constitutional law [J]. Harvard Law Review，1959，73（1）：1-35.

[3] Jr Hart H M. The Supreme Court，1958 term [J]. Harvard Law Review，1959，73（1）：84-240.

[4] Bickel A M，Wellington H H. Legislative purpose and the judicial process：the Lincoln Mills case [J]. Harvard Law Review，1957，71（1）：1-39.

[5] Wert J J. Nothing new under the sun：the development of habeas corpus and executive power in the bush administration [J]. 2009，29：273.

[6] Simon D，Scurich N. Lay judgments of legal decisions [EB/OL]. https://papers.ssrn.com/sol3/papers.cfm?abstract_id=1646971 [2010-6-22].

[7] Glennon R J. The Warren Court：a retrospective [J]. The American Journal of Legal History，1998，42（3）：338.

[8] 白雪峰. 美国沃伦法院述评 [J]. 南京大学学报（哲学·人文科学·社会科学版）.

2005，（4）：47-54.
［9］达理纳嘉．沃伦法院对程序正义的追求——以非法证据排除规则为视角［J］．宁夏大学学报（人文社会科学版）．2014，（3）：89-96.
［10］刘伙玉．基于 CNKI 的图书、情报学与档案学学科文献半衰期分析［J］．图书与情报，2015，（1）：106-111.
［11］Lupu I C. American constitutional-law-tribe，LH［J］．Harvard Law Review，1988，101（6）：1303-1330.
［12］张丽霞．美国宪法州际贸易条款演进的技术分析［J］．郑州大学学报（哲学社会科学版）．2008，41（3）：58-61.
［13］Craig P. Judicial review and questions of law：A comparative perspective［EB/OL］．https：//ssrn.com/abstract=1480792［2009-9-30］．
［14］Eskridge W N，Baer L. The continuum of deference：Supreme Court treatment of agency statutory interpretations from Chevron to Hamdan［J］．SSNR Electronic Journal，2008，141（7）：565.
［15］Barkow R E. Insulating agencies：avoiding capture through institutional design［J］．Texax Law Review，2010，89（1）：15-79.
［16］吴思竹，张智雄．网络中心度计算方法研究综述［J］．图书情报工作，2010，54（18）：107-110, 148.
［17］Farley R J. Handbook of the conflict of laws by Herbert F. Goodrich［J］．Virginia Law Review，1939，26（2）：237-238.
［18］Black C L. Foreword-state action equal protection and Californias proposition 14［J］．Harvard Law Review，1967，81（1）：69-262.
［19］闫玉华，殷倩．美国“平权法案”出台背景及其影响探析［J］．中北大学学报（社会科学版）．2018，（1）：36-41.
［20］韩家炳．二战后美国黑人教育的困顿及其教育民权运动的产生［J］．西南民族大学学报（人文社会科学版），2014，（4）：212-219.
［21］van Alstyne W W. The demise of the right-privilege distinction in constitutional law［J］．SSNR Electronic Journal，1968，81（7）：1439-1464.
［22］Reich C A. The new property［J］．The Yale Law Journal，1964，73（5）：733-787.
［23］Fiss O M. Objectivity and interpretation［J］．Stanford Law Review，1982，34（4）：739-763.
［24］Sunstein C R. Beyond the republican revival［J］．The Yale Law Journal，1988，97（8）：

1539-1590.

[25] Sunstein C R. The Supreme Court 1995 term foreword：leaving things undecided [J]. Harvard Law Review，1996，110（1）：4-101.

[26] Stuntz W J. The pathological politics of criminal law [J]. Michigan Law Review，2001，100（3）：505-600.

[27] Sunstein C R. Burkean minimalism [J]. Michigan Law Review，2006，105（2）：353-408.

[28] Levinson D J，Pildes R H. Separation of parties，not powers [J]. Harvard Law Review，2006，119（8）：2311-2386.

[29] Kramer L D. The People Themselves：Popular Constitutionalism and Judicial Review [M]. New York：Oxford University Press. 2004.

[30] Serota M. Book Review：Larry D. Kramer's 'The People Themselves：Popular Constitutionalism and Judicial Review' [EB/OL]. https：//papers. ssrn. com/sol3/papers. cfm?abstract_id=1617341 [2010-5-27].

[31] Leydesdorff L. The knowledge-based economy and the triple helix model [J]. Annual Review of Information Science and Technology，2010，44（1）：367-417.

[32] de Mattos D C，da Silva C A F，Lopes J，et al. The nautical sport and the dynamics of triple helix in the Grael Project：a case study [J]. Movimento: Revista da Escola de Educacao Fisica，2010，16（3）：221-239.

[33] 郑艺，应时. 基于交叉融合学科知识本体的研究与预测 [J]. 情报杂志，2016，35（3）：174-179,194.

[34] Oswald A J. An examination of the reliability of prestigious scholarly journals：evidence and implications for decision-makers [J]. Economica，2007，74（293）：21-31.

[35] 珍·古德温，童海浩. 威格摩尔图表法 [J]. 研究生法学，2014，（1）：145-158.

[36] Hanecy W E. Book review：code pleading，by Charles E. Clark [J]. Marquette Law Review，1928，1（13）：68.

[37] Shapiro F R. The most-cited legal scholars [J]. The Journal of Legal Studies，2000，29（1）：409-426.

[38] Kidd A M. Criminal justice in Cleveland（Book）[J]. California Law Review，1922，11（1）：59.

[39] Mcmanaman L J. Social engineering：the legal philosophy of roscoe pound [J]. Ethics，1958，33（1）：1-48.

[40] Corbin A L. The law of contracts by Samuel Williston [J]. American Bar Association

Journal，1921，7（5）：256.
［41］Posner R A. Theories of economic regulation［J］. The Bell Journal of Economics and Management Science，1974，5（2）：335-358.
［42］Posner R A. The social costs of monopoly and regulation［J］. Journal of Political Economy，1975，83（4）：807-828.
［43］Landes W M，Posner R A. The independent judiciary in an interest-group perspective［J］. The Journal of Law & Economics，1975，18（3）：875-901.
［44］Landes W M，Posner R A. An economicanalysis of copyright law［J］. The Journal of Legal Studies，1989，18（2）：325-363.
［45］Sunstein C R. Constitutionalism after the New Deal［J］. Harvard Law Review，1987，101（2）：421-510.
［46］Sunstein C R. Naked preferences and the constitution［J］. Columbia Law Review，1984，84（7）：1689-1732.
［47］Lessig L，Sunstein C R. The president and the administration［J］. Columbia Law Review，1994，94（1）：1-123.
［48］Sunstein C R. Law and administration after "Chevron"［J］. Columbia Law Review，1990，90（8）：2071-2120.
［49］Sunstein C R. Endogenous preferences，environmental law［J］. The Journal of Legal Studies，1993，22（2）：217-254.
［50］Jolls C，Sunstein C R，Thaler R. A behavioral approach to law and economics［J］. Stanford Law Review，1998，50（5）：1471-1550.
［51］Yang Y，Holgaard J E，Remmen A. What can triple helix frameworks offer to the analysis of eco-innovation dynamics? Theoretical and methodological considerations［J］. Science and Public Policy，2012，39（3）：373-385.
［52］Sunstein C R，Thaler R H. Libertarian paternalism is not an oxymoron［J］. The University of Chicago Law Review，2003，70（4）：1159-1202.
［53］Sunstein C R. Interestgroups in American publiclaw［J］. Stanford Law Review，1985，38（1）：29-87.
［54］Posner R A. A Failure of Capitalism［M］. Cambridge：Harvard University Press，2011.
［55］Dworkin R M. Law's Empire［M］. Cambridge：Belknap Press of Harvard University Press，1986.
［56］于晓青．法学理论的实践向度——理论与实践难题的探索［J］．苏州大学学报（哲学

社会科学版）. 2012,（2）：91-99，192.

［57］Hall W E. A Treatise on International Law［M］.Oxford：Oxford University Press，1924.

［58］Moore S A. A History of the Foreshore and the Law Relating Thereto［M］. Clark：Lawbook Exchange, Ltd.，2006.

［59］Davis K C. The text-problem form of the case method as a means of mind training for advanced law students［J］. Journal of Legal Education，1960，12（4）：543-547.

［60］Davis K C. Administrative arbitrariness. A final word［J］. University of Pennsylvania Law Review，1966，114（6）：814-815.

［61］Davis K C. Ombudsmen in America: officers to criticize administrative action［J］. University of Pennsylvania Law Review，1961，109（8）：1057-1076.

［62］Tushnet M V. American Constitutional-law-Tribe，LH［J］. Michigan Law Review，1980，78（5）：694-710.

［63］Ginsburg R. B. American Constitutional-law-Tribe，LH［J］. Harvard Law Review，1978，92（1）：340-348.

［64］Nagel R. F. American Constitutional-law-Tribe，LH［J］. University of Pennsylvania Law Review，1979，127（4）：1174-1194.

［65］Schauer F. American Constitutional-law，2nd edition-Tribe，LH［J］. Michigan Law Review，1989，87（6）：1407-1417.

［66］Tushnet M. An essay on rights［J］. Texas Law Review，1984，62（8）：1363-1403.

［67］Tushnet M. The possibilities of comparative constitutional law［J］. The Yale Law Journal，1999，108（6）：1225-1309.

［68］Tushnet M. Critical legal studies: a politicalhistory［J］. The Yale Law Journal，1991，100（5）：1515-1544.

［69］Barnett R E. Book review：takings：private property and the power of eminent domain. Richard A. Epstein［J］. Ethics，1987，97（3）：669-672.

［70］Epstein R A. A theory of strict liability［J］. The Journal of Legal Studies，1973，2（1）：151-204.

［71］Epstein R A. In defense of the contract at will［J］. The University of Chicago Law Review，1984，51（4）：947-982.

［72］Kim M，Park H W. Measuring Twitter-based political participation and deliberation in the South Korean context by using social network and Triple Helix indicators［J］. Scientometrics，2012，90（1）：121-140.

[73] Amar A R. The Constitution and Criminal Procedure：First Principles [M]. New Haven：Yale University Press，1997.

[74] Amar A R. America’s Constitution: A Biography [M]. New York：Random House ，2006.

[75] Amar A R. The Bill of Rights：Creation and Reconstruction [M]. New Haven：Yale University Press，1998.

第五章　共现分析方法在法学研究中的应用

第一节　全球法学学科的科学合作

一、引言

学科是特定历史时空的表现形式，任何学科的发展都离不开社会发展的大背景。在大数据时代，随着科学的高速发展，科学的综合性发展趋势加剧，科学合作成为科学研究的主流方式，科学合作的规模与范围也在迅猛增长当中。可以说，科学合作是科学发展到一定程度的必然产物[1]。在我国，法学是一门独立的学科，其内部还可以细分为理论法学和部门法学等。这样的划分体现了不同学科之间的分立，也符合术业专攻的分工规律，但是也呈现出知识隔膜。通常情况下，不同学科的学者只擅长自己学科领域内的法学知识，对于其他学科知识的了解几乎为零。在这个强调各学科科学合作的时代，法学这样的发展现状既不符合当前的科学合作潮流，也不利于法学学科未来的发展，应当加快法学学科与其他学科的科学合作进程。

学者王利明和常鹏翱认为，法学和其他学科研究的共同目的都是服务于社会，并且研究的对象都是人。要真正实现这一目的和妥善理解这一对象，就应该打破学科分离，全面把握相关知识并予以恰当的融合，才能实现人的全面发展，即实现科学研究的目的[2]。学者徐汉明和王玉梅认为，为推进国家治理体系和治理能力现代化与法治化的战略目标，应当进行法学新型交叉学科建设，加入人文社会科学“破垒融通、交叉聚合”的发展趋势中[3]。

二、法学学科发展第一阶段（1900 ～ 1965 年）的科学合作

我们选取法学学科发展第一阶段（1900 ～ 1965 年）的 43 323 条研究文献数据，利用文献题录中的作者分类栏目，运用 CiteSpace 可视化软件，对法学学科合作作者进行共现分析，进而探测第一阶段（1900 ～ 1965 年）全球法学学科科学合作情况。确定了网络结点为作者之后，将每个时间分区划分为 6 年，同时选择每一时区最高产的 30 位作者，用 CiteSpace 分析得到合作网络数据；而后运用 Netdraw 绘图工具生成图 5.1 所示的第一阶段（1900 ～ 1965 年）法学学科科学合作网络图谱。

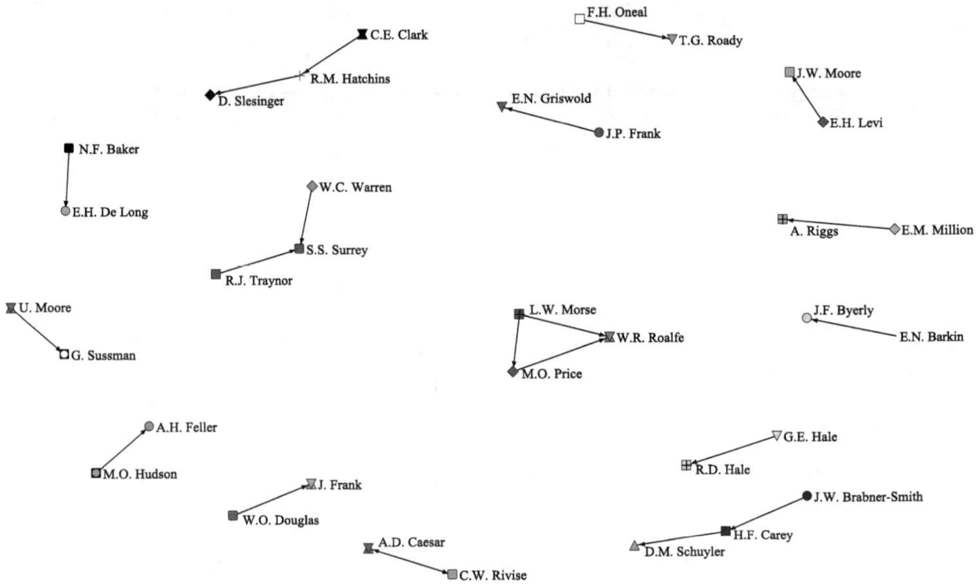

图 5.1　第一阶段（1900 ～ 1965 年）法学学科科学合作网络图谱

图 5.1 显示，在法学学科发展第一阶段，法学学科科学合作网络整体上看还比较稀疏，合作规模也相对较小。子网络通常只有两位或三位作者。第一阶段，论文产出高于 40 篇的作者基本信息如表 5.1 所示。

表 5.1　第一阶段（1900 ～ 1965 年）法学学科论文产出数量高于 40 篇的作者

排序	作者	论文数量 / 篇	占总数 43 323 篇的比例 /%
1	W. S. Holdsworth	76	0.175
2	M. Radin	74	0.171
3	R. Pound	72	0.166
4	M. O. Hudson	66	0.152
5	L. Green	65	0.150
6	J. H. Wigmore	64	0.148
7	T. R. Powell	58	0.134
8	A. M. Kales	55	0.127
9	Q. Wright	54	0.125
10	C. E. Clark	49	0.113
11	P. Bordwell	48	0.111
12	B. Schwartz	48	0.111

续表

排序	作者	论文数量 / 篇	占总数 43 323 篇的比例 /%
13	F. Frankfurter	47	0.108
14	J. H. Beale	46	0.106
15	F. H. Bohlen	46	0.106
16	E. M. Borchard	45	0.104
17	F. Pollock	45	0.104
18	E. M. Morgan	44	0.102
19	A. W. Scott	43	0.099
20	K. C. Davis	42	0.097
21	E. M. Leesman	42	0.097
22	P. J. Federico	41	0.095
23	E. R. Sunderland	41	0.095

表 5.1 显示，在 1900 ～ 1965 年这样很长的一段时期内，法学学科论文产出数量高于 40 篇的一共有 23 位作者，其中发文量高于 70 篇的高产作者只有 3 位，发文量在 60 ～ 70 篇的有 3 位。

三、法学学科发展第二阶段（1966 ～ 1976 年）的科学合作

我们选取法学学科发展第二阶段（1966 ～ 1976 年）的全部 33 800 条研究文献数据，利用文献题录中的作者分类栏目，运用 CiteSpace 可视化软件，对法学学科文献的作者进行共现分析，进而探测第二阶段（1966 ～ 1976 年）全球法学学科科学合作情况。确定了网络结点为作者之后，将每个时间分区划分为 1 年，同时选择每一时区最高产的 30 位作者，用 CiteSpace 分析得到合作网络数据；而后运用 Netdraw 绘图工具生成图 5.2 所示的法学学科第二阶段（1966 ～ 1976 年）科学合作网络图谱。

图 5.2 显示，在法学学科发展第二阶段，法学学科科学合作网络的联系与上一阶段相比较变得更加密切，合作规模也开始扩张。最大的子网络当中有七位作者。包括 U. Kading、D. Tiess、S. Nagel 等。第二阶段中，论文产出数量不低于 15 篇的作者，如表 5.2 所示。

表 5.2 显示，在 1966 ～ 1976 年这段时期内，法学学科科学合作中，论文产出数量 15 篇及以上的，一共有 29 位作者，其中发文量 20 篇及以上的高产作者有 9 位。

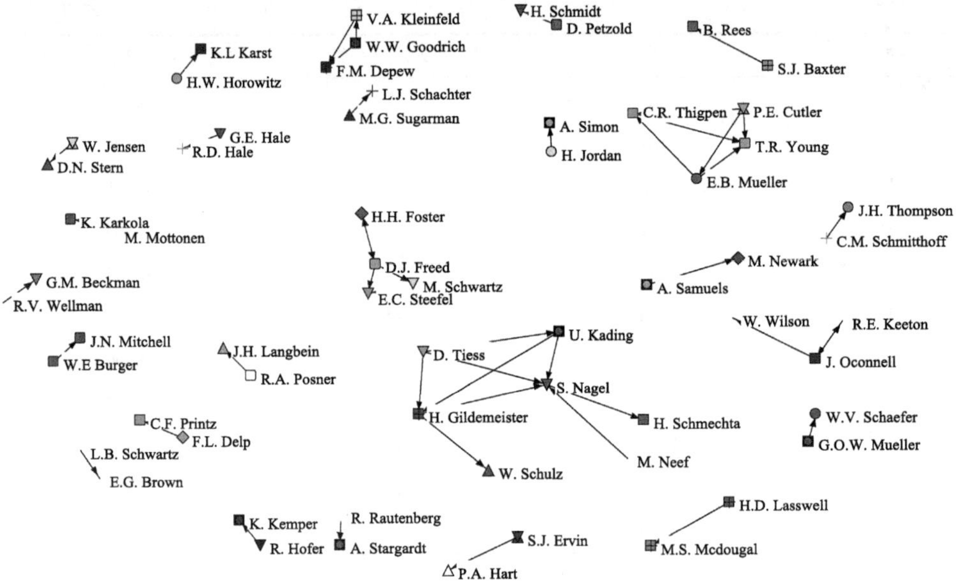

图 5.2　第二阶段（1966 ～ 1976 年）法学学科科学合作网络图谱

表 5.2　第二阶段（1966 ～ 1976 年）法学学科论文产出数量不低于 15 篇的作者

排序	作者	论文数量 / 篇	占总数 33 800 篇的比例 /%
1	J. Oconnell	29	0.086
2	H. H. Foster	28	0.083
3	D. J. Freed	24	0.071
4	R. A. Posner	23	0.068
5	W. E. Burger	22	0.065
6	B. Schwartz	22	0.065
7	J. Dainow	21	0.062
8	R. E. Keeton	21	0.062
9	K. Barth	20	0.059
10	R. Berger	19	0.056
11	T. C. Clark	19	0.056
12	A. S. Miller	19	0.056
13	R. A. Pascal	19	0.056
14	V. A. Kleinfeld	18	0.053
15	L. M. Friedman	17	0.050

续表

排序	作者	论文数量 / 篇	占总数 33 800 篇的比例 /%
16	M. S. Mcdougal	17	0.050
17	R. Coulson	16	0.047
18	K. C. Davis	16	0.047
19	W. B. Gould	16	0.047
20	I. R. Kaufman	16	0.047
21	A. Samuels	16	0.047
22	J. D. Smith	16	0.047
23	R. A. Falk	15	0.044
24	W. E. Forte	15	0.044
25	G. B. Fraser	15	0.044
26	W. W. Goodrich	15	0.044
27	R. B. Lillich	15	0.044
28	V. P. Nanda	15	0.044
29	H. Zeisel	15	0.044

四、法学学科发展第三阶段（1977 ～ 2004 年）的科学合作

我们选取 1977 ～ 2004 年的法学学科全部论文 85 174 条数据，利用文献题录中的作者分类栏目，运用 CiteSpace 可视化软件，通过对法学学科作者进行共现分析，进而探测第三阶段（1977 ～ 2004 年）全球法学学科的科学合作情况。确定了网络结点为作者之后，将每个时间分区划分为 2 年，同时选择每一时区显示最高产的 50 位作者为结点，运行 CiteSpace，得到合作网络数据；而后运用 Netdraw 绘图工具，生成图 5.3 所示的法学学科第三阶段（1977 ～ 2004 年）科学合作网络。

图 5.3 显示，在法学学科发展第三阶段，法学学科学者合作网络更为密集，学者之间的联系增多。最大的子网络当中包括九位作者。法学学科发展第三阶段中，论文产出数量不低于 50 篇的作者，如表 5.3 所示。

表 5.3 显示，在 1977 ～ 2004 年这段时期内，法学学科共有 28 位作者论文产出数量不低于 50 篇，其中发文量超过 100 篇的高产作者有 4 位，发文量 80 ～ 100 篇的作者有 4 位。

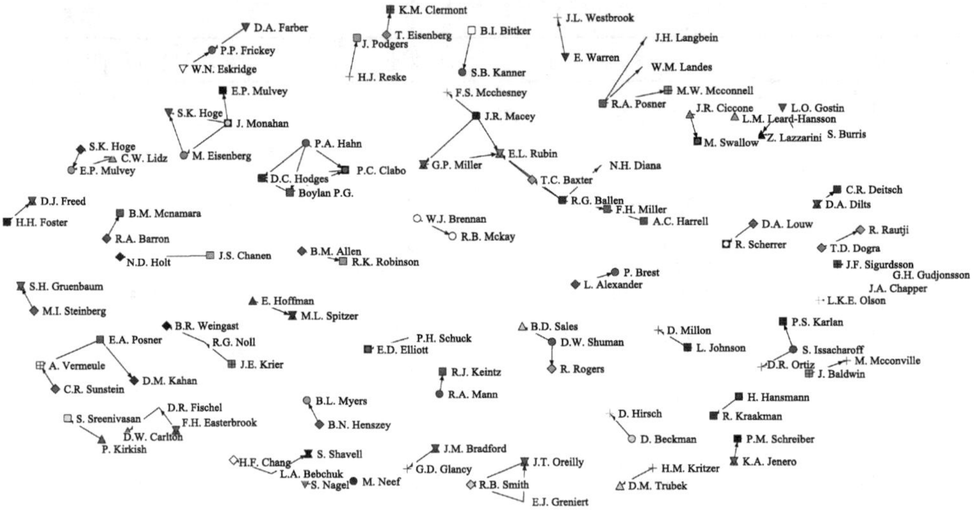

图 5.3　第三阶段（1977 ～ 2004 年）法学学科科学合作网络图谱

表 5.3　第三阶段（1977 ～ 2004 年）法学学科论文产出数量高于 50 篇的作者

排序	作者	记录 / 篇	占总数 85 174 篇的比例 /%
1	M. Hansen	157	0.184
2	R. A. Barron	141	0.166
3	H. J. Reske	126	0.148
4	R. A. Posner	103	0.121
5	C. R. Sunstein	97	0.114
6	R. A. Epstein	87	0.102
7	J. Gibeaut	83	0.097
8	D. G. Savage	80	0.094
9	J. W. Mcelhaney	77	0.090
10	J. S. Chanen	76	0.089
11	R. N. Wilentz	75	0.088
12	D. J. Debenedictis	73	0.086
13	T. Carter	70	0.082
14	J. R. Macey	68	0.080
15	D. O. Stewart	66	0.077
16	R. Delgado	63	0.074
17	M. Curriden	59	0.069
18	P. Reidinger	59	0.069
19	S. Keeva	57	0.067

续表

排序	作者	记录 / 篇	占总数 85 174 篇的比例 /%
20	M. G. Tebo	57	0.067
21	M. Tushnet	57	0.067
22	B. M. Mcnamara	56	0.066
23	S. B. Goldberg	55	0.065
24	B. Schwartz	54	0.063
25	D. A. Farber	52	0.061
26	M. N. Leich	52	0.061
27	F. H. Easterbrook	51	0.060
28	G. P. Miller	50	0.059

五、法学学科发展第四阶段（2005 ～ 2017 年）的科学合作

我们选取 2005 ～ 2017 年的法学学科全部研究文献 50 890 条数据，利用文献题录中的作者栏目，运用 CiteSpace 可视化软件，通过对专利主题文献的作者进行共现分析，进而探测第四阶段（2005 ～ 2017 年）全球法学学科科学合作情况。确定了网络结点为作者之后，将每个时间分区划分为 2 年，同时选择显示每一时区的前 30 位高产作者，运行 CiteSpace，得到合作网络数据；而后运用 Netdraw 绘图工具，生成图 5.4 所示的法学学科第四阶段（2005 ～ 2017 年）科学合作网络。

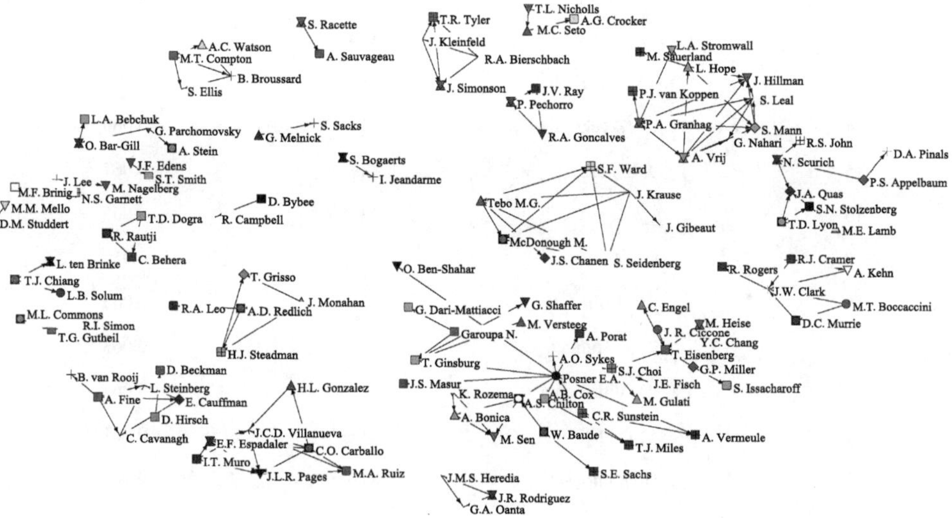

图 5.4　第四阶段（2005 ～ 2017 年）法学学科科学合作网络

图 5.4 显示，在法学学科发展第四阶段，法学学科科学合作网络的联系呈现出密集的特征，各作者之间的联系增强，且更为复杂。出现多个较大的子网络，子网络中包含的作者数量也较多。法学学科发展第四阶段中，论文产出数量不低于 30 篇的作者，如表 5.4 所示。

表 5.4 显示，在 2005 ～ 2017 年这段时期内，法学学科科学合作领域论文产出数量不低于 30 篇的，一共有 23 位作者，其中发文量超过 50 篇的高产作者有 5 位，发文量在 40 ～ 50 篇的作者有 6 位。

表 5.4　第四阶段（2005 ～ 2017 年）法学学科论文产出数量高于 30 篇的作者

排序	作者	记录 / 篇	占总数 50 890 篇的比例 /%
1	J. R. Crook	72	0.141
2	C. R. Sunstein	60	0.118
3	E. A. Posner	58	0.114
4	A. Vrij	52	0.102
5	R. A. Epstein	51	0.100
6	V. M. Rosenzweig	48	0.094
7	R. A. Barron	47	0.092
8	P. A. Granhag	44	0.086
9	M. A. Lemley	42	0.083
10	J. S. Chanen	40	0.079
11	M. Whisner	40	0.079
12	T. Eisenberg	38	0.075
13	A. Vermeule	38	0.075
14	M. G. Tebo	35	0.069
15	J. Krause	34	0.067
16	J. Lee	33	0.065
17	M. B. Powell	33	0.065
18	R. Bull	32	0.063
19	A. Z. Huq	32	0.063
20	J. C. D. Villanueva	32	0.063
21	S. J. Choi	31	0.061
22	G. Parchomovsky	31	0.061
23	T. Carter	30	0.059

第二节　全球法学学科研究成果的国家 / 地区分布

一、法学学科发展第一阶段（1900 ～ 1965 年）的国家 / 地区分布

我们选取 1900 ～ 1965 年的法学学科研究文献数据，利用文献题录中的国家 / 地区分类栏目，运用 CiteSpace 可视化软件，通过对法学学科研究文献的国家 / 地区栏目进行共现分析，进而探测第一阶段（1900 ～ 1965 年）全球法学学科研究成果国家 / 地区分布情况。确定了网络结点为国家 / 地区之后，将每个时间分区划分为 6 年，同时选择显示每一时区发文量最高的前 30 个国家 / 地区，运行 CiteSpace，得到合作网络数据，选择时区图谱显示形式，生成图 5.5 所示的第一阶段（1900 ～ 1965 年）法学学科研究成果的国家 / 地区分布图谱。图谱中，代表国家 / 地区的标签越大，表明该国家 / 地区出现频次越高。

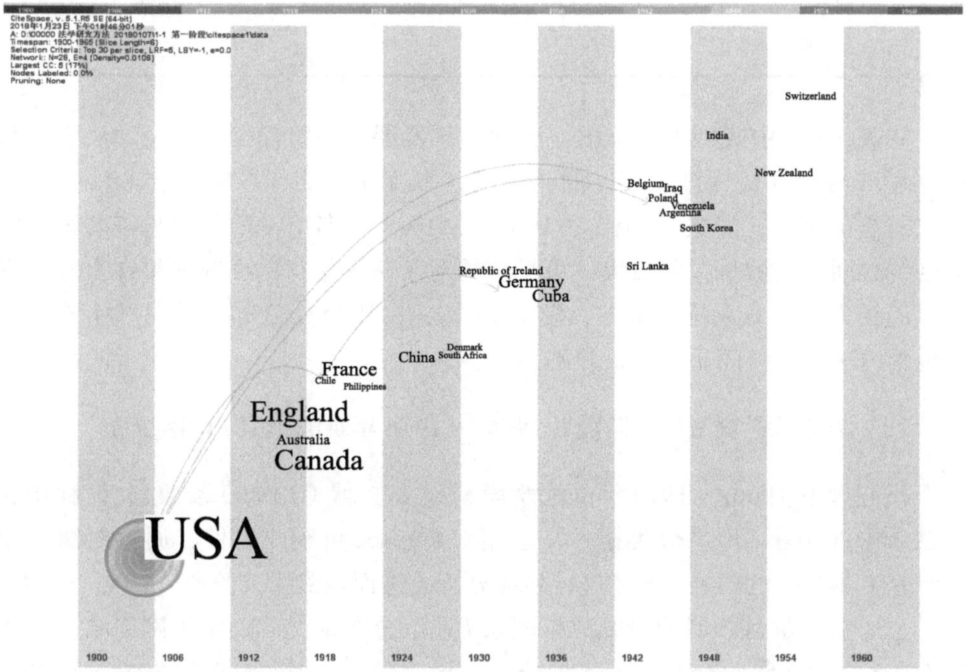

图 5.5　第一阶段（1900 ～ 1965 年）法学学科研究成果国家 / 地区分布图谱

图 5.5 显示，在法学学科发展第一阶段，发文量排名第一位的是美国，处于国际领先地位。法学学科发展第一阶段中，论文产出数量不低于 2 篇的国家 / 地区，如表 5.5 所示。

表 5.5　第一阶段（1900 ～ 1965 年）法学学科论文产出不低于 2 篇的国家 / 地区

国家 / 地区	发文量 / 篇	占总数 43 323 篇的比例 /%
USA（美国）	740	1.708
England（英格兰）	22	0.051
Canada（加拿大）	17	0.039
France（法国）	6	0.014
Germany（德国）	5	0.012
Italy（意大利）	4	0.009
China（中国）	4	0.009
Australia（澳大利亚）	3	0.007
Cuba（古巴）	3	0.007
Iraq（伊拉克）	2	0.005
Japan（日本）	2	0.005
Sri Lanka（斯里兰卡）	2	0.005

从表 5.5 当中我们可以看出，法学学科发展第一阶段中，在全球法学学科研究领域当中发文量排名第一的是美国，发文 740 篇，占比为 1.708%。排名第二的是英格兰，发文 22 篇，占比为 0.051%。排名第一的美国与排名第二的英格兰之间发文数量差距较大，可见美国对于法学学科的研究成果在全球范围内遥遥领先。加拿大排名第三，发文 17 篇，占比为 0.039%。从整体上看，全球范围内法学学科的研究成果并不是很多。

二、法学学科发展第二阶段（1966 ～ 1976 年）的国家 / 地区分布

我们选取 1966 ～ 1976 年的法学学科研究文献（33 800 条数据），利用文献题录中的国家 / 地区分类栏目，运用 CiteSpace 可视化软件，通过对法学学科研究主题文献的国家 / 地区进行共现分析，进而探测第二阶段（1966 ～ 1976 年）全球法学学科领域的研究成果国家 / 地区分布情况。确定了网络结点为国家 / 地区之后，将每个时间分区划分为 1 年，同时选择每一时区发文量最高的前 30 个国家 / 地区，运行 CiteSpace，得到合作网络数据，生成图 5.6 所示的第二阶段（1966 ～ 1976 年）全球法学学科研究成果国家 / 地区分布图谱。在该图谱中，代表国家 / 地区的标签越大，表明该国家 / 地区出现频次越高。第二次世界大战后至 20 世纪末期，德国分裂为“民主德国”“联邦德国”两个部分。

因此，法学学科研究成果国家 / 地区栏目中出现了 Ger Dem Rep、West Germany、Fed Rep Ger 及 Deutsch Dem Rep 四个对德国的不同称谓。为了保持研究对象的一致性，绘图过程中，我们将以上四种名称统一合并为德国（Ger Dem Rep）。

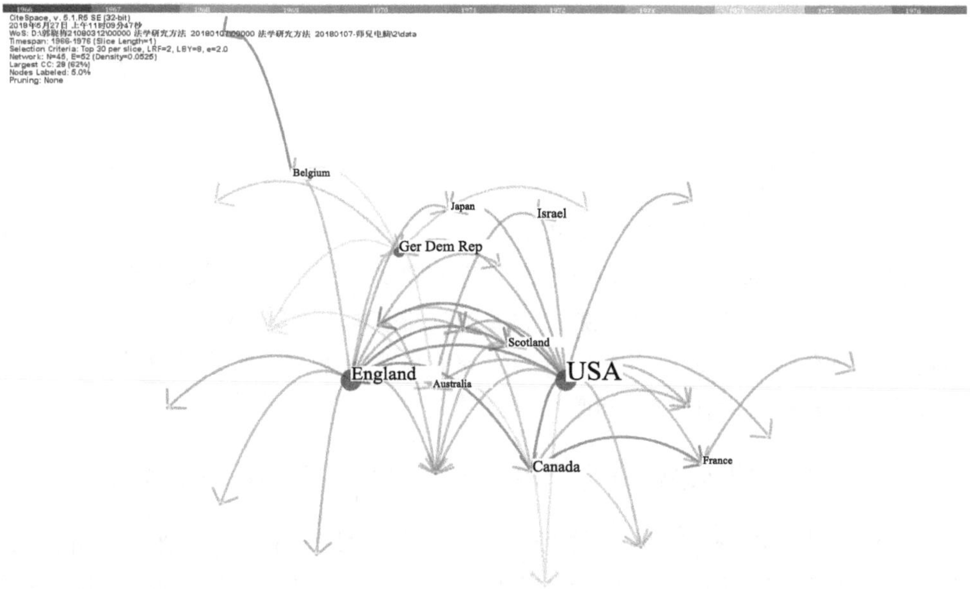

图 5.6　第二阶段（1966 ～ 1976 年）法学学科研究成果国家 / 地区分布图谱

图 5.6 显示，法学学科发展第二阶段，发文量排名第一位的依旧是美国，处于中心位置，加拿大和英格兰两地的发文量紧随其后。第二阶段中，论文产出数量高于 40 篇的国家 / 地区，如表 5.6 所示。

表 5.6　第二阶段（1966 ～ 1976 年）法学学科论文产出高于 40 篇的国家 / 地区

国家 / 地区	发文量 / 篇	占总数 33 800 篇的比例 /%
USA（美国）	16 193	47.908
England（英格兰）	674	1.994
Canada（加拿大）	534	1.580
Ger Dem Rep（德国）	454	1.343
Israel（以色列）	132	0.391
Australia（澳大利亚）	68	0.201
France（法国）	67	0.198

续表

国家 / 地区	发文量 / 篇	占总数 33 800 篇的比例 /%
USSR（苏联）	62	0.183
Scotland（苏格兰）	49	0.145
Belgium（比利时）	46	0.136
Japan（日本）	44	0.130
Switzerland（瑞士）	41	0.121

表 5.6 显示，法学学科发展第二阶段中，全球法学学科研究发文量排名第一的是美国，发文 16 193 篇，占比为 47.908%。排名第二的是英格兰，发文 674 篇，占比为 1.994%。排名第一的美国与排名第二的英格兰之间发文数量差距较大，但在整体上对于法学学科的研究成果开始增多。加拿大排名第三，发文数量为 534 篇，占比为 1.580%。

三、法学学科发展第三阶段（1977 ～ 2004 年）的国家 / 地区分布

我们选取 1977 ～ 2004 年的法学学科研究文献（85 174 条数据），利用文献题录中的国家 / 地区分类栏目，运用 CiteSpace 可视化软件，通过对法学学科研究主题文献的国家 / 地区进行共现分析，进而探测第三阶段（1977 ～ 2004 年）全球法学学科领域的研究成果国家 / 地区分布情况。确定了网络结点为国家 / 地区之后，将每个时间分区划分为 2 年，同时选择显示每一时区发文量最高的前 30 个国家 / 地区，运行 CiteSpace，得到国家 / 地区分布数据，生成图 5.7 所示的第三阶段（1977 ～ 2004 年）全球法学学科研究成果国家 / 地区分布图谱。在该图谱中，代表国家 / 地区的标签越大，表明该国家 / 地区出现频次越高。同样，在图谱绘制过程中，为了保证研究对象的一致性，我们将 Fed Rep Ger 与 Germany 合并为德国（Germany）。

图 5.7 显示，1977 ～ 2004 年，法学学科研究成果发文量排名第一位的是美国，处于中心位置，其次是英格兰。法学学科发展第三阶段中，论文产出量高于 100 篇的国家 / 地区地区基本信息，如表 5.7 所示。

表 5.7 显示，在 1977 ～ 2004 年，全球法学学科研究领域当中发文量排名第一的依旧是美国，发文 49 342 篇，占比为 57.931%。排名第二的是英格兰，发文 3252 篇，占比为 3.818%。排名第一的美国与排名第二的英格兰之间发文数量差距较上一阶段加大。加拿大排名第三，发文 1597 篇，占比为 1.875%。德国排名第四，发文 815 篇，占比为 0.957%。

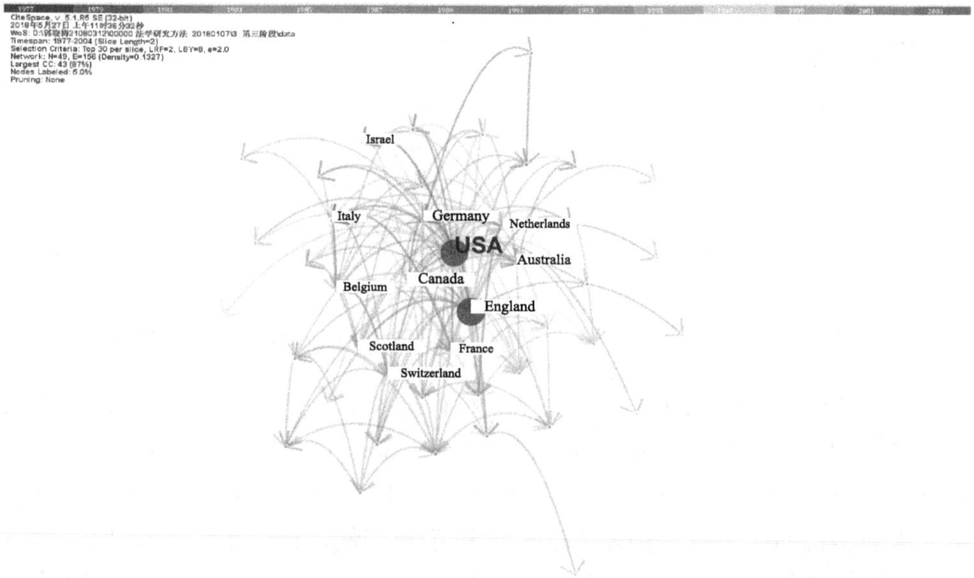

图 5.7　第三阶段（1977 ～ 2004 年）法学学科研究成果国家 / 地区分布图谱

表 5.7　第三阶段（1977 ～ 2004 年）法学学科论文产出高于 100 篇的国家 / 地区

国家 / 地区	发文量 / 篇	占总数 85 174 篇的比例 /%
USA（美国）	49 342	57.931
England（英格兰）	3 252	3.818
Canada（加拿大）	1 597	1.875
Germany（德国）	815	0.957
Australia（澳大利亚）	580	0.681
Netherlands（荷兰）	413	0.485
Belgium（比利时）	361	0.424
Scotland（苏格兰）	316	0.371
Israel（以色列）	288	0.338
Switzerland（瑞士）	253	0.297
France（法国）	243	0.285
Italy（意大利）	243	0.285
Japan（日本）	231	0.271
Wales（威尔士）	199	0.234
USSR（苏联 / 俄罗斯）	180	0.211

续表

国家 / 地区	发文量 / 篇	占总数 85 174 篇的比例 /%
Sweden（瑞典）	151	0.177
China（中国）	126	0.148
New Zealand（新西兰）	112	0.131
India（印度）	104	0.122

四、法学学科发展第四阶段（2005 ～ 2017 年）的国家 / 地区分布

我们选取 2005 ～ 2017 年的法学学科研究文献（50 890 条数据），利用文献题录中的国家 / 地区分类栏目，运用 CiteSpace 可视化软件，通过对法学学科研究主题文献的国家 / 地区进行共现分析，进而探测第四阶段（2005 ～ 2017 年）法学学科的研究成果国家 / 地区分布情况。确定了网络结点为国家 / 地区之后，将每 2 年划分为一个时区，同时选择每一时区发文量最高的前 30 个国家 / 地区，运行 CiteSpace，得到国家 / 地区分布数据，生成图 5.8 所示的第四阶段（2005 ～ 2017 年）法学学科研究成果国家 / 地区分布图谱。图谱中，代表国家 / 地区的标签颜色越深，表明该国家 / 地区出现频次越高。

图 5.8　第四阶段（2005 ～ 2017 年）法学学科研究成果国家 / 地区分布图谱

图 5.8 显示，在 2005 ～ 2017 年，发文量较多的国家 / 地区有英格兰、澳大利亚和美国等国家 / 地区。法学学科发展第四阶段中，论文产出量高于 200 篇的国家 / 地区，如表 5.8 所示。

表 5.8　第四阶段（2005 ～ 2017 年）法学学科论文产出高于 200 篇的国家 / 地区

国家 / 地区	发文量 / 篇	占总数 50 890 篇的比例 / %
USA（美国）	26 811	52.684
England（英格兰）	4 767	9.367
Australia（澳大利亚）	1 918	3.769
Canada（加拿大）	1 479	2.906
Netherlands（荷兰）	1 342	2.637
Germany（德国）	1 294	2.543
China（中国）	1 033	2.030
Italy（意大利）	796	1.564
Spain（西班牙）	789	1.550
Belgium（比利时）	687	1.350
Switzerland（瑞士）	569	1.118
South Africa（南非）	529	1.039
France（法国）	520	1.022
Israel（以色列）	506	0.994
Scotland（苏格兰）	416	0.817
India（印度）	381	0.749
Sweden（瑞典）	317	0.623
Chile（智利）	292	0.574
New Zealand（新西兰）	274	0.538
South Korea（韩国）	274	0.538
Norway（挪威）	268	0.527
Ireland（爱尔兰）	242	0.476
Wales（威尔士）	224	0.440
Singapore（新加坡）	209	0.411

表 5.8 显示，在 2005 ～ 2017 年，全球法学学科研究领域发文量排名第一的依旧是美国，发文 26 811 篇，占比为 52.684%。排名第二的是英格兰，发文 4 767 篇，占比为 9.367%。澳大利亚排名第三，发文数量为 1 918 篇，占比为 3.769%。

第三节 全球法学学科研究成果的学科分布

一、法学学科发展第一阶段（1900 ～ 1965 年）的学科分布

我们选取 1900 ～ 1965 年的法学研究成果文献（43 323 条数据），利用文献题录中的学科分类栏目，运用 CiteSpace 可视化软件，通过对法学学科研究文献的学科进行共现分析，进而探测第一阶段（1900 ～ 1965 年）法学学科研究成果的学科分布情况。确定了网络结点为学科之后，将每个时间分区划分为 6 年，运行 CiteSpace，得到学科分布数据；而后运用 Netdraw 绘图工具，生成图 5.9 所示的第一阶段（1900 ～ 1965 年）全球法学学科研究成果学科分布图谱。

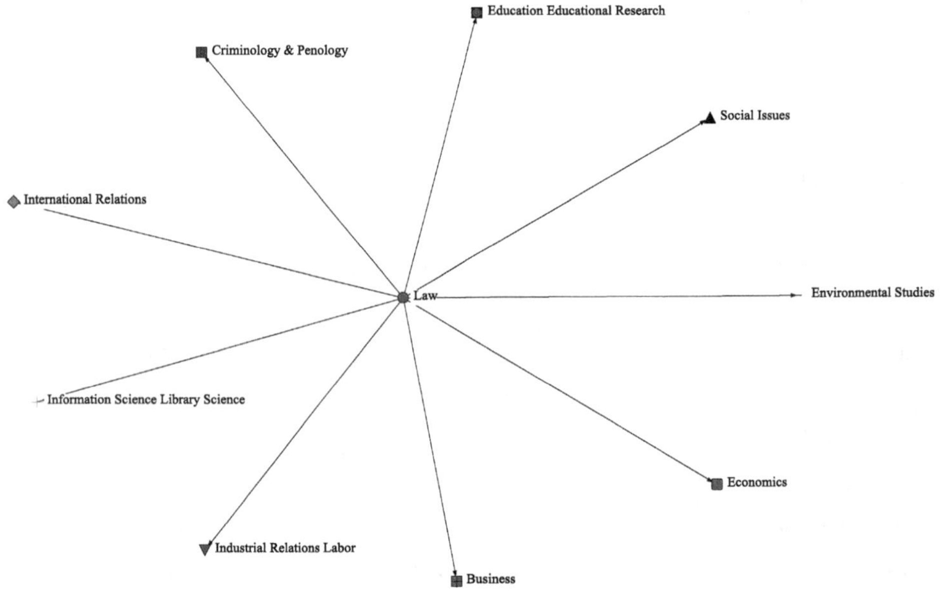

图 5.9 第一阶段（1900 ～ 1965 年）全球法学学科研究成果学科分布图谱

如图 5.9 所示，以法学学科为中心，周围分布的是与法学学科联系密切的其他学科。这些学科有犯罪与刑罚学、国际关系学、信息科学图书馆学、教育教学研究、劳资关系学、环境研究学、经济学、商业学和社会问题学。法学学科发展第一阶段中，学科分布基本情况，如表 5.9 所示。

表 5.9 第一阶段（1900 ～ 1965 年）法学学科研究成果学科分布

学科名称	发文量 / 篇	占总数 43 323 篇的比例 /%
Criminology & Penology（犯罪与刑罚学）	2010	4.640
International Relations（国际关系学）	1342	3.098
Information Science Library Science（信息科学图书馆学）	736	1.699
Education Educational Research（教育教学研究）	588	1.357
Industrial Relations Labor（劳资关系学）	133	0.307
Environmental Studies（环境研究学）	94	0.217
Economics（经济学）	75	0.173
Business（商业学）	69	0.159
Social Issues（社会问题学）	9	0.021

表 5.9 显示，在 1900 ～ 1965 年，与法学学科联系最密切的是犯罪与刑罚学，有 2010 篇学科交叉研究成果，占比为 4.640%。排名第二位的是国际关系学，有 1342 篇文献，占比为 3.098%。排名第三位的是信息科学图书馆学，相关文献有 736 篇，占比为 1.699%。

二、法学学科发展第二阶段（1966 ～ 1976 年）的学科分布

我们选取 1966 ～ 1976 年的法学研究成果文献 33 800 条数据，利用文献题录中的学科分类栏目，运用 CiteSpace 可视化软件，通过对法学学科研究文献的学科进行共现分析，进而探测第二阶段（1966 ～ 1976 年）法学学科研究成果的学科分布情况。确定了网络结点为学科之后，将每一年划分为一个时区，同时选择每一时区显示全部结点，运行 CiteSpace，得到学科分布数据；而后运用 Netdraw 绘图工具，生成图 5.10 所示的第二阶段法学学科研究成果学科分布图谱（1966 ～ 1976 年）。

与图 5.9 相比，图 5.10 显示以法学学科为中心向外辐射的线段明显变多，并且线段与线段之间也产生交叉。证明在这一阶段当中，与法学学科研究成

果联系密切的学科较上一阶段显著增多，并且联系更加密切。可见人们已经认识到法学学科不能独立发展，而应与其他学科相联系。法学学科发展第二阶段中，发文量高于 150 篇的学科基本信息，如表 5.10 所示。

表 5.10 显示，在这一阶段 1966 ～ 1976 年，与法学学科研究关系最密切的是商业学，有 1808 篇文献，占比为 5.349%。排名第二位的是经济学，有 1723 篇文献，占比为 5.098%。排名第三位的是国际关系学，相关文献有 1496 篇，占比为 4.426%。排名第四位的是犯罪与刑罚学，相关文献有 1390 篇，占比为 4.112%。与上一阶段相比，国际关系学和犯罪与刑罚学排名依旧靠前，变化最为突出的是商业学，其排名跃居第一。究其原因，可能是因为在该阶段市场经济兴起，商业发展过程中难免会出现纠纷，就需要法律对此定纷止争，也就出现了法学学科与商业学科联系十分密切的现象，而经济学又与商业学有着不可分割的关系，因此经济学与法学的联系也增多。

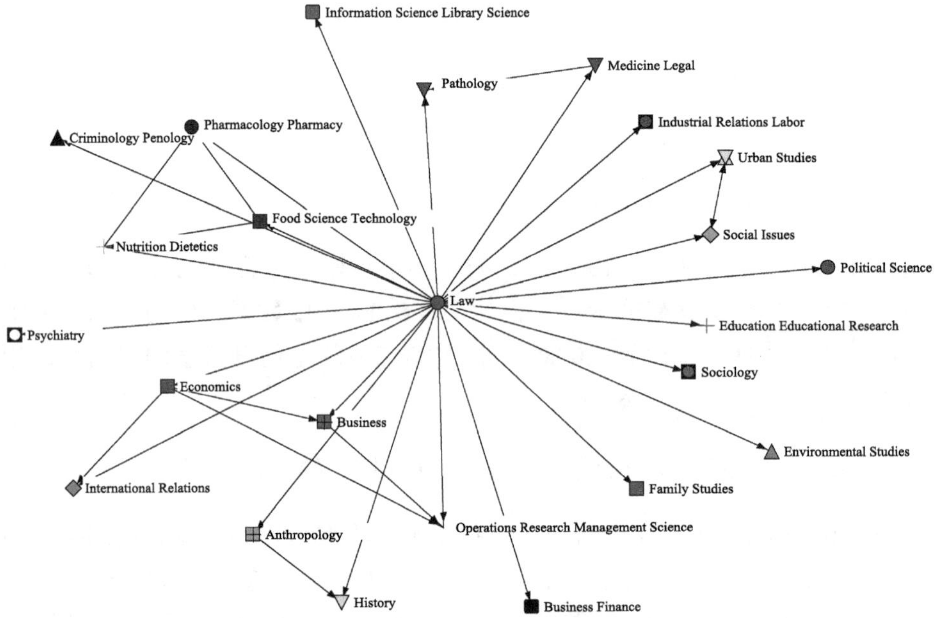

图 5.10　第二阶段（1966 ～ 1976 年）法学学科研究成果学科分布图谱

表 5.10　第二阶段（1966 ～ 1976 年）法学学科论文产出高于 150 篇的学科

学科名称	发文量 / 篇	占总数 33 800 篇的比例 /%
Business （商业学）	1808	5.349

续表

学科名称	发文量 / 篇	占总数 33 800 篇的比例 /%
Economics （经济学）	1723	5.098
International Relations （国际关系学）	1496	4.426
Criminology Penology （犯罪与刑罚学）	1390	4.112
Operations Research Management Science （运筹学管理科学）	1295	3.831
Environmental Studies （环境研究）	828	2.450
Industrial Relations Labor （劳资关系学）	775	2.293
Education Educational Research （教育教学研究）	603	1.784
Medicine Legal （法医学）	483	1.429
Urban Studies （城市研究）	481	1.423
Pathology （病理学）	435	1.287
Business Finance （企业财务）	421	1.246
Social Issues （社会问题学）	385	1.139
Information Science Library Science （信息科学图书馆学）	354	1.047
Food Science Technology （食品科学技术）	295	0.873
Nutrition Dietetics （营养学）	295	0.873
Pharmacology Pharmacy （药理学）	295	0.873
Political Science （政治科学）	273	0.808
Family Studies （家庭研究学）	221	0.654
Sociology （社会学）	169	0.500

三、法学学科发展第三阶段（1977 ～ 2004 年）的学科分布

我们选取 1977 ～ 2004 年的法学研究成果文献 85 174 条数据，利用文献题录中的学科分类栏目，运用 CiteSpace 可视化软件，通过对法学学科研究主题文献的学科进行共现分析，进而探测第三阶段（1977 ～ 2004 年）法学学科研究成果的学科分布情况。确定了网络结点为学科之后，将每个时间分区划分为 2 年，运行 CiteSpace，得到学科分布数据；而后运用 Netdraw 绘图工具，生成图 5.11 所示的第三阶段（1977 ～ 2004 年）全球法学学科研究成果学科分布图谱。

从图 5.11 可以看出，与图 5.10 相比，以法学学科为中心向外辐射的线段更加密集，并且多条线段之间能够产生共同的交点，表明法学学科与其他学科之间的联系变得更加密切。法学学科发展第三阶段中，论文产出数量高于 900 篇的学科基本信息，如表 5.11 所示。

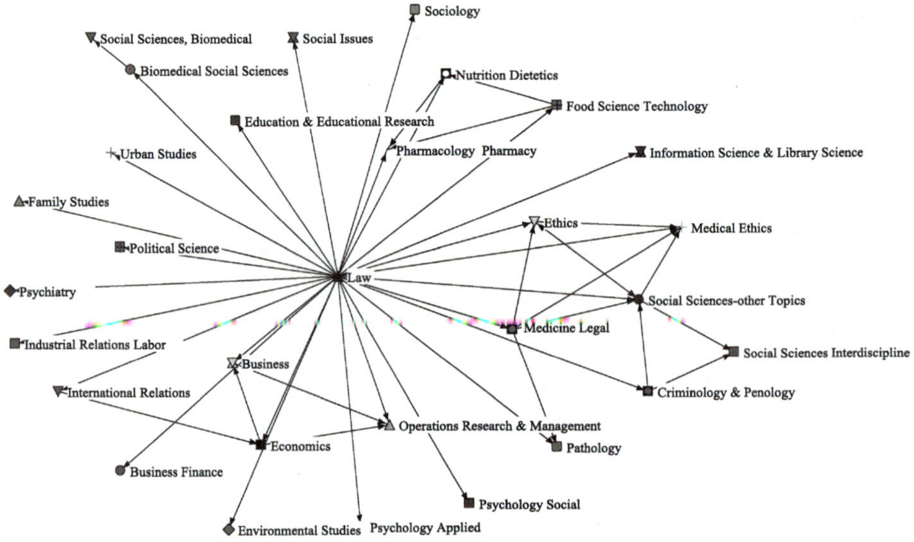

图 5.11 第三阶段（1977 ～ 2004 年）全球法学学科研究成果学科分布图谱

表 5.11 第三阶段（1977 ～ 2004 年）法学学科论文产出高于 900 篇的学科

学科名称	发文量 / 篇	占总数 85 174 篇比例 /%
International Relations（国际关系学）	6642	7.798
Criminology & Penology（犯罪与刑罚学）	3982	4.675

续表

学科名称	发文量 / 篇	占总数 85 174 篇比例 /%
Industrial Relations Labor（劳资关系学）	3025	3.552
Economics（经济学）	2713	3.185
Environmental Studies（环境研究）	2174	2.552
Medicine Legal（法医学）	1886	2.214
Sociology（社会学）	1669	1.960
Psychiatry（精神病学）	1457	1.711
Education Educational Research（教育教学研究）	1396	1.639
Pathology（病理学）	1312	1.540
Political Science（政治科学）	1250	1.468
Urban Studies（城市研究学）	1198	1.407
Family Studies（家庭研究学）	1091	1.281
Business（商业学）	1011	1.187
Food Science Technology（食品科学）	971	1.140
Nutrition Dietetics（营养学）	971	1.140
Pharmacology Pharmacy（药理学）	971	1.140

表 5.11 显示，在 1977 ～ 2004 年，与法学学科联系最密切的是国际关系学，有 6642 篇文献，占比为 7.798%。排名第二位的是犯罪与刑罚学，有 3982 篇文献，占比为 4.675%。排名第三位的是劳资关系学，相关文献有 3025 篇，占比为 3.552%。排名第四位的是经济学，相关文献有 2713 篇，占比为 3.185%。与上一阶段相比，国际关系学和犯罪与刑罚学依旧名列前茅，变化最为突出的是

排名靠前的学科中出现了劳资关系学，并且从文献数量上看，第三阶段的文献数量远远高于第二阶段的发文数量。两个阶段中排名第一的文献数量相差几近4000篇，可看出在第三阶段中交叉学科研究成果显著增多。而法学学科与劳资关系学科之间的联系在于用法律来调整雇主与雇工之间的关系，维护雇工的权益。

四、法学学科发展第四阶段（2005～2017年）的学科分布

我们选取2005～2017年的法学研究成果文献50 890条数据，利用文献题录中的学科分类栏目，运用CiteSpace可视化软件，通过对法学学科研究主题文献的学科进行共现分析，进而探测第四阶段（2005～2017年）全球法学学科研究成果的学科分布情况。确定了网络结点为学科之后，将每两年划分为一个时区，同时选择显示时区中出现的全部结点，运行CiteSpace，得到学科分布数据；而后运用Netdraw绘图工具，生成图5.12所示的第四阶段（2005～2017年）全球法学学科研究成果学科分布图谱。

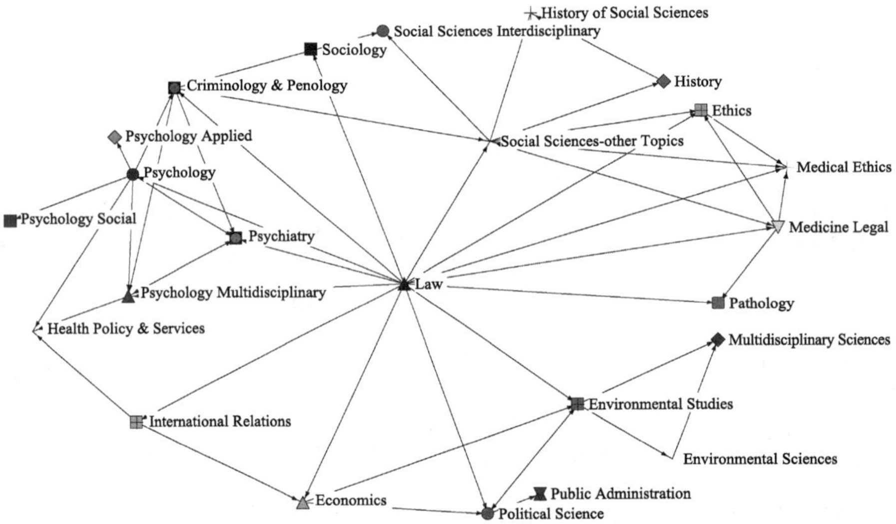

图5.12　第四阶段（2005～2017年）全球法学学科研究成果学科分布图谱

图5.12显示，从法学学科引出的线段形成图形已呈现出圆形的趋势。从第一阶段形成的发散状图形到第四阶段形成的椭圆状图形，展示出法学与交叉学科发展的轨迹。并且在图5.12中，几乎每两个学科之间都有交叉，可见在科研中各学科融合、交叉发展的趋势已日趋明显。第四阶段中，发文量高于500篇的学科基本信息，如表5.12所示。

表 5.12 第四阶段（2005 ～ 2017 年）法学学科论文产出高于 500 篇的学科

学科名称	发文量 / 篇	占总数 50 890 篇比例 /%
International Relations（国际关系学）	4450	8.744
Economics（经济学）	3076	6.044
Criminology & Penology（犯罪与刑罚学）	2508	4.928
Psychology Multidisciplinary（心理学多学科）	1869	3.673
Psychiatry（精神病学）	1832	3.600
Medicine Legal（法医学）	1804	3.545
Ethics（道德学）	1336	2.625
Environmental Studies（环境研究）	1292	2.539
Political Science（政治科学）	1140	2.240
Medical Ethics（医学伦理学）	1057	2.077
Sociology（社会学）	935	1.837
Psychology Applied（心理学应用）	632	1.242
Business（商业学）	590	1.159
Psychology Social（社会心理学）	586	1.152
Pathology（病理学）	531	1.043

表 5.12 显示，在 2005 ～ 2017 年，与法学学科研究联系最密切的是国际关系学，有 4450 篇文献，占比为 8.744%。排名第二位的是经济学，有 3076 篇文献，占比为 6.044%。排名第三位的是犯罪与刑罚学，相关文献有 2508 篇，占比为 4.928%。排名第四位的是心理学多学科，相关文献有 1869 篇，占比为 3.673%。

第四节　法学学科高产机构

一、关于学科成果的高产机构

合作是人类社会不可或缺的交往方式，在科学研究当中合作也有着极其重要的作用。随着科学发展的加速，科学合作已经成为主要的发展方式。跨学科科学合作，实现多学科的交叉、融合，不仅是新兴学科诞生的基础，也是科技发展的客观需要[4]。科研合作是科研劳动社会化程度的重要标志之一。对于人文社会科学研究而言，学科分化导致学科独立发展的情况已经发生了改变。当前人文社会科学发展呈现出两个特点：首先，学科专业的划分越来越细致；其次，交叉学科、边缘学科和综合性学科不断兴起，人文社会科学的学科呈现出综合化与复杂化的趋势[5]。因此，为促进学科发展应采用学科之间的科学合作的研究方式。但目前还存在一定的发展障碍，即在高校内，科研人员依据研究方向与学历背景分配在各自的领域当中，科研人员的交流大多在同一领域内进行，很少与其他学科的研究人员联系，仅在某些特殊情况或为解决某一特定问题时才进行临时交流，并不能实现真正的科学合作，虽然这样的教学安排有利于提高高校管理的效率，但也致使各学科之间存在着较难跨越的障碍。

二、法学学科发展第一阶段（1900 ～ 1965 年）的高产机构

我们选取 1900 ～ 1965 年的法学学科研究成果，利用文献题录中的作者地址字段，运用可视化软件 CiteSpace，通过对法学学科研究成果文献中的机构进行共现分析，探究法学学科发展第一阶段中的高产机构。选择可视化软件 CiteSpace 中的机构合作分析功能对文档进行分析，将每 6 年划分为一个时区，选择每一时区的前 30 个高产机构，运行 CiteSpace，选择时区图谱显示形式，生成图 5.13 所示的法学学科发展第一阶段高产机构图谱。图谱中包含 209 个代表机构的结点与 12 条连线。图谱中代表机构的标签越大，表示该机构出现的频次越高。

图 5.13 显示，在 1906 ～ 1912 年，美国司法部（U. S. Department of Justice）是法学学科重要的高产机构，其研究成果为法学学科发展奠定了基础。此外，美国伍斯特法律图书馆（Worcester Cty Law Library）对法学图书管理、法律图书馆的发展等问题进行了诸多探讨，成为此阶段的另一个高

产机构。随后，1912～1965年，法学学科发展50余年的历史时期中，高等学校成为法学学科研究的主要阵地，其研究成果对法学学科发展产生了重要影响。其中，加州大学（University of California）、哈佛大学（Harvard University）、华盛顿大学（Washington University）等学校均为法学学科研究作出了巨大贡献。

正如图5.13所示，在法学学科发展的第一阶段（1900～1965年）出现了大量机构，但是代表机构间合作的连线数量较少。这表明，在法学学科发展第一阶段中，各机构间联系较弱，跨机构合作机会较少。法学学科发展第一阶段中，论文产出量不低于5篇的机构相关信息，如表5.13所示。

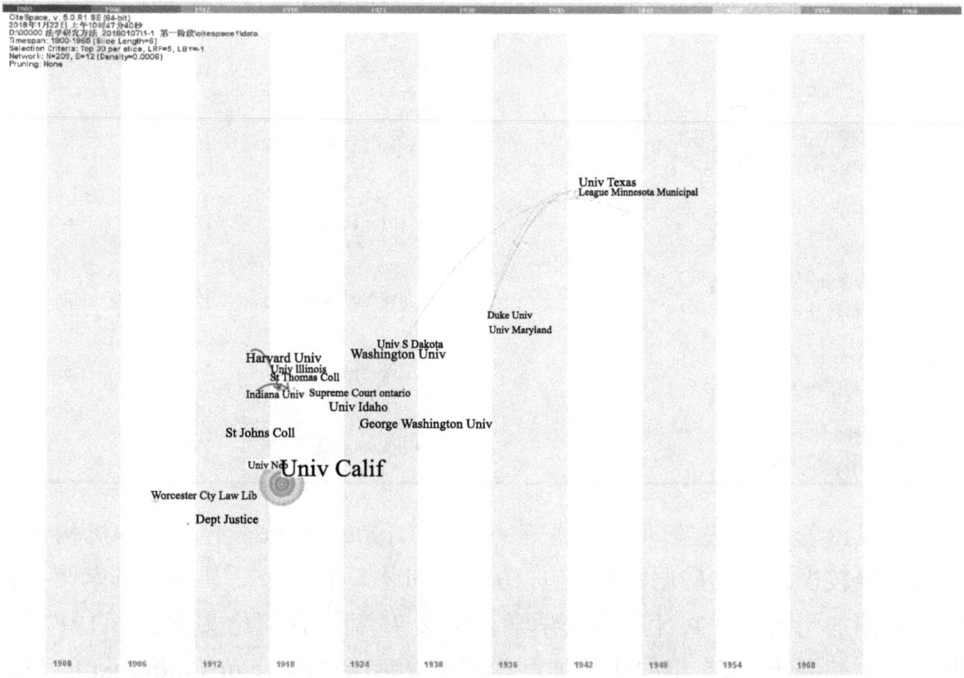

图5.13　第一阶段（1900～1965年）法学学科高产机构图谱

表5.13　第一阶段（1900～1965年）法学学科论文产出数量不低于5篇的机构

排序	机构全称	机构简称	初现年	论文数量/篇
1	University of California（加州大学）	Univ Calif	1917	75
2	Harvard University（哈佛大学）	Harvard Univ	1918	11

续表

排序	机构全称	机构简称	初现年	论文数量 / 篇
3	Washington University（华盛顿大学）	Washington Univ	1925	8
4	U.S. Department of Justice（美国司法部）	Dept Justice	1911	8
5	St. John's College（圣约翰学院）	St Johns Coll	1912	8
6	George Washington University（乔治・华盛顿大学）	George Washington Univ	1923	8
7	University of South Dakota（南达科塔大学）	Univ S Dakota	1925	7
8	University of Idaho（爱达荷大学）	Univ Idaho	1921	7
9	Worcester Cty Law Library（美国伍斯特法律图书馆）	Worcester Cty Law Lib	1908	6
10	the University of Texas（得克萨斯大学）	Univ Texas	1942	6
11	University of Nebraska（内布拉斯加大学）	Univ Nebraska	1916	5
12	University of Illinois（伊利诺伊大学）	Univ Illinois	1918	5
13	Indiana University（印第安纳大学）	Indiana Univ	1918	5

表 5.13 显示，法学学科发展第一阶段（1900 ～ 1965 年）中各机构论文产出数量较少，论文产出数量高于 10 篇的机构只有两个。其中，排名第一位的是美国加州大学，共计产出法学学科论文 75 篇，首篇论文发表于 1917 年。加州大学起源于 1855 年创建的加利福尼亚学院（College of California）。1862 年，美国联邦政府颁布了《莫里尔法案》，将联邦政府的土地赠予各州，成立赠地大学或学院[6]。以此为契机，1868 年，加州大学于加利福尼亚学院的旧址上建成。1912 年，加州大学法学院（School of Jurisprudence，现名为 Boalt Hall School of Law）于加州大学伯克利校区成立[7]，成为加州大学法学学科研究发展的基石。经费充裕、政府支持、教学理念先进等优势，为加州大学法学研究提供了良好的发展环境。

排名第二位的是美国哈佛大学，在法学学科发展第一阶段（1900 ～ 1965 年）中，共计产出法学学科论文 11 篇，首篇法学学科论文出现于 1918 年。哈佛大学建校于 1636 年，是美国本土历史最悠久的高等学府。哈佛大学法学院建于 1817 年，并在 19 世纪后期推行的教育改革中走入辉煌[8]。悠久的历史与优秀的人才培养模式，使哈佛大学在法学研究领域占据了重要地位。

华盛顿大学、美国司法部、乔治·华盛顿大学与圣约翰学院，均产出 8 篇法学学科论文，并列第三位。其中，美国司法部与圣约翰学院首篇法学论文出现于 20 世纪初期，而华盛顿大学、乔治·华盛顿大学的首篇法学论文则出现于 20 世纪 20 年代。

三、法学学科发展第二阶段（1966 ～ 1976 年）的高产机构

我们选取法学学科 1966 ～ 1976 年的研究成果，利用共现分析方法，绘制法学学科发展第二阶段的法学学科高产机构图谱。确定网络节结为机构后，将每一年作为一个时区，选择显示每一时区的前 30 个高产机构，运行 CiteSpace，生成图 5.14 所示的法学学科发展第二阶段高产机构图谱。图谱中包含 72 个代表机构的结点与 192 条连线。图谱中，代表机构的标签颜色越深，表示该机构出现的频次越高。

图 5.14 显示，法学学科发展第二阶段（1966 ～ 1976 年）中，高校仍作为中坚力量主导着法学学科的发展。其中，哈佛大学、加州大学、哥伦比亚大学等均为该阶段的高产机构。此外，部分社会组织，如纽约市律师协会

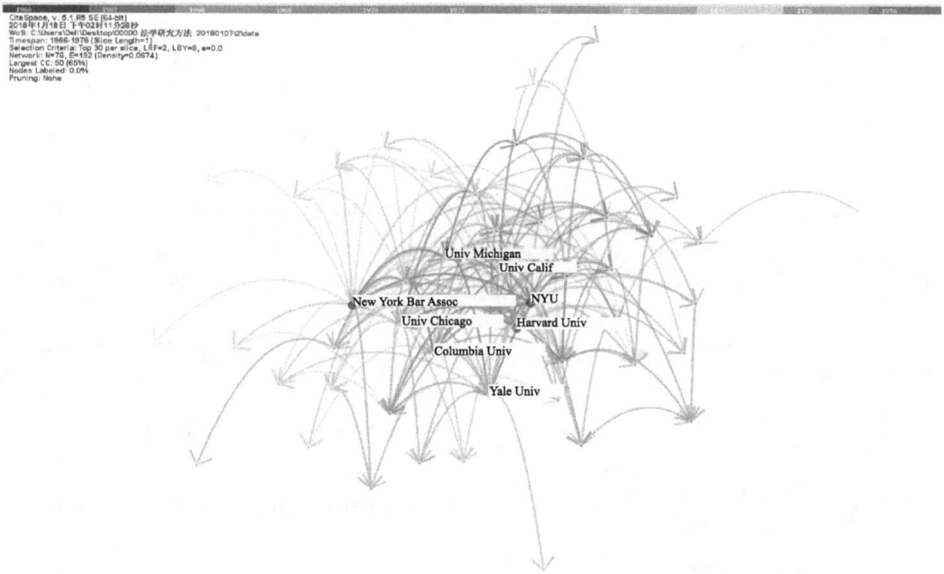

图 5.14　第二阶段（1966 ～ 1976 年）法学学科高产机构图谱

（New York City Bar Association）等，也积极投身于法学研究中，并成为法学学科发展第二阶段中的高产机构。图 5.14 中，代表纽约律师协会、哈佛大学、纽约大学三个机构的结点较大表明这三个机构在法学学科发展第一阶段中具有较强的中介中心性。

相较于法学学科发展第一阶段高产机构图谱，第二阶段图谱中连线数量大幅度增加，各机构间联系逐渐加强，机构间合作日趋密切。法学学科发展第二阶段中，论文产出量不低于 100 篇的机构相关信息，如表 5.14 所示。

表 5.14 显示，法学学科发展第二阶段（1966 ～ 1976 年）中，法学学科论文产出数量超过 300 篇的共有 5 个机构，分别是：哈佛大学，共计产出论文 480 篇，排名首位；加州大学，共计产出法学学科论文 394 篇，排名第二位；哥伦比亚大学，共计产出法学学科论文 326 篇，排名第三位；纽约市律师协会，共计产出法学学科论文 318 篇，排名第四位；芝加哥大学，法学学科论文产出数量为 311 篇，排名第五位。

表 5.14　第二阶段（1966 ～ 1976 年）法学学科论文产出数量不低于 100 篇的机构

排序	机构全称	机构简称	中心度	论文数量 / 篇
1	Harvard University （哈佛大学）	Harvard Univ	0.11	480
2	University of California （加州大学）	Univ Calif	0.07	394
3	Columbia University （哥伦比亚大学）	Columbia Univ	0.03	326
4	New York City Bar Association （纽约市律师协会）	New York Bar Assoc	0.13	318
5	University of Chicago （芝加哥大学）	Univ Chicago	0.05	311
6	Yale University （耶鲁大学）	Yale Univ	0.06	288
7	New York University （纽约大学）	NYU	0.11	287
8	University of Michigan （密歇根大学）	Univ Michigan	0.06	258
9	Dist.of Columbiabar Association （哥伦比亚律师协会）	Dist Columbia Bar Assoc	0.08	246
10	American Bar Association （全美律师协会）	Amer Bar Assoc	0.03	222

续表

排序	机构全称	机构简称	中心度	论文数量 / 篇
11	George Washington University（乔治・华盛顿大学）	George Washington Univ	0.04	216
12	University of Wisconsin（威斯康星大学）	Univ Wisconsin	0.02	215
13	the University of Texas（得克萨斯大学）	Univ Texas	0.01	199
14	Louisiana State University（路易斯安那州立大学）	Louisiana State Univ	0	197
15	University of Illinois（伊利诺伊大学）	Univ Illinois	0.04	197
16	Northwestern University（西北大学）	Northwestern Univ	0.07	179
17	University of Pennsylvania（宾夕法尼亚大学）	Univ Penn	0.02	173
18	Indiana University（印第安纳大学）	Indiana Univ	0	169
19	University of Virginia（弗吉尼亚大学）	Univ Virginia	0.02	163
20	Duke University（杜克大学）	Duke Univ	0.01	131
21	Syracuse University（雪城大学）	Syracuse Univ	0	121
22	Georgetown University（乔治城大学）	Georgetown Univ	0.03	120
23	Cornell University（康奈尔大学）	Cornell Univ	0	115
24	University of Washington（华盛顿大学）	Univ Washington	0	109
25	University of Kentucky（肯塔基大学）	Univ Kentucky	0	100

在法学学科发展第二阶段，高校依旧在法学研究领域占据着重要地位。与此同时，社会组织的活跃使法学研究群体更为丰富。其中，具有代表性的有纽约市律师协会、哥伦比亚律师协会、全美律师协会等。1815 ～ 1975 年，美国经历了一个腐败事件从层出不穷的高峰期到锐减并维持在一个低水平稳定期的过程。19 世纪 70 年代是腐败现象的高发期，其腐败指数近乎美国进步主义

时期至20世纪70年代腐败水平的5倍[9]。为了缓解蔓延于法官与律师等主体间的腐败现象，众多由法律系学生与律师自愿组成的律师协会在美国建立。其中，纽约市律师协会建于1870年，有众多享誉全美的著名律师，如Elihu Root、Charles Evans Hughes、Samuel Seabury等。20世纪60年代，在Bernard Botein与Francis T. P. Plimpton的领导下，协会放松了对成员资格的限制，变成了一个日益民主的组织，并积极参与社会问题，倡导诸如"平等权利修正案"等倡议[10]。纽约律师协会的民主改革推动了纽约律师协会的发展，同时带动了其研究能力与研究水平的提升，使其成为法学学科发展第二阶段中重要的高产机构。1871年，有关人士于美国首都华盛顿创建了哥伦比亚律师协会[11]。1871年，非区域性的全美律师协会得以建立。全美律师协会拥有41万名会员，并以为法学院制定学术标准、制定法律职业相关的道德规范为其主要活动。其总部在伊利诺伊州的芝加哥，并在华盛顿特区设立了一个重要的分支机构。建立初期的全美律师协会具有较强的歧视性，女性与非裔人员均不得参与。随着美国社会的不断开放与变化，全美律师协会于1918年接纳了第一名女会员——Mary B. Grossman，并于1943年正式许可非裔美国人入会。

表5.14展示的法学学科发展第二阶段高产机构中心度显示，除去纽约律师协会、哈佛大学、纽约大学这三个具有显著中心度的机构外，哥伦比亚律师协会、加州大学、西北大学等也具有较高的中心度，在法学学科发展过程中起着重要的连接与纽带作用。

四、法学学科发展第三阶段（1977～2004年）的高产机构

同样的，在绘制法学学科发展第三阶段（1977～2004年）高产机构图谱时，我们选取第三阶段内法学学科的全部研究成果，确定网络结点为机构后，将每两年划分为一个时区，并选择每一时区的前30个高产机构在图谱中进行显示，运行CiteSpace，生成图5.15所示的法学学科发展第三阶段高产机构图谱。图谱中代表机构的结点越大，表示该机构出现的频次越高。CiteSpace通过读取文档中的作者地址字段，析出作者所在机构，并对机构进行分析。文献中机构书写方式的差异易导致CiteSpace在文本分析过程中将相同机构解读为不同机构。为了避免上述问题，我们对机构名称进行了统一化，如将Georgetown Univ与Georgetown univ统一为Georgetown Univ，将Stanford Univ、Stanford univ统一为Stanford Univ等。

图5.15中包含上、下两个较为明显的自然聚类。上方聚类颜色较深，时间相对久远，聚类中结点Univ Virginia最为突出，表明弗吉尼亚大学（the

University of Virginia）是法学学科发展第三阶段前期的重要高产机构。下方聚类颜色较浅，时间较近，含有 Yale Univ、Univ Calif Berkeley、Columbia Univ、Univ Penn、Georgetown Univ 等突出结点，表明在法学学科发展第三阶段后期，耶鲁大学、加州大学伯克利分校、哥伦比亚大学、宾夕法尼亚大学、美国乔治城大学成为重要高产机构。

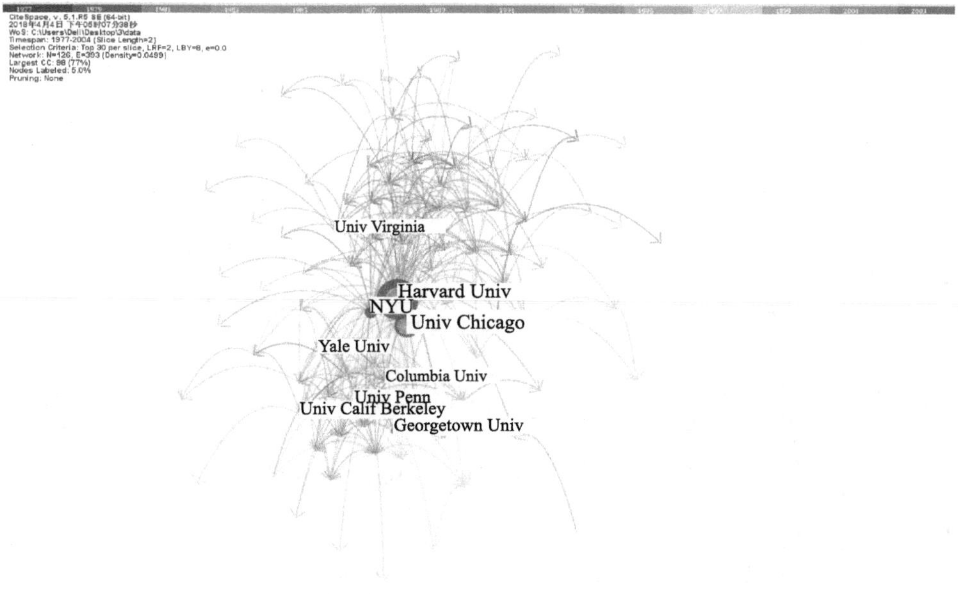

图 5.15　第三阶段（1977 ～ 2004 年）法学学科高产机构图谱

此外，Univ Chicago、Harvard Univ、NYU 三结点，位于上下两聚类中间，且结点外围有明显的紫色外圈，表明哈佛大学、芝加哥大学、纽约大学三所高校具有较高的中介中心度，在各机构合作过程中能够起到桥梁与纽带作用。法学学科发展第三阶段，论文产出量高于100篇的机构相关信息，如表5.15所示。

表 5.15　第三阶段（1977 ～ 2004 年）法学学科论文产出数量高于 100 篇的机构

排序	机构全称	机构简称	中心度	半衰期 / 年	论文数量 / 篇
1	Harvard University（哈佛大学）	Harvard Univ	0.45	21	792
2	the University of Chicago（芝加哥大学）	Univ Chicago	0.15	22	684
3	New York University（纽约大学）	NYU	0.23	21	406

续表

排序	机构全称	机构简称	中心度	半衰期 / 年	论文数量 / 篇
4	Georgetown University（乔治城大学）	Georgetown Univ	0.04	4	337
5	University of California，Berkeley（加州大学伯克利分校）	Univ Calif Berkeley	0.03	4	308
6	University of Pennsylvania（宾夕法尼亚大学）	Univ Penn	0.02	4	258
7	Columbia University（哥伦比亚大学）	Columbia Univ	0	4	242
8	the University of Virginia（弗吉尼亚大学）	Univ Virginia	0.06	8	234
9	Yale University（耶鲁大学）	Yale Univ	0.01	4	227
10	Stanford University（斯坦福大学）	Stanford Univ	0.03	4	214
11	Northwestern University（美国西北大学）	Northwestern Univ	0.02	4	200
12	University of California，Los Angeles（加州大学洛杉矶分校）	Univ Calif Los Angeles	0.02	4	191
13	the University of Texas（得克萨斯大学）	Univ Texas	0.01	4	174
14	Indiana University（印第安纳大学）	Indiana Univ	0.02	4	169
15	University of Illinois（伊利诺伊大学）	Univ Illinois	0.02	8	165
16	University of Southern California（南加利福尼亚大学）	Univ So Calif	0	4	165
17	University of Minnesota（明尼苏达大学）	Univ Minnesota	0.01	4	160
18	University of Michigan（密歇根大学）	Univ Michigan	0.02	4	160
19	the George Washington University（乔治・华盛顿大学）	George Washington Univ	0.01	5	157
20	University of Wisconsin（威斯康星大学）	Univ Wisconsin	0	3	153
21	Cornell University（康奈尔大学）	Cornell Univ	0	4	149

续表

排序	机构全称	机构简称	中心度	半衰期 / 年	论文数量 / 篇
22	Fordham University（福特汉姆大学）	Fordham Univ	0	3	134
23	University of California，San Francisco（加州大学旧金山分校）	Univ Calif San Francisco	0	6	126
24	American Bar Association（全美律师协会）	Amer Bar Assoc	0.03	6	126
25	Boston University（波士顿大学）	Boston Univ	0	5	126
26	Rutgers University（罗格斯大学）	Rutgers State Univ	0	4	124
27	the University of Iowa（艾奥瓦大学）	Univ Iowa	0	4	121
28	the University of Maryland（马里兰大学）	Univ Maryland	0.04	10	104

表 5.15 显示，法学学科发展第三阶段中，论文产出数量高于 500 篇的机构有两个，分别是：哈佛大学，共计产出法学学科论文 792 篇，中介中心度为 0.45，排名第一位；芝加哥大学，共计产出法学学科论文 684 篇，中介中心度为 0.15，排名第二位。芝加哥大学位于美国金融中心芝加哥，是世界著名的综合性研究型大学。芝加哥大学法学院成立于 1902 年，因其在法经济学方面的卓越成果而被《美国新闻与世界报道》（*U. S. News & World Report*）评为“美国最具影响力法学院”第四名[12]。

排名第三位的是纽约大学，共计产出论文 406 篇，中介中心度为 0.23。纽约大学是一所世界著名的私立综合性研究型大学，始建于 1831 年，是全美境内规模最大的私立非营利高等教育机构之一。纽约大学也是一所全球性的大学，在阿布扎比、阿克拉、柏林、布宜诺斯艾利斯、佛罗伦萨、伦敦、马德里、巴黎、布拉格、悉尼、特拉维夫等地区均设有分校。纽约大学法学院在税法与国际法研究方面表现卓著，在金融法、商法等研究领域也位于美国前列。此外，表 5.15 显示，哈佛大学、芝加哥大学、纽约大学半衰期均较长，表明这三所高校对法学学科发展产生的影响较为持续、深远。

法学学科发展第三阶段高产机构还有：乔治城大学，共计产出法学论文 337 篇，排名第四位；加州大学伯克利分校，共计产出 308 篇法学学科论文，排名第五位；宾夕法尼亚大学，共计产出法学学科论文 258 篇，排名第六位；等等。

五、法学学科发展第四阶段（2005 ～ 2017 年）的高产机构

依然采用共现分析法，对法学学科发展第四阶段的高产机构进行分析。选取 2005 ～ 2017 年法学学科全部研究文献，确定网络结点为机构，将每两年划分为一个时区，选择显示每一时区的前 30 个高产机构，运行 CiteSpace，生成图 5.16 所示的法学学科发展第四阶段高产机构图谱。图谱中代表机构的结点越大，表示该机构出现的频次越高。

图 5.16 显示，法学学科发展第四阶段，形成了以哈佛大学为核心代表的庞大高产机构群。图 5.16 中，代表哈佛大学的结点被明显的深色外圈包围，意味着该结点具有较高的中介中心度，是各结点间产生联系的重要环节，对促进机构间合作具有重要意义。在高产机构群中，各机构分布较为密集，且机构间连线较多。这表明在法学学科发展第四阶段中，机构间联系得到进一步强化，机构合作水平显著提升。法学学科发展第四阶段，论文产出量高于 200 篇的机构相关信息，如表 5.16 所示。

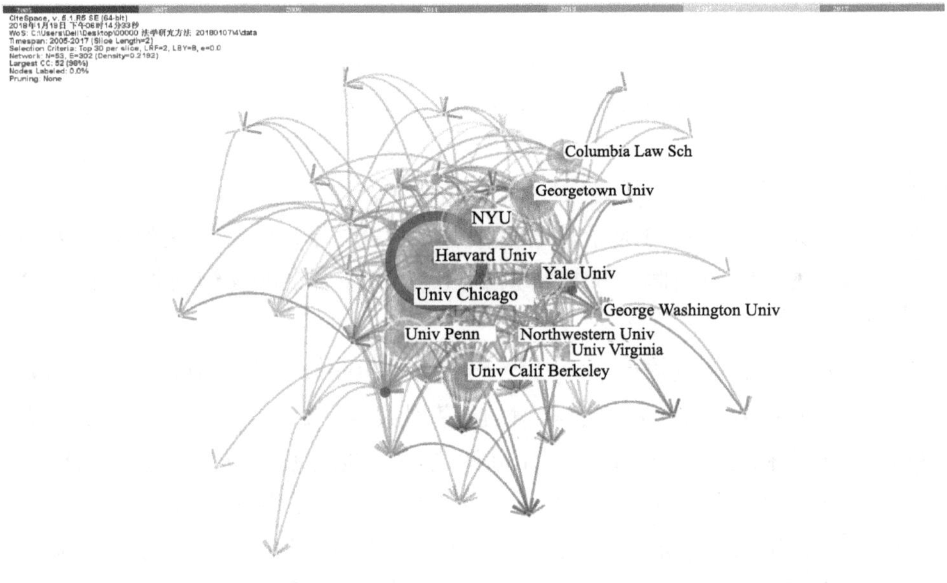

图 5.16　第四阶段（2005 ～ 2017 年）法学学科高产机构图谱

表 5.16　第四阶段（2005 ～ 2017 年）法学学科论文产出数量高于 200 篇的机构

排序	机构全称	机构简称	中心度	国别	论文数量 / 篇
1	Harvard University（哈佛大学）	Harvard Univ	0.23	美国	1172

续表

排序	机构全称	机构简称	中心度	国别	论文数量 / 篇
2	New York University（纽约大学）	NYU	0.04	美国	900
3	the University of Chicago（芝加哥大学）	Univ Chicago	0.03	美国	854
4	University of California，Berkeley（加州大学伯克利分校）	Univ Calif Berkeley	0.08	美国	719
5	University of Pennsylvania（宾夕法尼亚大学）	Univ Penn	0.07	美国	676
6	Yale University（耶鲁大学）	Yale Univ	0.07	美国	657
7	Northwestern University（美国西北大学）	Northwestern Univ	0.08	美国	602
8	Georgetown University（乔治城大学）	George Washington Univ	0.06	美国	555
9	the University of Virginia（弗吉尼亚大学）	Univ Virginia	0.02	美国	527
10	Columbia University Law School（哥伦比亚大学法学院）	Columbia Law Sch	0	美国	484
11	University of Minnesota（明尼苏达大学）	Univ Minnesota	0.07	美国	474
12	University of Michigan（密歇根大学）	Univ Michigan	0.07	美国	471
13	Fordham University（福特汉姆大学）	Fordham Univ	0.02	美国	458
14	Duke University（杜克大学）	Duke Univ	0.10	美国	427
15	University of Illinois（伊利诺伊大学）	Univ Illinois	0.13	美国	410
16	Boston University（波士顿大学）	Boston Univ	0.02	美国	406
17	Indiana University（印第安纳大学）	Indiana Univ	0.05	美国	390
18	University of California，Los Angeles（加州大学洛杉矶分校）	Univ Calif Los Angeles	0.09	美国	386

续表

排序	机构全称	机构简称	中心度	国别	论文数量 / 篇
19	Vanderbilt University（范德堡大学）	Vanderbilt Univ	0.18	美国	367
20	University of Oxford（牛津大学）	Univ Oxford	0.07	英国	321
21	the University of Iowa（艾奥瓦大学）	Univ Iowa	0.01	美国	297
22	Stanford University（斯坦福大学）	Stanford Univ	0.02	美国	287
23	University of Cambridge（剑桥大学）	Univ Cambridge	0.08	英国	261
24	University of California，San Francisco（加州大学旧金山分校）	Univ So Calif	0.07	美国	255

表 5.16 显示，哈佛大学在法学学科发展第四阶段中，共计产出法学论文 1172 篇，是论文产出数量最高的机构，也是唯一一个论文产出数量超过千篇的机构。排名第二位的是纽约大学，共计产出法学论文 900 篇；芝加哥大学共计产出法学论文 854 篇，排名第三位；加州大学伯克利分校，排名第四位，共计产出法学论文 719 篇。此外，法学学科发展第四阶段中，高产机构还有宾夕法尼亚大学（676 篇）、耶鲁大学（657 篇）、美国西北大学（602 篇）、乔治城大学（555 篇）等。

法学学科发展第四阶段高产机构中，哈佛大学、范德堡大学、伊利诺伊大学、杜克大学均具有较高的中介中心度，分别为 0.23、0.18、0.13、0.10。这表明这四所大学在法学学科发展第四阶段中具有优秀的机构合作资源及众多机构合作机会，并在建立机构联系渠道、推动机构合作、促进法学学科研究发展等方面作出了突出贡献。

纵观法学学科百年发展史，政府部门、图书馆、律师协会等机构虽然曾在部分时期表现突出，但高校始终占据着法学学科研究产出成果高产机构的绝大部分，一直是推动法学学科研究发展的中坚力量。此外，美国主导也是法学学科研究发展的重要特征。法学学科发展前三阶段（1900 ～ 2004 年），高产机构全部位于美国，至第四阶段（2005 ～ 2017 年）才出现牛津大学与剑桥大学两所英国高校。丰硕的研究成果充分说明了美国在法学学科发展过程中的独特优势地位与其雄厚科研实力。

第五节　法学学科研究热点主题

一、共词词频分析法下的法学研究热点主题

（一）法学学科发展第一阶段（1900～1965年）的研究热点主题

我们选择CiteSpace平台的词共现分析功能（Term）对法学发展各阶段中的研究热点主题进行探测。Term表示文章中的标引词，其来源可以是文章标题、摘要、关键词几个部分。由于1992年前的SSCI和A&HCI数据库中没有关键词栏目，为了保持文本分析量级的一致性，我们选择以文章标题为切入点，进行词共现分析。文章标题字数虽然不多，却是一篇文献全部内容的高度概括和凝练，能准确地反映该篇文章的精髓和主题思想[13]。通过提取文章标题中出现的名词短语，对名词短语进行词频分析，能够较为准确地把握文章所覆盖的时期内的研究热点与主题。

网络结点确定为主题词后，将每6年划分为一个时区，选取每一时区内出现频次最高的前30个名词性短语，运行CiteSpace，生成如图5.17所示

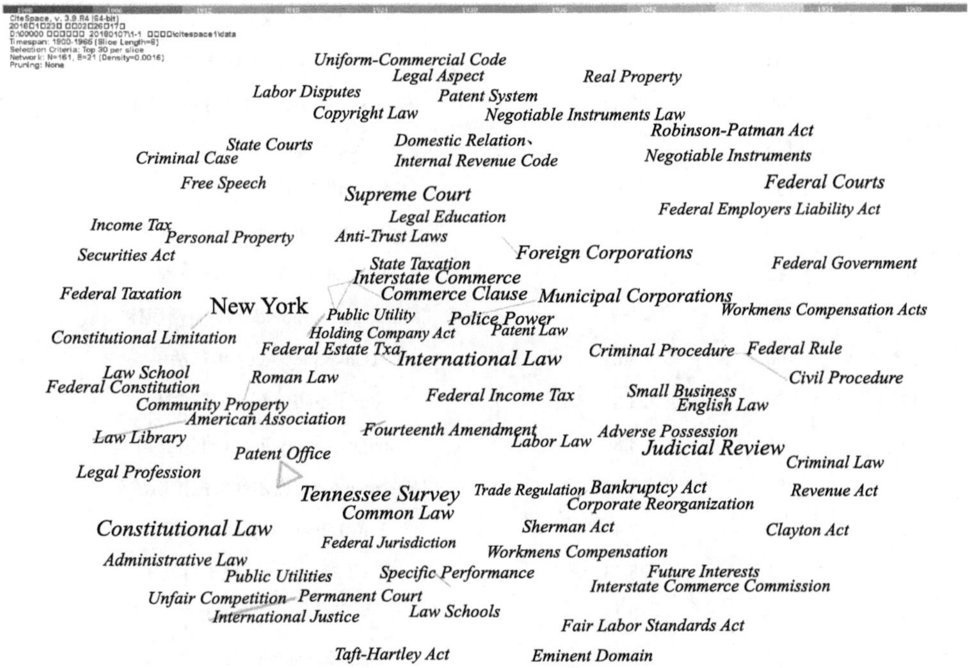

图5.17　第一阶段（1900～1965年）法学学科研究热点主题图谱

的第一阶段（1900～1965年）法学学科研究热点主题图谱。图谱中，代表主题词的标签越大，表明该主题词出现频次越高。图谱绘制过程中，我们将写法不同但实质内容相同的高频词进行了合并，如我们将 Federal Courts 与 Federal Court 合并为 Federal Courts，Supreme Court、Supreme Courts 与 Supreme-Court 合并为 Supreme Court 等。此外，我们删除了 Law、Legal 等无实质意义的结点。

图 5.17 显示，法学学科发展第一阶段（1900～1965年）中，“宪法”（Constitutional Law）、“国际法”（International Law）、“最高法院”（Supreme Court）、“纽约”（New York）、“田纳西州调查”（Tennessee Survey）等成为法学学科研究的突出热点与主题。在法学学科发展第一阶段中，出现频次高于 70 次的高频热点主题词如表 5.17 所示。

表 5.17　第一阶段（1900～1965年）法学学科出现频次超过 70 次的主题词

排序	频次	突发性	主题词
1	332	5.19	Constitutional Law（宪法）
2	261	16.47	Supreme Court（最高法院）
3	249	5.98	International Law（国际法）
4	245	4.35	New York（纽约）
5	164	7.41	Federal Courts（联邦法院）
6	149	77.43	Tennessee Survey（田纳西州调查）
7	148	6.98	Criminal Law（刑法）
8	134	24.95	Common Law（习惯法）
9	119	15.17	Interstate Commerce（洲际贸易）
10	102	15.32	Judicial Review（司法审查）
11	96	7.65	Municipal Corporations（自治团体）
12	90	8.61	Bankruptcy Act（破产法）
13	89	23.82	Administrative Law（行政法）
14	88	4.80	Foreign Corporations（外国公司）
15	84	5.42	Sherman Act（谢尔曼反托拉斯法）
16	83	9.49	Law Library（法律图书馆）
17	83	8.74	Civil Procedure（民事诉讼）
18	79	10.35	Federal Rule（联邦法规）
19	77	15.47	Legal Education（法学教育）
20	73	21.37	Specific Performance（实际履行 / 强制履行）

续表

排序	频次	突发性	主题词
21	73	10.18	Police Power（治安权）
22	73	9.23	Future Interests（未来权益）
23	72	8.13	State Taxation（国家税收）
24	71	38.07	Uniform-Commercial Code（统一商法典）

表 5.17 显示，法学学科发展第一阶段中，“宪法”，共出现 332 次，是研究热度最高的主题词。以英国、美国为代表的国家宪法，在近代西方宪政文明的发展过程中，发挥着举足轻重的作用。具有最高法律效力的宪法或者是宪法性文件、惯例判例规定了国家的根本政治制度[14]，确认了公民权利，绘制国家建设的基本蓝图。学者们对宪法的研究涉及国家制度、社会生产、人民生活等诸多方面，对宪法学研究发展、宪法实践发展等方面具有重要意义。从 20 世纪开始，美国宪法的基本制度中的司法审查制度大规模铺展开来，成为世界性的潮流[15, 16]，“司法审查”一词，也多见于法学学科研究成果之中。此外，法学研究领域产出了众多诠释、分析及评论美国联邦最高法院判决的成果，“最高法院”一词在法学学科研究成果（1900 ～ 1965 年）中，共计出现 261 次，成为另一重要高频热点主题词。“联邦法院”，共计出现 164 次，也受到了法学研究学者的广泛关注。

国际法受国际社会形势变化影响较大，是国际社会结构及其规律的反映[17]。第二次世界大战导致国际体系发生了重大变化[18]，大批殖民地、半殖民地国家获得独立，新国家兴起，国际体系范围得到扩大；科学技术飞速发展；国际组织大量增加；国际政治、经济新秩序逐步建立。国际关系的变化，对国际法的发展提出了新挑战，国际法发展需求催生了法学学者的研究热情。此阶段，“国际法”共出现 249 次，成为法学学科重要研究热点与主题，学者们对国际法基本原则[19]、国家责任[20]、国际体系[21]、国际法发展[22, 23]等方面进行了诸多研究。

法学学科发展第一阶段中，纽约与田纳西州法律制定、修改、社会发展等方面也受到了较多关注，“纽约”“田纳西州调查”，出现频次分别为 245 次与 149 次，是此阶段法学学科研究的重点主题。

（二）法学学科发展第二阶段的研究热点主题（1966 ～ 1976 年）

我们选取 1966 ～ 1976 年的法学学科研究成果，利用文献题录中的标题字段，运用可视化软件 CiteSpace，通过对法学学科研究成果文献标题中名词性短语的共现分析，探究法学学科发展第二阶段中的研究热点主题。选择可视化软件 CiteSpace 中的词共现分析功能，对文档进行分析，将每一年划分为一个时区，选择每一时区的前 30 个高频词，运行 CiteSpace，生成图 5.18 所示的第二阶段法学学科研究热点主题图谱（1966 ～ 1976 年）。图谱中代表主题词的标签越大，表示该主题词出现的频次越高。同样，图谱绘制过程中，我们将写法不同，但实质内容相同的高频词进行了合并，并删除了 Law、Legal 等无意义的结点。

图 5.18　第二阶段（1966 ～ 1976 年）法学学科研究热点主题图谱

图 5.18 显示，法学学科发展第二阶段（1966 ～ 1976 年）中，“宪法”（Constitutional Law）、“最高法院”（Supreme Court）、“联邦法院”（Federal Courts）、“司法审查”（Judicial Review）、“国际法”（International Law）等，依旧是法学学科研究的热点主题。同时，本阶段中“刑法”（Criminal Law）、“统一商法典”（Uniform Commercial Code）等部门法得到了更多关注。法学学科发展第二阶段中，出现频次高于 50 次的高频热点主题词如表 5.18 所示。

表 5.18　第二阶段（1966 ～ 1976 年）法学学科出现频次超过 50 次的主题词

排序	频次	突发性	中心度	主题词
1	225		0.17	Constitutional Law（宪法）

续表

排序	频次	突发性	中心度	主题词
2	175		0.07	Criminal Law（刑法）
3	152		0.09	Supreme Court（最高法院）
4	143	2.94	0	International Law（国际法）
5	133	14.68	0	Uniform Commercial Code（统一商法典）
6	110	7.61	0.05	Judicial Review（司法审查）
7	78		0	Federal Courts（联邦法院）
8	74		0	Workmen's Compensation（工人酬金）
9	70		0	Products Liability（产品质量责任）
10	70	2.64	0.01	Legal Education（法学教育）
11	69		0.02	Federal Rule（联邦法规）
12	66	2.79	0	Administrative Law（行政法）
13	66		0.02	Equal Protection（平等保护权）
14	65	3.38	0.04	Criminal Procedure（刑事诉讼）
15	64	6.67	0	Collective Bargaining（劳资谈判）
16	60	4.56	0	Labor Law（劳动法）
17	59		0	Consumer Protection（消费者保护）
18	58		0	Legal Aspect（法律视角）
19	53	15.49	0	Private Law（私法）
20	52	10.98	0.02	Class Action（集体诉讼）
21	52		0	Civil Procedure（民事诉讼）
22	50		0	Antitrust Laws（反垄断法）

表5.18显示，“宪法”一词，共计出现225次，排名首位，依旧是法学学科第二阶段（1966～1976年）研究的热门主题词。与此同时，“刑法”（Criminal Law）一词共计出现175次，成为学者们关注的又一重点主题。第二次世界大战后，世界各国的刑事政策朝着所谓“宽松的刑事政策”与“严厉的刑事政策”两个不同的方向发展[24, 25]。以美国为例，第二次世界大战后，犯罪，尤其是暴力犯罪的激增，左右着美国刑事司法的命运。20世纪60年代，联邦政府向犯罪宣战，公共犯罪控制、街头暴力治理等严厉的刑事政策逐步强化；而以厄尔·沃伦为首的联邦最高法院，则通过系列司法判例，逐步扩大了刑事被告的宪法基本权利。其中以权力告知警示语滥觞地——米兰达诉亚利桑那州案

与争取刑事被告律师辩护权的吉迪恩诉温赖特案两桩刑事案件最为著名。这种刑事政策的两极化，在法学界是具有相当争议性的，犯罪政策成为全国性的议题[26]，自由主义学者对最高法院的判决称赞有加[27]，而保守派则公开谴责[28, 29]。除犯罪政策外，缓刑的发展、反对假释风潮的涌起、少年司法系统改革、囚犯权利运动、死刑的变化等诸多刑事问题都在这一时期爆发，社会实践与法律实践的发展变化，决定性地引发了法学学科发展第二阶段刑法学研究的热潮。

法学学科发展第二阶段中，出现频次高于 100 次的热点主题词还有“最高法院”，共出现 152 次；“国际法”，143 次；“统一商法典”，133 次；“司法审查”，110 次。虽然美国在 20 世纪早期已经历了法律统一运动，但无论是商人本身，抑或是法学家都认为美国商法是欠标准化的、混沌的。在由国会统一制定商法的主张无果后，一场起草商法典，并将之推广至各州的运动便开始了。从 1940 年法典起草开始，至 1974 年美国各州均接受此法典，历时 30 余年的统一商法典运动终于接近尾声，美国完成了商法的统一。统一商法典制定与推广过程中，学术界对法典内容表现出浓厚的兴趣[30-32]，产出了众多优秀研究成果，推动了商法典的统一，对商法典的实践大有裨益。

此外，表 5.18 显示，本时期劳动者权益等问题得到了更多的关注。“工人酬金”“劳资谈判”“劳动法”分别在法学学科研究成果中出现 74 次、64 次、60 次，成为这一时期法学学科研究的另一热点主题。20 世纪的资本主义经济大危机及第二次世界大战，严重破坏了各国的发展，但危机及战后的修复工作给劳动法律及劳动关系带来了绝佳的发展机遇。第二次世界大战结束后“私法公法化运动”直接导致了劳动法从传统民法中脱离出来，成为一个独立的法律部门[33]。劳动法律的发展推动了劳动法律关系相关理论研究，而理论研究又反哺于劳动法律实践。

（三）法学学科发展第三阶段（1977 ～ 2004 年）的研究热点主题

我们采取同样的方法，对法学学科发展第三阶段研究热点主题进行词共现分析。选择可视化软件 CiteSpace 中的词共现分析功能，将每两年划分为一个时区，选择每一时区的前 30 个高频词，运行 CiteSpace，生成图 5.19 所示的第三阶段（1977 ～ 2004 年）法学学科研究热点主题图谱。图谱中代表主题词的标签越大，表示该主题词出现的频次越高。图谱绘制过程中，我们同样将写法不同但实质内容相同的高频词进行了合并，并删除了无意义的结点。

图 5.19 显示，法学学科发展第三阶段中，“最高法院”仍为法学的高频研究热点，此外，对权利、诉讼、美国情况等方面的研究也逐渐凸显出来。法学

学科研究热点主题图谱（1977 ～ 2004 年）中所显示的热点主题词虽多，但少见高频结点，突出的主题词相对较少，主题词出现频次较为均衡。我们将法学学科发展第三阶段中出现频次高于 200 次的高频热点主题词相关信息展示在表 5.19 中。

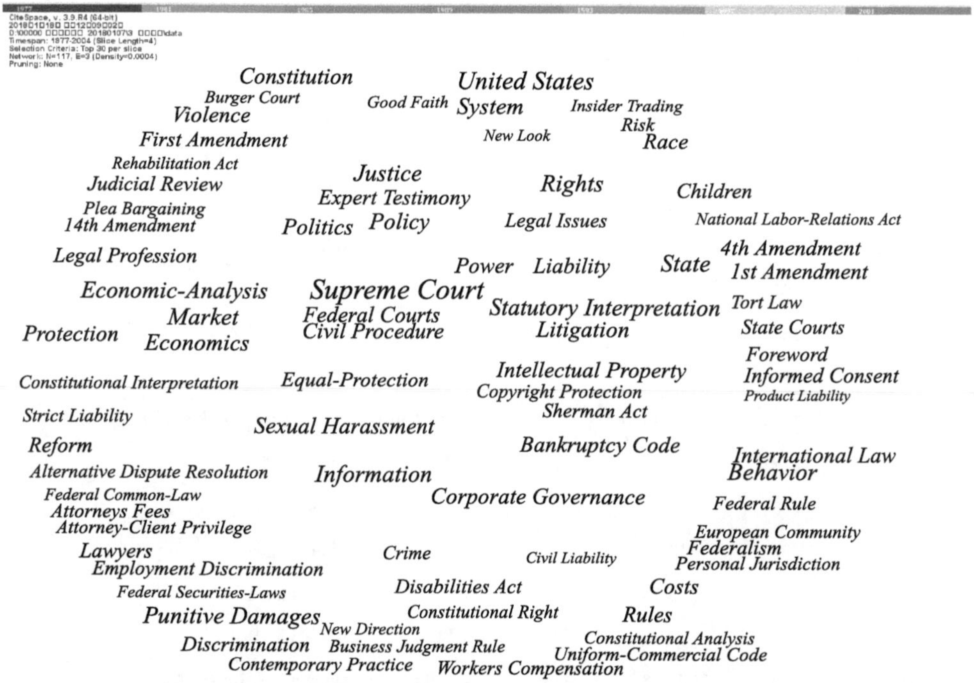

图 5.19　第三阶段（1977 ～ 2004 年）法学学科研究热点主题图谱

表 5.19 显示，法学学科发展第三阶段中，“最高法院”共出现 709 次，依旧保持着在法学研究热点主题中的领军地位。自沃伦法庭时代起，联邦最高法院大量使用同等保护条款，以反对社会中存在的性别、种族、信仰、出身等多种歧视，不断推动权利革命向前发展。该时期，伴随着基本权利范围的日趋扩大，具体的权利规定日趋精密[34]，与“权利”有关的内容成为法学研究的重中之重，在法学研究成果中共出现 597 次，排名第二位。“诉讼”一词共出现 389 次，排名第三位，在法学学科研究中占据较高地位。以“诉讼”为主题的研究包含集体诉讼[35]、侵权诉讼[36]、诉讼程序[37]等对传统诉讼问题的探讨，以及诉讼效率[38]、诉讼费用[39]等对新热点的分析。“美国”“责任”“政策”等主题词，分别出现 346 次、332 次、321 次，也深受法学研究者青睐。此外，法学学科发展第三阶段高频热点主题词中，首次出现了“经济学”“市场”“经济分析”等与经济学紧密相关的热点主题。这表明，此时期法学与经济学在学

科交叉研究发展方面初见成效，且成果颇丰。

表 5.19　第三阶段（1977～2004 年）法学学科出现频次超过 200 次的主题词

排序	词频	突发性	主题词
1	709	10.52	Supreme Court（最高法院）
2	597		Rights（权利）
3	389		Litigation（诉讼）
4	346		United States（美国）
5	332		Liability（责任）
6	321		Policy（政策）
7	287		Behavior（行为）
8	281		Information（信息）
9	280		Justice（公正）
10	265	12.83	Statutory Interpretation（法律解释）
11	258		Race（种族）
12	256		Rules（规则）
13	238	12.25	Crime（犯罪）
14	237	8.78	Constitution（宪法）
15	236		Choice（选择）
16	233	21.38	Punitive Damages（惩罚性赔偿）
17	224		Politics（政治学）
18	214		Federal Courts（联邦法院）
19	214	4.58	Power（权力）
20	212		Economics（经济学）
21	211		Women（女性）
22	209		Decision-Making（决策制定）
23	207		Market（市场）
24	207	4.15	Economic-Analysis（经济分析）
25	202	14.83	International Law（国际法）
26	202		Reform（改革）

（四）法学学科发展第四阶段的研究热点主题（2005～2017 年）

我们采取同样的方法，对法学学科发展第四阶段研究主题进行词共现分析。选择可视化软件 CiteSpace 中的词共现分析功能，将每两年划分为一个时区，选择每一时区的前 30 个高频词，运行 CiteSpace，生成图 5.20 所示的第四阶段（2005 ～ 2017 年）法学学科研究热点主题图谱。图谱中代表主题词的结点越大，表示该主题词出现的频次越高。图谱绘制过程中，我们同样将写法不同但实质内容相同的高频词进行了合并，并删除了无意义的结点。

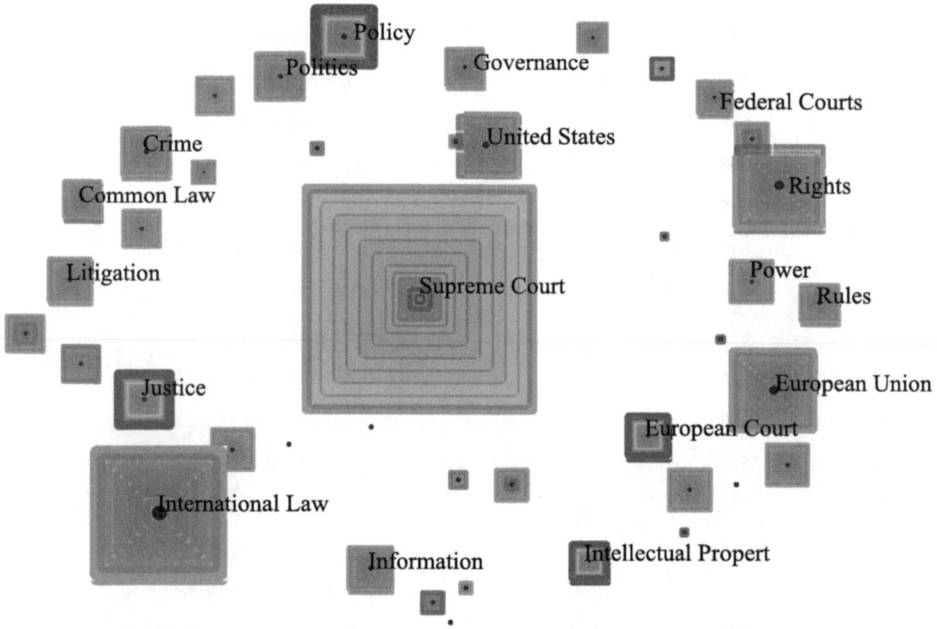

图 5.20　第四阶段（2005 ～ 2017 年）法学学科研究热点主题图谱

图 5.20 显示，法学学科发展第四阶段中，除最高法院、权利、国际法、政策等较为突出的主题词外，各个研究热点主题词的分布依旧较为均衡，我们将法学学科发展第四阶段中出现频次高于 500 次的高频热点主题词相关信息展示在表 5.20 之中。

表 5.20　第四阶段（2005 ～ 2017 年）法学学科出现频次超过 500 次的主题词

排序	词频	中心度	主题词
1	2570	0.04	Supreme Court（最高法院）
2	1583	0.04	International Law（国际法）
3	1149	0.05	Rights（权利）
4	1052	0.06	European Union（欧盟）
5	961	0.10	Policy（政策）
6	940	0.02	United States（美国）

续表

排序	词频	中心度	主题词
7	858	0.33	Justice（正义）
8	802	0.08	Politics（政治学）
9	769	0.06	Information（信息）
10	754	0.07	Litigation（诉讼）
11	721	0.09	Decision Making（决策）
12	688	0.07	Crime（犯罪）
13	668	0.03	Federal Courts（联邦法院）
14	635	0.03	Power（权力）
15	629	0.04	Governance（政府）
16	626	0.11	European Court（欧洲法庭）
17	617	0.19	Intellectual Property（知识产权）
18	615	0	Common Law（普通法）
19	604	0	Behavior（行为）
20	597	0	Criminal Law（刑法）
21	576	0.01	Risk（风险）
22	572	0	Case Law（判例法）
23	559	0.03	Human Rights（人权）
24	551	0.01	Legal System（法律体系）
25	544	0.04	EU Law（欧洲法律）
26	534	0	Impact（影响）
27	534	0.03	Climate Change（气候变化）
28	514	0.11	Violence（暴力）
29	510	0.01	Economics（经济学）
30	501	0.02	Race（人口）

表 5.20 显示，法学学科发展第四阶段中，“最高法院”在研究成果中共计出现 2570 次，排名首位。纵观法学学科发展全阶段（1900 ～ 2017 年），不难发现，20 世纪是最高法院的世纪，最高法院长期处于法学研究的聚光灯下，百年的法学研究发展历史，密集又准确地记录了最高法院的成长轨迹。21 世纪国际政治多极化和经济全球化趋势使国际法在各个方面都面临着重大挑战、变化和发展[40]。面对国际关系巨变，现有的国际法理论滞后于国际关系发展的现实[41]，国际法理论创新与发展成为时代进步的必然要求。在此背景下，“国

际法”一词在法学学科发展第四阶段中研究热度显著上升。此阶段国际法研究涉及国际刑法[42]、国际法下的人权[43]、国际环境[44]、公共卫生[45]、国际公法[46]等诸多方面。延续了前阶段发展趋势，“权利”“政策”“美国”在本阶段中分别出现 1149 次、961 次、940 次，是法学学科研究的重要热点主题。

此外，表 5.20 显示，“欧盟”“欧洲法院”，成为继“美国”后，在法学研究热点主题中首次出现的国家 / 地区，一方面表明步入 21 世纪后欧洲综合实力、国际地位的发展，另一方面也体现出欧洲整体法学研究实力的增强。21 世纪是信息化的时代，信息与技术在国家发展、民族进步过程中具有不可替代的作用。在此背景下，保护智力成果与创新的知识产权制度成为国际社会关注的重点，“知识产权”一词也成为法学学科研究的热点主题之一。

二、共词聚类分析法下的法学研究热点主题

（一）法学学科发展第一阶段（1900 ～ 1965 年）的研究热点主题

共词聚类分析法采用聚类的计算方法，对文章中共现的词对（主题词或关键词）的关联性进行运算，将关系密切的词聚集归类，从而达到挖掘隐含信息的目的[47]。我们选用开源的基于搜索结果聚类引擎 Carrot2 与信息可视化软件 VOSviewer 两种方法，对法学学科研究热点主题进行共词聚类分析。

Carrot2 由波兰波兹南理工大学计算机科学研究所智能决策支持系统实验室的副教授 Dawid Weiss 与博士 Stanislaw Osinski 联合创建。其中包含多种聚类算法，使用较多的是 Lingo（基于奇异值分解的索引结果聚类）与 STC（Suffix Tree Clustering，后缀树聚类算法）两种。Lingo 算法在确定可感知的类标签后，将文档分配到各个标签中，以形成最终聚类。STC 算法通过文本预处理，为文档建立广义后缀树（Generalized Suffix Tree，GST），利用 GST 找到包含最大短语束（至少被两个文档包含的短语）的基础类簇，最终合并基础类簇，形成聚类。Lingo 算法下产生的聚类多为小聚类，聚类多样性高，但可扩展性低；STC 算法下产生的聚类标签短，多样性低，很少会产生小的聚类。此外，STC 可扩展性比 Lingo 高[48]。实际操作中，算法的选择应视情况而定。

通过对比实践，我们最终确定使用 Lingo 算法，对法学学科研究热点主题进行共词聚类分析。利用 CiteSpace 数据转化功能将法学学科发展第一阶段全部文本数据转化为 Carrot2 可处理的 XML 格式。启动 Carrot2，选择聚类算法 Lingo，运行 Carrot2，选择泡沫树图（foam tree visualization）显示形式，生成图 5.21 所示的第一阶段（1900 ～ 1965 年）法学学科研究热点主

题 Carrot2 聚类图谱。图谱中，代表聚类的泡沫块越大，表明构成该聚类的文档数量越多。

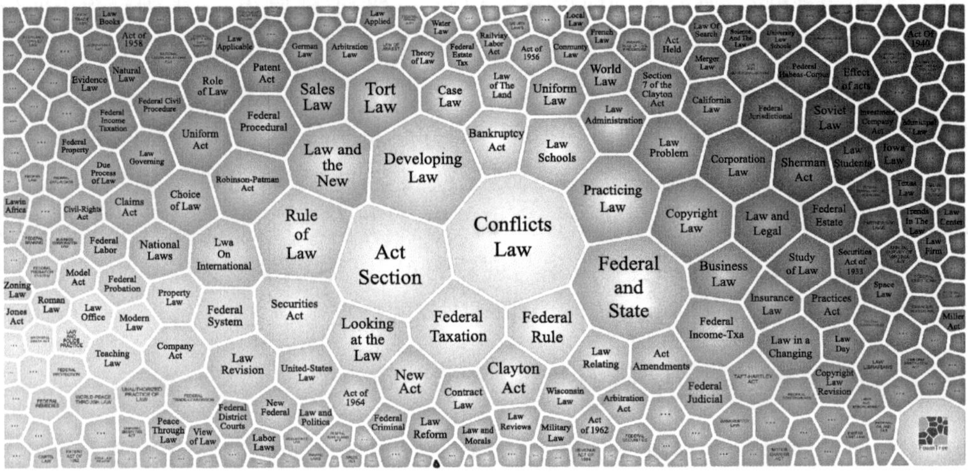

图 5.21　第一阶段（1900 ～ 1965 年）法学学科研究热点主题 Carrot2 聚类图谱

图 5.21 显示，在 Lingo 聚类算法下法学学科发展第一阶段（1900 ～ 1965 年）的研究热点主题词聚类分布较为密集，形成了以“冲突法”（Conflicts Law）为词汇聚类核心的研究热点主题聚类图谱。“联邦与州”（Federal and State）、“法学院”（Law Schools）、“法律发展规律”（Developing Law）、“联邦税收”（Federal Taxation）、“联邦法律”（Federal Rule）等内容，也是本时期研究的热点主题。我们将法学学科发展第一阶段中文档含量不少于 20 篇的热点主题词聚类基本信息展示在表 5.21 中。

表 5.21　第一阶段（1900 ～ 1965 年）法学学科文档含量不少于 20 篇的聚类

排序	热点主题词聚类	文档含量 / 篇
1	Conflicts Law（冲突法）	94
2	Act Section（具体法律条款）	69
3	Developing Law（法律发展规律）	68
4	Federal and State（联邦与州）	63
5	Rule of Law（法治）	51
6	Reflection Law（法律影响）	45
7	Federal Taxation（联邦税收）	43
8	Law and the New（法律新象）	38
9	Copyright Law（版权法）	37

续表

排序	热点主题词聚类	文档含量 / 篇
10	Securities Act（证券管理条例）	36
11	Law Schools（法学院）	33
12	Federal Rule（联邦法律）	32
13	Robinson-Patman Act（罗宾逊 - 帕特曼法）	32
14	Corporation Law（公司法）	31
15	Looking at the Law（法律审视）	31
16	Tort Law（侵权法）	30
17	Federal Income Tax（联邦所得税）	29
18	Law on International（国际法）	28
19	Law Problem（法律问题）	27
20	Clayton Act（克莱顿法案）	26
21	Federal Procedural（联邦程序法）	26
22	Law and Legal（法律与法律研究）	25
23	Law Revision（法律修改）	25
24	Bankruptcy Act（破产法案）	24
25	Act Amendments（法案修改）	23
26	Choice of Law（法律适用）	23
27	Federal Jurisdictional（联邦管辖权）	23
28	New Act（新法）	23
29	Sales Law（销售法）	23
30	Business Law（商法）	22
31	Federal System（联邦体制）	22
32	Law Administration（法律的实行）	22
33	Law Relating（与……有关的法律）	22
34	Uniform Act（统一法案）	22
35	Sherman Act（谢尔曼法）	21
36	United States Law（美国法律）	21
37	Case Law（判例法）	20
38	Law in a Changing（法律变化）	20

表 5.21 显示，法学学科发展第一阶段中，文档含量最高的主题词聚类是“冲突法”。冲突法是以冲突规范为主体，以法律选择为手段，以解决民商事领域法律冲突为目的的法律体系[49]，是国际法的重要组成部分。20 世纪初期是充满着动荡与变革的时期，战争与经济危机给国际社会稳定带来了巨大影响。

随着经济与社会关系的变革，各国冲突法的变革成为时代发展的必然要求。以美国为例，20 世纪初期的美国，工业化与城市化突飞猛进，第二次世界大战后更是在国际社会中占据着核心地位。而此时，美国奉行的“礼让，用以解决法律冲突”[50]的“礼让说”已无法适应新时期美国发展的需要，冲突法理论亟待革新。正是在此背景下，国际冲突法理论迎来了研究热潮。法学理论研究与法学实践密不可分，“具体法律条款”“法律发展规律”“法律新象”等对法律法规、法律发展变化的研究也是法学学科发展第一阶段的重要研究热点与主题。

法学学科发展第一阶段历经联邦与州权力划分的变革时期，“联邦与州”成为本时期法学研究的热点主题之一。20 世纪初期，美国联邦与州保持着各司其职、互不干涉的政治模式。随着自由资本主义向垄断资本主义的过渡，资本的垄断给垄断财团带来了巨大的利润，却导致大批中小企业主、农场主破产，人民生活恶化。这一客观现实要求联邦政府加强对经济的管理，以缓和社会矛盾，保持社会稳定[51]。违宪主义审查原则的广泛适用，扩大了最高法院的权力，沃伦法庭时期，美国的司法能动主义更是达到了高潮，联邦政府的权力也达到一个高峰[52]。

莱顿大学 N. J. van Eck 与 Ludo Waltman 团队开发的信息可视化软件 VOSviewer[53]，通过运用 MDS 聚类方法[54, 55]（Modularity-Based Clustering）和 VOS 绘图技术[55]（Visualization of Similarities Mapping Technique），能够将每对目标之间的相似性，利用其在低维视图中的距离，清晰、准确地表现出来，并对不同领域的期刊进行聚类，在图谱中用颜色进行划分，将抽象文本数据具象化，使人们直观地感受到大量文本信息中隐含的内在特征与规律。VOS 绘图技术[55]通过将目标之间距离的平方加权和最小化，依据平方距离加权和确定目标位置，其表达式为：

$$V\left(x_1,\cdots,\ x_n\right)=\sum_{i<j} s_{ij}\left\|x_i-x_j\right\|^2$$

n 表示图谱中含有项目的数量；x_i 表示项目 i 在图谱中的位置；s_{ij} 表示目标 i 与目标 j 之间的相似性；$\|\cdot\|$ 为欧几里得范数。应用 VOS 绘图技术，目标相似性越高，目标间平方距离加权和越大，其在图谱中所处位置越紧密。此外，在关键词聚类分析过程中，VOSviewer 提供了“完整计算”（full counting）与“二元计算”（binary counting）两种算法。“完整计算”算法将文本数据被分析栏目中出现的全部内容进行完整统计；而“二元计算”算法则仅计算文本数据被分析栏目中首次出现的内容，重复内容不列入计算范围。

通过对比分析上述两种算法，我们最终选择利用“二元计算”算法对法学学科研究热点主题进行聚类分析。启动 VOSviewer，导入法学学科发展第一阶段全部文本数据，并从“标题”字段提取热点主题词进行分析。运行 VOSviewer，调整相关阈值，得到图 5.22 所示的第一阶段（1900 ～ 1965 年）法学学科研究热点主题 VOSviewer 聚类图谱。图谱中，代表主题词的结点越大，表明该主题词出现频次越高。图谱绘制过程中，我们将 law、legal 等无意义或意义不明的结点从图谱中删除。

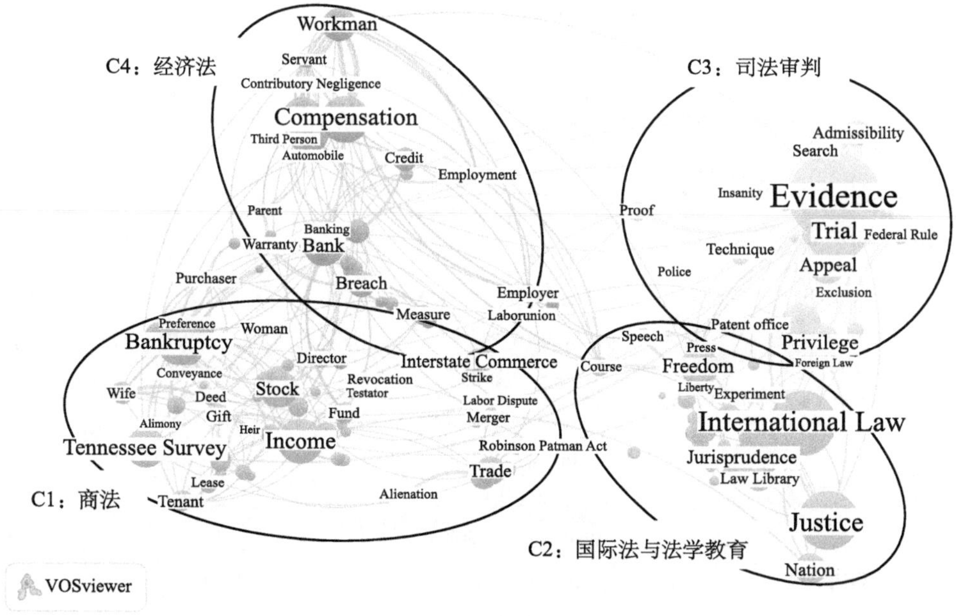

图 5.22 第一阶段（1900 ～ 1965 年）法学学科研究热点主题 VOSviewer 聚类图谱

图 5.22 显示，法学学科发展第一阶段热点主题词共形成四个聚类，分别是：聚类一，商法；聚类二，国际法与法学教育；聚类三，司法审判；聚类四，经济法。不同聚类中所含热点主题基本情况如表 5.22 所示。

表 5.22 第一阶段（1900 ～ 1965 年）不同聚类中的法学学科研究热点主题词

聚类名称	热点主题词	出现频次 / 次
商法	Income（收益）	249
	Bankruptcy（破产）	241
	Tennessee Survey（田纳西州调查）	215
	Stock（股份）	201

续表

聚类名称	热点主题词	出现频次 / 次
商法	Creditor（债权人）	167
	Trustee（受托人）	152
	Trade（交易）	147
	Stockholder（股东）	142
	Interstate Commerce（洲际贸易）	130
	Covenant（契约）	116
国际法与法学教育	International Law（国际法）	371
	Justice（公正）	329
	Freedom（自由）	201
	Law School（法学院）	200
	Nation（国家）	166
	Legal Education（法学教育）	155
	Jurisprudence（法律体系）	146
	Law Library（法律图书馆）	132
	School（学校）	116
	Course（课程）	96
司法审判	Compensation（赔偿金）	257
	Injury（损害）	216
	Bank（银行）	206
	Workman（劳动者）	176
	Breach（违背）	141
	Agent（代理人）	126
	Credit（信用）	124
	Compensation Act（补偿法）	97
	Employer（雇主）	97
经济法	Evidence（证据）	532
	Trial（审讯）	335
	Privilege（特权）	223
	Appeal（上诉）	206
	Judge（法官）	204
	Jury（陪审团）	165
	Admissibility [（证据）可采性]	133
	Witness（证人）	115
	Civil Procedure（民事诉讼程序）	111

表 5.22 显示，商法聚类中“收益”“破产”“股份”“股东”等公司法领域词语成为法学学科发展第一阶段的研究热点主题词。国际法与法学教育结合紧密，共同形成了国际法与法学教育聚类，其中“国际法”共计出现 371 次，是法学学科发展第一阶段出现频次最高的研究热点主题词。经济法聚类中，“劳动者”“雇主”等研究热点主题词，体现了该时期学者对劳动者权益保障、劳资关系等方面研究的关注。司法审判是法律实现的重要环节。司法审判聚类中，“证据”“(证据)可采性”“证人”等关键词较为突出，体现出证据学在司法审判过程中所占据的重要地位。

(二)法学学科发展第二阶段(1966 ~ 1976 年)的研究热点主题

我们采用同样方法，对法学学科发展第二阶段研究热点主题进行共词聚类分析。利用 CiteSpace 数据转化功能，将法学学科发展第一阶段全部文本数据转化为 Carrot2 可处理的 XML 格式。启动 Carrot2，选择聚类算法 Lingo，运行 Carrot2，选择泡沫树图显示形式，生成图 5.23 所示的第二阶段(1966 ~ 1976 年)法学学科研究热点主题 Carrot2 聚类图谱。图谱中，代表聚类的泡沫块越大，表明构成该聚类的文档数量越多。

图 5.23 第二阶段(1966 ~ 1976 年)法学学科研究热点主题 Carrot2 聚类图谱

图 5.23 显示，法学学科发展第二阶段(1966 ~ 1976 年)研究成果产生的主题词聚类数量相对较少，其中，以“国际关系”“国际法”“最高法院”最为突出。法学学科发展第二阶段中，文档含量不少于 8 篇的热点主题词聚类基本信息如表 5.23 所示。

表 5.23 第二阶段（1966～1976 年）法学学科文档含量不少于 8 篇的聚类

排序	热点主题词聚类	文档含量 / 篇
1	International（国际关系）	50
2	Supreme Court（最高法院）	39
3	International Law（国际法）	23
4	Due Process（正当程序）	22
5	Law School（法学院）	17
6	Property Rights（财产权）	15
7	Judicial Review（司法审查）	12
8	Empirical Study（实证研究）	10
9	American Law（美国法律）	10
10	Legal Research（法学研究）	9
11	Criminal Law（刑法）	9
12	State Courts（州法院）	9
13	Legal System（法律体系）	9
14	Conflicts Law（冲突法）	9
15	Contract Law（合同法）	9
16	Tort Law（侵权法）	9
17	Public Policy（公共政策）	8
18	Criminal Justice（刑事司法）	8
19	Legal Education（法学教育）	8
20	Common Law（普通法）	8
21	Law and Development（法律发展）	8
22	Law of Sea（海商法）	8

表 5.23 显示，法学学科发展第二阶段中，“国际关系”“最高法院”“国际法”成为学科研究的热点主题词。这一聚类结果与共词词频分析下的法学学科研究热点相吻合。在本阶段的共词聚类分析方法下，“正当程序”成为法学研究的热点主题。正当程序是美国宪法“正当程序条款”所体现的宪法原则，它是美国宪法的核心原则之一，已经成为美国宪政制度的基础性原则[56]，对美国经济、社会、政治领域产生了广泛和深远影响[57]。正当程序包含“程序性正当”与“实体性正当”双重内涵，两者在最终在 1973 年的罗伊诉韦德判决

中被联邦最高法院“熔为一炉”[58]。该时期法学学科研究成果既包含对程序性正当程序的探讨[59]，也包含对堕胎[60, 61]、安乐死[62]等实质性正当程序问题的争辩。“法学院”在法学学科发展第二阶段也受到了较多关注。法学教育与法学院并非一成不变，而是处于不断的发展变化之中。19 世纪初期，法学院要求严格且人才培养成效较差，因此，学徒式法学教育最为流行；19 世纪中后期，哈佛大学法学院在其首位院长的领导下，开始进行法学教育改革，以苏格拉底式的问答法代替传统的演讲型授课模式，激发学生的热情与创造力，取得了巨大成功。在哈佛大学法学教育方式的影响下，法学人才培养的重任逐步转移到法学院身上，学院教育经历成为进入法律职业的必备要素；法学院数量飞速增长。

此外，表 5.23 的信息显示，早在 1966 ～ 1977 年，国际法学研究中“实证研究”方法便已初现端倪。其研究内容涉及民法[63]、程序法[64]、刑法[65]等多个领域。目前，中国法学研究方法正处于转型之中，法学实证研究之路虽存在客观性发展难题，实证研究方法终将成为法学研究的常规范式[66]。对国际法学实证研究的探索，将助益于中国法学实证研究逻辑思路的理顺及实践的发展。

我们同样利用 VOSviewer 提取法学学科发展第二阶段热点主题词，并对其进行聚类分析。运行 VOSviewer，调整相关阈值，得到图 5.24 所示的第二阶段

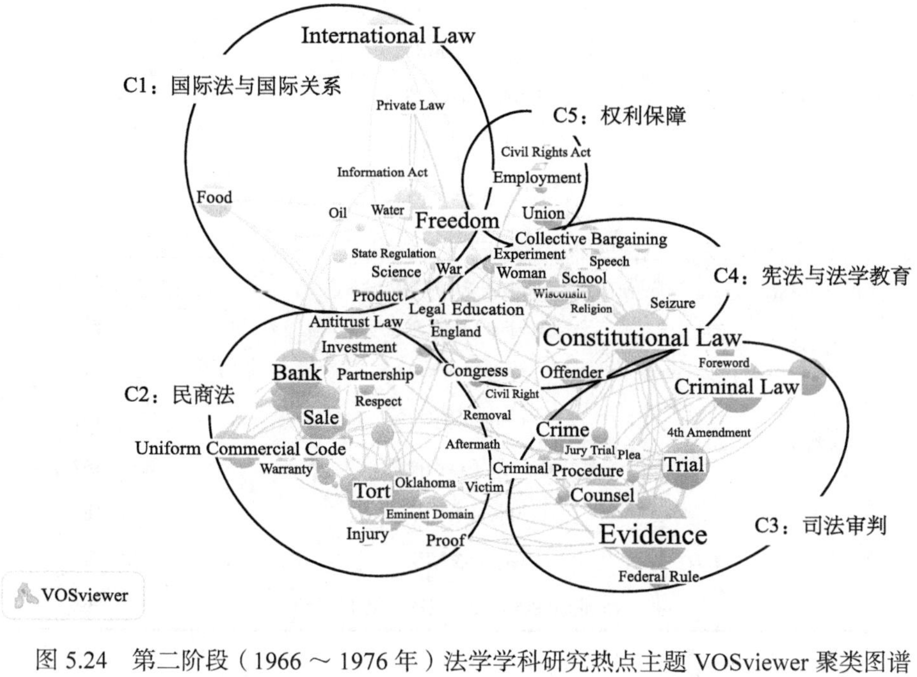

图 5.24　第二阶段（1966 ～ 1976 年）法学学科研究热点主题 VOSviewer 聚类图谱

（1966～1976年）法学学科研究热点主题VOSviewer聚类图谱。图谱中，代表热点主题词的结点越大，表明该主题词出现频次越高。同样，图谱绘制过程中，我们将无意义或意义不明的结点从图谱中删除。

图5.24显示，法学学科发展第二阶段中，研究热点主题词共形成民商法、宪法与法学教育、司法审判、国际法与国际关系及权利保障五个聚类。表5.24列出了不同聚类中法学学科研究热点主题词基本信息。

表5.24　第二阶段（1966～1976年）不同聚类中的法学学科研究热点主题词

聚类名称	热点主题词	出现频次/次
民商法	Tort（侵权）	214
	Bank（银行）	209
	Sale（出售）	190
	Damage（损害）	184
	Uniform Commercial Code（统一商法典）	150
	Bankruptcy（破产）	131
	Estate（财产）	130
宪法与法学教育	Constitutional Law（宪法）	258
	Legal Education（法学教育）	116
	Offender（违法者）	114
	University（大学）	101
	School（学校）	90
	Woman（女性）	88
	Student（学生）	81
司法审判	Evidence（证据）	334
	Criminal Law（刑法）	235
	Trial（审判）	211
	Crime（犯罪）	191
	Counsel（辩护律师）	167
	Appeal（上诉）	160
	Jury（陪审团）	97
	Criminal Procedure（刑事诉讼程序）	96

续表

聚类名称	热点主题词	出现频次 / 次
国际法与国际关系	International Law（国际法）	218
	Freedom（自由）	198
	Food（食品）	137
	Pollution（污染）	137
	Drug（药品 / 毒品）	123
	Science（科学）	91
	War（战争）	87
	Product（产品）	79
	Water（水）	79
	Technology（技术）	78
	Oil（石油）	77
权利保障	Union（工会）	104
	Employment（雇佣）	87
	Employer（雇主）	75
	Civil Rights Act（民权法案）	70
	Private Law（私法）	58
	Local Government（地方政府）	51
	Sex Discrimination（性别歧视）	42
	Racial Discrimination（种族歧视）	38

表 5.24 显示，民商法聚类中“侵权”成为出现频次最高的热点主题词；“统一商法典”的制定与推广也在法学研究领域引起了较大关注。宪法与法学教育聚类中，主题词“宪法”共计出现 258 次，尤为突出。此外，教育在性别上的平等问题也成为学者们研究的热点。司法审判聚类中，“刑法”“犯罪”“陪审团”“刑事诉讼程序”等研究热点主题体现了法学学科发展第二阶段中，刑事司法审判程序研究在司法审判领域研究中占据的重要地位。该时期，对“水”“石油”“食品”“污染”等国际问题的研究成为国际法与国际关系领域研究中的重点。权利保障聚类中，依旧可见对劳工权利保障的研究，同时，消灭性别歧视、种族歧视的研究也呈上升之势。

（三）法学学科发展第三阶段（1977 ～ 2004 年）的研究热点主题

同样，我们使用 CiteSpace 与 Carrot2，对法学学科发展第三阶段文本数据进行分析，探测该时间段内的学科研究热点主题。利用 CiteSpace 将数据转化为 Carrot2 可处理的 XML 格式后，选择聚类算法 Lingo，运行 Carrot2，选择泡沫树图显示形式，生成图 5.25 所示的第三阶段（1977 ～ 2004 年）法学学科研究热点主题 Carrot2 聚类图谱。图谱中，代表聚类的泡沫块越大，表明构成该聚类的文档数量越多。

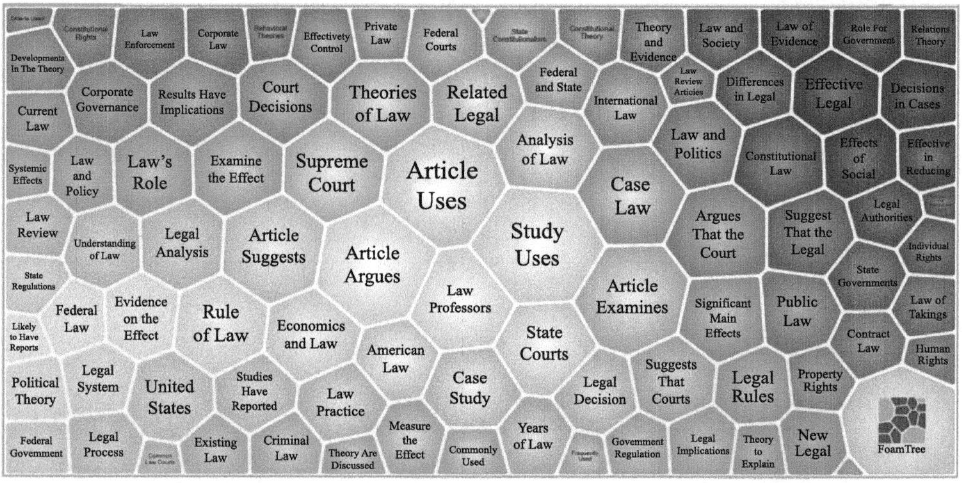

图 5.25　第三阶段（1977 ～ 2004 年）法学学科研究热点主题 Carrot2 聚类图谱

图 5.25 显示，法学学科发展第三阶段中，“判例法”（Case Law）、“法学教授”（Law Professor）等成为法学研究热点主题词。如表 5.25 所示，法学学科研究热点主题词（1977 ～ 2004 年）基本信息中首次出现了“经济与法律”“法律与政治”等交叉学科研究内容，标志着国际法学发展向新时代的跨越。

表 5.25　第三阶段（1977 ～ 2004 年）法学学科文档含量不少于 40 篇的聚类

排序	热点主题词聚类	文档含量 / 篇
1	Study Uses（研究采用）	96
2	Article Argues（文章认为）	87
3	Article Uses（文章采用）	86
4	Article Examines（文章审视）	75
5	Article Suggests（文章建议）	73

续表

排序	热点主题词聚类	文档含量 / 篇
6	Case Law（判例法）	67
7	Law Professors（法学教授）	63
8	Supreme Court（最高法院）	61
9	Argues That the Court（对法院的审视）	60
10	Rule of Law（法律规则）	60
11	Analysis of Law（法律分析）	57
12	State Courts（州法院）	55
13	Examine the Effect［（法律）效果探测］	54
14	Constitutional Law（宪法）	54
15	Economics and Law（经济与法律）	54
16	Theories of Law（法学理论）	54
17	Significant Main Effects（主要影响）	52
18	Legal Analysis（法律分析）	50
19	Law and Politics（法律与政治）	50
20	Case Study（判例研究）	49
21	Suggest That the Legal（法律建议）	49
22	United States（美国）	48
23	Related Legal（相关法律）	47
24	Suggest That Courts（法庭建议）	47
25	Law’s Role（法律角色）	47
26	Effective Legal（法律影响）	47
27	Law Practice（法律实践）	44
28	Court Decisions（法庭决定）	44
29	Public Law（公法）	43
30	Evidence on the Effect（影响实证）	42
31	International Law（国际法）	42
32	Legal Decision（法院判决）	41
33	Corporate Governance（公司治理）	40
34	Effects of Social（社会影响）	40
35	Federal Courts（联邦法院）	40

启动 VOSviewer，导入法学学科发展第三阶段全部文本数据，并选择“标题与摘要”字段进行分析。运行 VOSviewer，调整相关阈值，得到如图 5.26 所

示的法学学科研究热点主题 VOSviewer 聚类图谱（1977 ～ 2004 年）。图谱中，代表热点主题词的结点越大，表明该主题词出现频次越高。

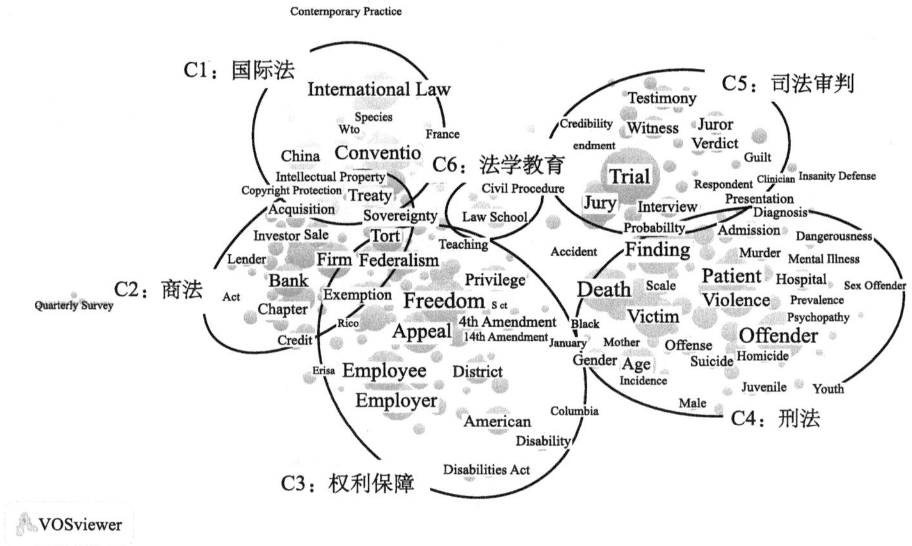

图 5.26　第三阶段（1977 ～ 2004 年）法学学科研究热点主题 VOSviewer 聚类图谱

图 5.26 显示，法学学科发展第三阶段共产生六个热点主题词聚类，分别是：聚类一，国际法；聚类二，商法；聚类三，权利保障；聚类四，刑法；聚类五，司法审判；聚类六，法学教育。我们从法学学科发展第三阶段研究热点主题聚类中选取部分热点主题词，按出现频次降序排列，并将其基本信息展示在表 5.26 中。

表 5.26　第三阶段（1977 ～ 2004 年）不同聚类中的法学学科研究热点主题词

聚类名称	热点主题词	出现频次 / 次
权利保障	Freedom（自由）	348
	Employee（雇员）	305
	Appeal（上诉）	301
	Employer（雇主）	268
	Federalism（联邦制）	197
权利保障	American（美国人）	190
	1st Amendment（宪法第一修正案）	174
	District（地区）	171
	Privilege（特权）	171

续表

聚类名称	热点主题词	出现频次 / 次
刑法	Offender（违法者）	361
	Finding（裁决）	353
	Death（死亡）	320
	Victim（受害人）	301
	Patient（病人）	258
	Age（年龄）	252
	Violence（暴力）	241
	Characteristic（特征）	207
	Man（男性）	192
商法	Firm（公司）	250
	Bank（银行）	236
	Tort（侵权）	217
	Bankruptcy（破产）	210
	Transaction（交易）	209
	Conference（联盟）	163
	Sale（销售）	161
	Credit（信誉）	116
	Merger [（企业）合并]	106
国际法	Convention（惯例）	300
	International Law（国际法）	278
	China（中国）	206
	Treaty（条约）	183
	Sea（海洋）	164
	Japan（日本）	138
	Copyright（版权）	116
	Germany（德国）	112
	European Community（欧共体）	97
司法审判	Trial（审讯）	449
	Jury（陪审团）	272
	Participant [参加的（人）]	166
	Testimony（证词）	154
	Witness（证人）	143
	Juror（陪审员）	141

续表

聚类名称	热点主题词	出现频次 / 次
法学教育	Law School（法学院）	135
	Legal Education（法学教育）	132
	Training（培训）	98
	Professional Responsibility（职业道德）	51
	Teaching（教学）	51
	Law Student（法学生）	48

表 5.26 显示，权利保障聚类中，“自由”共出现 348 次，成为出现频次最高的研究热点主题词。伴随着基本权利的扩张与具体权利内容的细化，对自由的追求成为法学理论界探讨的重要议题。信息时代的开启，计算机的普及，移动互联网时代的到来，催生了一种和以往截然不同的交流方式，社会关系发生了巨大变化，诸多法律关系面临着前所未有的挑战。因此，法学学科发展第三阶段中，除却对亲密关系自由[67]、宗教信仰自由[68]等问题的探讨，对言论自由，尤其是网络言论自由[69, 70]的争辩也成为本时期的重要议题。“雇员”与“雇主”分别出现 305 次、268 次，也是法学学科发展第三阶段的热点主题词。雇佣关系的研究产生于 19 世纪末 20 世纪初劳资关系冲突剧烈的美国[71]，如何解决劳资矛盾，构建合理的劳资关系模型，保障劳工权益等问题一直是理论界探讨的热点。

刑法聚类中，“违法者”作为刑法中的重要主体，共计出现 361 次，成为该阶段法学研究的热门词语。法学理论界对“违法者”的研究主要集中于犯罪风险分析[72, 73]、犯罪判决[74]、犯罪者矫正方法[75, 76]三个方面，其中性暴力犯罪[72, 73, 77]相关问题分析是该时期研究的重点内容。此外，死刑判决的适用与留存、犯罪年龄、受害人分析等问题都是该时期刑法学的研究热点。

商法领域中，商事主体行为、商事活动规范是法律研究的重点问题。商法聚类中，商事主体——“公司”，共计出现 250 次，是商法聚类中出现频次最高的热点主题词。出现频次超过 200 次的热点主题词还有“银行”“侵权”“破产”及“交易”。

国际法聚类中，“惯例”与“国际法”分别出现 300 次、278 次，是法学研究的重点主题词。此外，“中国”“日本”“德国”“欧共体”均成为本时期国际法学研究的热点主题。这充分展示了法学学科发展第三阶段，上述国家 / 地区在国际社会中占据的重要地位。

司法审判聚类中，审判过程、法庭参与人、证词等内容均为本阶段法学研究的热点主题。其具体研究内容涉及审判原则[78]、审判方法[79]、受审能力[80]等诸多方面。

本阶段中，法学教育研究脱离其他法律部门，成为独立聚类，体现出法学学科发展第三阶段中法学教育在法学研究中所占据的重要地位。这与 Carrot2 聚类图谱结果相吻合。法学教育聚类包含“法学院”“法学教育”“培训”“职业道德”等法学研究热点主题。本阶段的法学教育研究内容涉及性别平等[81]、种族平等[82]、宗教信仰[83]等问题，与社会实践结合紧密。

（四）法学学科发展第四阶段（2005 ～ 2017 年）的研究热点主题

同样，我们利用 CiteSpace 将法学学科发展第四阶段文本数据转化为 Carrot2 可处理的 XML 格式。随后，打开 Carrot2，选择聚类算法 Lingo，运行 Carrot2，选择泡沫树图显示形式，生成图 5.27 所示的第四阶段（2005 ～ 2017 年）法学学科研究热点主题 Carrot2 聚类图谱。图谱中，代表聚类的泡沫块越大，表明构成该聚类的文档数量越多。

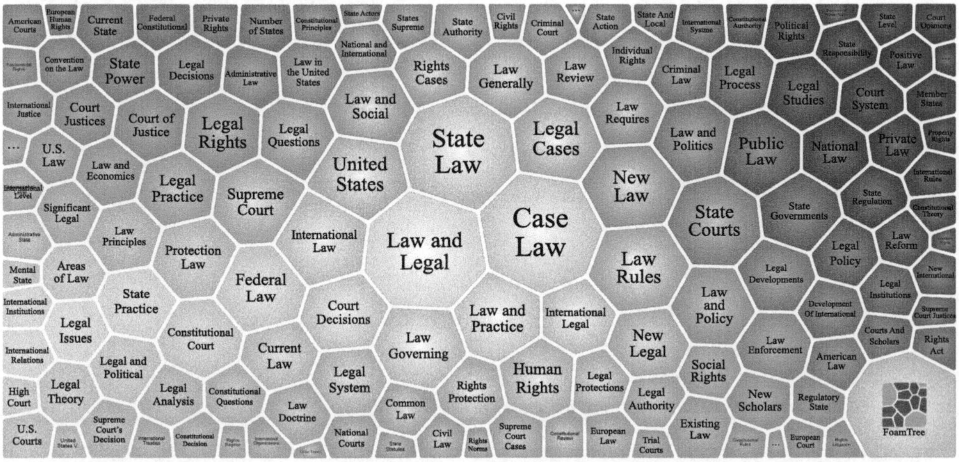

图 5.27　第四阶段（2005 ～ 2017 年）法学学科研究热点主题 Carrot2 聚类图谱

图 5.27 显示，法学学科发展至第四阶段，形成了以“判例法”为核心的法学研究热点主题图谱，彰显了判例法在国际法学研究中的重要地位。我们将法学学科发展第四阶段中文档含量不低于 200 篇的热点主题词聚类基本信息展示在表 5.27 中。

表 5.27 显示，法学学科研究热点主题词聚类中，文档含量不低于 200 篇的热点主题词共有 45 个。其中，“判例法”“州法律”“法律规则”等具体法律规

则是法学研究的热点内容。“国际法”等也受到了较多关注。

我们采用相同方法探究法学学科发展第四阶段研究热点主题。启动VOSviewer，导入法学学科发展第四阶段全部文本数据，选用“二元计算”算法，并选择“标题与摘要”字段进行分析。运行VOSviewer，共得到关键词144 900个，选择出现频次高于30次的1439个关键词进行聚类，调整相关阈值，得到如图5.28所示的法学学科研究热点主题VOSviewer聚类图谱（2005～2017年）。图谱绘制过程中，为了增强可视化效果，我们仅在图谱中展示300个关键词结点。图谱中，代表热点主题词的结点越大，表明该主题词出现频次越高；代表热点主题词的结点之间连线越密集，表明主题词间的联系越频繁。

表5.27　第四阶段（2005～2017年）法学学科文档含量不低于200篇的聚类

排序	热点主题词聚类	文档含量/篇
1	Law and Legal（法律与法律研究）	675
2	Case Law（判例法）	639
3	State Law（州法律）	593
4	Law Rules（法律规则）	392
5	International Law（国际法）	382
6	New Law（新法）	372
7	Law Governing（法治）	366
8	United States（美国）	363
9	State Courts（州法院）	356
10	Federal Law（联邦法）	346
11	Legal Case（判例）	336
12	Law and Practice（法律与实践）	336
13	Supreme Court（最高法院）	317
14	Public Law（公法）	309
15	Court Decisions（法院判决）	307
16	Law and Social（法律与社会）	306
17	Law and Policy（法律与政策）	299
18	Protection Law（权益保护法）	293
19	Law and Politics（法律与政治）	291
20	Human Rights（人权）	286

续表

排序	热点主题词聚类	文档含量 / 篇
21	Legal Rights（法律权利）	286
22	State Governments（州政府）	285
23	Constitutional Court（宪法法院）	272
24	Law Generally（一般情况下的法律）	268
25	New Legal（新法）	262
26	Legal Practice（法律实践）	256
27	Legal Studies（法律研究）	255
28	Legal System（法学体系）	252
29	Legal Questions（法律问题）	247
30	Legal Development（法律发展）	245
31	State Practice（州法律实践）	239
32	Law Requires（法律要求）	233
33	International Legal（国际法研究）	233
34	Court of Justice（法院）	232
35	National Law（公法）	230
36	Current Law（现行法）	229
37	Rights Cases（权利案件）	226
38	Law Enforcement（法律的实施）	225
39	Law Principles（法律原则）	218
40	Legal Process（法律程序）	215
41	Rights Protection（权利保护）	211
42	Legal Decisions（法律判决）	209
43	Legal Policy（法律政策）	204
44	Legal and Political（法律与政治）	201
45	Law Review（司法审查）	200

图 5.28 显示，法学学科发展第四阶段形成了四个研究热点主题聚类，分别是：聚类一，刑法；聚类二，司法审判；聚类三，宪政体系；聚类四，国际法与知识产权。其中，刑法聚类中结点最大，且连线最为密集，表明其主题词出现频次最高，且各主题词间联系较强。刑法聚类与司法审判聚类间联系紧密，聚类间内容多有交叉。表 5.28 列出了不同聚类中的高频主题词基本信息。

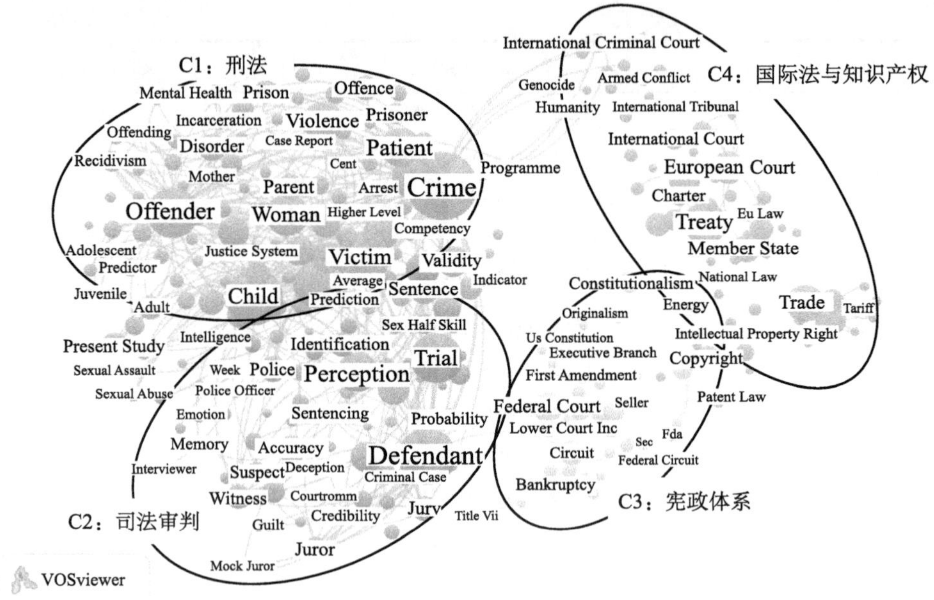

图 5.28　第四阶段（2005 ～ 2017 年）法学学科研究热点主题 VOSviewer 聚类图谱

表 5.28　第四阶段（2005 ～ 2017 年）不同聚类中的法学学科研究热点主题词

聚类名称	热点主题词	出现频次 / 次
刑法	Crime（犯罪）	601
	Child（儿童）	462
	Victim（受害人）	416
	Offender（罪犯）	401
	Age（年龄）	359
	Woman（女性）	305
	Violence（暴力）	275
	Abuse（滥用）	227
	Man（男性）	211
司法审判	Defendant（被告）	453
	Trial（审讯）	390
	Perception（获取）	278
	Bias（偏见）	166
	Police（警方）	155

续表

聚类名称	热点主题词	出现频次 / 次
司法审判	Jury（陪审团）	149
	Witness（证人）	143
	Identification（鉴定）	141
	Juror（陪审员）	123
	Testimony（证词）	119
宪政体系	Federal Court（联邦法院）	191
	Circuit（巡回法庭）	142
	Constitutionalism（宪政）	120
	Suit（诉讼）	115
	Lower Court（初级法院）	90
	First Amendment（宪法第一修正案）	86
	Class Action（集团诉讼）	78
	Preemption（优先权）	66
国际法与知识产权	Treaty（条约）	307
	Trade（贸易）	251
	European Court（欧洲法院）	208
	WTO（世界贸易组织）	191
	Sea（海洋）	185
	Member State（成员国）	162
	Copyright（版权）	126
	International Court（国际法庭）	109
	Intellectual Property Right（知识产权）	100

表 5.28 显示，刑法聚类中，研究热点主题有："犯罪""儿童""受害人""罪犯""年龄""女性"等。这表明法学学科发展第四阶段中，刑法学研究内容多涉及犯罪年龄、犯罪性别、暴力犯罪、受害人分析等内容。

国际法研究领域，除传统的"条约""贸易"外，"世界贸易组织"（World Trade Organization，WTO）成为本阶段法学研究的热点主题。1994 年关税及贸易总协定乌拉圭回合部长会议决定成立世界贸易组织，取代了 1948 年开始生效的关税及贸易总协定，并于 1995 年开始正式运作。世界贸易组织通过提供谈判和正式贸易协定的框架，以及旨在加强参与者遵守世界贸易组织协定的争端解决程序，来处理参与国之间的贸易规则，对世界经济发展有着重要影响。世界贸易组织法体系主要由下列几个部门或领域的法律制度组成：世界贸易组织的组织法、世界贸易组织的货物贸易法、世界贸易组织的服务贸易法、与贸易有关的知识产权协定，以及诸边贸易协定[84]。加入世界贸易组织的国家会根据“与贸易有关的知识产权协定”相关要求对本国知识产权法律规范进行修改。这导致国际法与知识产权法在法学研究中联系性加强，融合为国际法与知识产权法聚类。

司法审判聚类中，“被告”（defendant）共计出现 453 次，是该聚类中出现频次最高的研究热点主题词。其研究内容多集中于被告责任能力[85-87]、被告权利[88]等方面，且多为对刑事被告的研究。此外,“审讯”“获取”“偏见”等，也是法学学科研究的热点主题词。

法学学科发展第四阶段，宪政体系形成了独立的聚类。宪政体系，指依据一国宪法而构建的限制公权力、保障公民权利的体系。宪政的核心是对于公共官员的法律限制[89]。宪政体系聚类涉及“联邦法院”“巡回法庭”“宪政”等热点主题词，其研究范围涵盖了司法体系建设、公民权利保障、各国宪政建设进程等多个方面。

第六节　小　　结

一、主要结论

本章采用共现分析方法与信息可视化方法，对 SSCI 数据库的发表于 1900 ～ 2017 年全部法学学科研究成果共 213 187 条文本数据进行分析。依据法学学科研究成果发展的整体态势，将 1900 ～ 2017 年分为四个时间段（1900 ～ 1965 年、1966 ～ 1976 年、1977 ～ 2004 年、2005 ～ 2017 年），分别探测每一时间段内法学学科发展的科学合作情况、国家 / 地区分布情况、学科分布情况、学科成果高产机构及学科研究热点主题，并得出如下结论。

第一，随时间推移，法学学科研究水平整体呈上升趋势。科学合作逐步发展、强化。法学学科发展第一阶段（1900 ～ 1965 年），合作网络整体较为稀疏，合作规模也相对较小；1966 ～ 1976 年，法学学科科学合作网络变化显著，作者间联系由稀疏到密集，合作规模也开始扩张；1977 ～ 2004 年，法学学科科学合作网络变得十分密集，最大的子网络当中囊括了 9 位作者；2005 ～ 2017 年，法学学科科学合作网络更为密集，各学者间联系复杂，出现多个较大的子网络，子网络中包含的作者数量也较多。较为庞大、稳固的法学学科科学合作共同体正在形成。此外，法学学科研究成果的学科交叉特征逐渐显现并持续发展。学科交叉研究成果数量逐渐增长，研究成果所涉及的学科数目也不断扩张。

第二，从法学学科研究成果的国家 / 地区分布来看，美国、英格兰、加拿大等西方发达国家 / 地区在法学学科研究中始终占据着主导性地位。法学学科发展至第三阶段（1977 ～ 2004 年），日本、中国、印度等东方国家开始在国际法学研究舞台显露头角；2005 ～ 2017 年，中国在国际法学研究中排名第七，成为国际法学研究领域的重要成员。

第三，从法学学科研究成果的机构分布情况可以看出，高校始终是推动法学研究发展的中坚力量。法学学科百年发展历史过程中，哈佛大学、加州大学、芝加哥大学等高校的法学学科研究产出成果，始终占据国际法学研究成果的绝大部分；政府部门、图书馆、律师协会等机构也曾在法学学科发展的部分时期有过突出表现。此外，各阶段高产机构，几乎全部位于美国，这也彰显了美国法学学科研究在国际社会中的独特优势地位及其雄厚的科研实力。

法学学科研究热点主题的发展变化展现出法学理论研究与法学实践间的密切联系。法学学科发展第一阶段研究热点主题主要有宪法、最高法院、国际法等；第二阶段增加了刑法这一研究热点主题；第三阶段的研究热点主要集中于国际法、商法、权利保障、刑法、司法审判、法学教育这六个领域中；第四阶段研究热点则集中于刑法、司法审判、宪政体系、国际法与知识产权中。

二、对我国法学研究的启示

近年来，法学研究方法的转型越来越受到学界的关注[90]，法学实证研究者群体正在壮大，研究领域在扩散，研究成果在增加，影响面在扩大[91]。实证研究终将成为法学研究的重要方法之一。本章研究方法与研究结果对我国法学研究发展具有重要参考价值。

法学学科发展第四阶段中，我国在高产国家 / 地区中排名第七，取得了较好成绩，但却没有一个机构被列为国际法学学科高产机构。这一方面体现出近年来我国法学研究水平、研究能力的提升；另一方面也表明我国法学研究领域中研究成果相对分散，尚未形成强有力的研究团队。纵观国际百年法学研究历史，学科交叉，特别是与经济学、商学等领域的交叉，已成为推动法学发展的重要力量。“经济学”、“市场”、“经济分析”、元分析（Meta-Analysis）、“模型”

等词语成为法学研究的热点主题词。国际法学发展的系列变化揭示出国际法学研究方法、研究内容的深刻变革，也为我国法学研究指明了方向。

本章参考文献

[1] 谢彩霞. 科学合作促进学科交叉发展的研究 [J]. 科技与管理，2007，9（5）：97-100.

[2] 王利明，常鹏翱. 从学科分立到知识融合——我国法学学科 30 年之回顾与展望 [J]. 法学，2008，(12)：58-67.

[3] 徐汉明，王玉梅. 现代社会治理法学学科建设若干问题研究 [J]. 学术界，2015，(12)：79-88.

[4] 谢彩霞. 科学合作对学科发展的影响 [J]. 科技信息（学术研究），2007，(16)：270-271.

[5] 鲍传友. 促进高校人文社科研究人员科研合作的政策思考 [J]. 中国教育政策评论，2007，(00)：102-113.

[6] 乔治・W. 布瑞斯劳尔，杜瑞军，常桐善. 加州大学伯克利分校何以久负盛名：历史性动因的视角 [J]. 清华大学教育研究，2011，(6)：1-14.

[7] University of California. A brief history of the University of California [EB/OL]. http：//www.ucop.edu/academic-personnel-programs/programs-and-initiatives/faculty-resources-advancement/faculty-handbook-sections/brief-history.html [2018-8-15].

[8] 别敦荣，贾杰静. 哈佛大学的发展历程、教育理念及启示 [J]. 大学教育科学，2011，(6)：76-81.

[9] 张宇燕，富景筠. 美国历史上的腐败与反腐败 [J]. 国际经济评论，2005，(3)：5-11.

[10] Morris J B. Making sure we are true to our founders：the association of the bar of the city of New York [M]. New York：Fordham University Press，1977.

[11] Wikipedia. Wikipedia. District of Columbia Bar [EB/OL]. https：//en. wikipedia. org/wiki/District_of_Columbia Bar [2017-6-21].

[12] US News. The Best Law Schools in America，Ranked [EB/OL]. https：//www. usnews. com/best-graduate-schools/top-law-schools/law-rankings [2016-6-23].

[13] 栾春娟，刘琳琳. 知识产权学科管理建设研究 [M]. 北京：科学出版社，2018.

[14] 唐晨博. 英美两国宪法研究——以发展历程及比较分析为例 [J]. 时代报告，2016，(20)：51.

[15] 刘晗. 美国宪法的内在特性：制度结构、法律教义与宪法文化 [J]. 比较法研究，2014，27（5）：20-32.

[16] Bork R H. Coercing Virtue：The Worldwide Rule of Judges [M]. Washington：The AEI

Press，2003.

[17] 古祖雪 . 论国际法的理念 [J] . 法学评论，2005，(1)：42-48.

[18] 张小明 . 第二次世界大战与国际体系的变迁 [J] . 世界经济与政治，2005，(9)：7-12，4.

[19] Friedmann W. The uses of "General Principles" in the development of international law [J] . The American Journal of International Law，1963，57 (2)：279-299.

[20] Roy S N G. Is the law of responsibility of states for injuries to aliens a part of universal international law [J] . The American Journal of International Law，1961，55 (4)：863-891.

[21] Hoffmann S. International systems and international law [J] . World Politics，1961，14 (1)：205-237.

[22] Castaneda J. The underdeveloped nations and the development of international law [J] . International Organization，1961，15 (1)：38-48.

[23] Ago R. Positive law and international law [J] . The American Journal of International Law，1957，51 (4)：691-733.

[24] 森下忠 . 犯罪者处遇 [M] . 白绿铉，吴平，车红花，译 . 北京：中国纺织出版社，1994.

[25] 张亚飞 . 二战后美、英、法、日刑事政策对中国的启示 [J] . 甘肃政法学院学报，2011，(4)：136-145.

[26] Thomas C W，Cage R J，Foster S C. Public opinion on criminal law and legal sanctions：an examination of two conceptual models [J] . Journal of Criminal Law & Criminology，1976，67 (1)：110-116.

[27] Elsen S H，Rosett A. Protections for the suspect under Miranda v. Arizona [J] . Columbia Law Review，1967，67 (4)：645-670.

[28] Ervin S J Jr. Miranda v. Arizona-a Decision based on excessive and visionary solicitude for accused [J] . American Criminal Law Review，1967，5 (3)：125-129.

[29] EPpinsky H E P. A theory of police reaction to Miranda v. Arizona [J] . Crime & Delinquency，1970，16 (4)：379-392.

[30] Titus H W. Restatement (second) of torts section 402 A and the Uniform Commercial Code [J] . Stanford Law Review，1970，22 (4)：713-782.

[31] Mellinkoff D. The language of the Uniform Commercial Code [J] . The Yale Law Journal，1967，77 (2)：185-227.

[32] Summers R S. "Good faith" in general Contract Law and the sales provisions of the Uniform Commercial Code [J] . Virginia Law Review，1968，54 (2)：195-267.

[33] 郭捷，王晓东 . 劳动关系及其法律调整的历史演进 [J] . 人文杂志，1998，(5)：49-54.

[34] 陈云生 . 权利本位价值模式的历史命运 [J] . 政法论坛，1995，(1)：16-22，75.

[35] Coffee J C. The regulation of entrepreneurial litigation：balancing fairness and efficiency in the large class action [J] . The University of Chicago Law Review，1987，54 (3)：877-937.

[36] Saks M J. Do we really know anything about the behavior of the tort litigation system. And why not？ [J] . University of Pennsylvania Law Review，1992，140 (4)：1147-1292.

[37] Sabel C F，Simon W H. Destabilization right：How public law litigation succeeds [J] . Harvard Law Review，2004，117 (4)：1015-1101.

[38] Macey J R，Miller G P. The plaintiffs attorney's role in class action and derivative litigation：economic analysis and recommendations for reform [J] . The University of Chicago Law Review，1991，58 (1)：1-118.

[39] Trubek D M，Sarat A，Felstiner W L F，et al. The costs of ordinary litigation [J] . UCLA Law Review，1983，31 (1)：72-127.

[40] 陶正华 . 国际法要研究的四个问题 [J] . 法学研究，2004，(2)：128-129.

[41] 石文龙 . 论 21 世纪国际法的理论创新 [J] . 东方法学，2014，(1)：70-76.

[42] Danner A M，Martinez J S. Guilty associations：Joint criminal enterprise，command responsibility，and the development of international criminal law [J] . California Law Review，2005，93 (1)：75-169.

[43] Hafner-Burton E M，Tsutsui K. Justice lost! The failure of international human rights law to matter where needed most [J] . Journal of Peace Research，2007，44 (4)：407-425.

[44] von Stein J. The international law and politics of climate change：ratification of the United Nations Framework Convention and the Kyoto Protocol [J] . The Journal of Conflict Resolution，2008，52 (2)：243-268.

[45] Fidler D P. Influenza virus samples，international law，and global health diplomacy [J] . Emerging Infectious Diseases，2008，14 (1)：88-94.

[46] von Bogdandy A. Constitutionalism in international law：comment on a proposal from Germany [J] . Harvard International Law Journal，2006，47 (1)：223-242.

[47] 钟伟金，李佳，杨兴菊 . 共词分析法研究（三）——共词聚类分析法的原理与特点 [J] . 情报杂志，2008，27 (7)：118-120.

[48] 高凯，阳春辉，陶秋红，等 . 基于 Carrot2 聚类的垂直搜索引擎的研究与实现 [J] . 河北工业科技，2012，29 (3)：155-157.

[49] 周江．“冲突法理论”论纲［J］．法律科学（西北政法大学学报），2010，（1）：107-113.

[50] 许庆坤．论美国传统冲突法的本土化及其对中国的启示［J］．山东大学学报（哲学社会科学版），2007，（3）：99-105.

[51] 谭融，于家琦．美国联邦制的发展沿革［J］．天津师范大学学报（社会科学版），2002，（6）：12-18.

[52] 郭殊．论中央与地方关系中的司法调节功能——以美国联邦司法判例为线索［J］．法商研究，2008，（5）：123-130.

[53] van Eck N J，Waltman L. Software survey：VOSviewer，a computer program for bibliometric mapping［J］. Scientometrics，2010，84（2）：523-538.

[54] Waltman L，van Eck N J，Noyons E C M. A unified approach to mapping and clustering of bibliometric networks［J］. Journal of Informetrics，2010，4（4）：629-635.

[55] van Eck, Nees J，Waltman L. Vos：a new method for visualizing similarities between objects［EB/OL］. https：//papers. ssrn. com/sol3/papers. cfm?abstract_id=902749［2006-4-5］.

[56] 杨炳超．论美国宪法的正当程序原则——兼论我国对该原则的借鉴［J］．法学论坛，2004，（6）：91-97.

[57] 于向花，李志君．正当程序及其法理阐释［J］．甘肃社会科学，2015，（3）：96-99.

[58] 余军．正当程序：作为概括性人权保障条款——基于美国联邦最高法院司法史的考察［J］．浙江学刊，2014，（6）：159-169.

[59] Mashaw J L. The management side of due process：some theoretical and litigation notes on the assurance of accuracy，fairness and timeliness in the adjudication of social welfare claims［J］. Cornell Law Review，1974，59（5）：772-824.

[60] Epstein R A. Substantive due process by any other name：the abortion cases［J］. The Supreme Court Review，1973：159-185.

[61] Perry M J. Abortion，public morals，and police power：the ethical function of substantive due process［J］. UCLA Law Review，1976，23（4）：689-736.

[62] Kutner L. Due process of euthanasia：the living will，a proposal［J］. Indiana Law Journal，1969，44（4）：539-554.

[63] Blasi V. The newsman’s privilege：an empirical study［J］. Michigan Law Review，1971，70（2）：229-284.

[64] Steadman J M，Rosenstein R S. “Small claims” consumer plaintiffs in the philadelphia municipal court：an empirical study［J］. University of Pennsylvania Law Review，1973，

121（6）：1309-1361.

［65］Komesar N K. A theoretical and empirical study of victims of crime［J］. The Journal of Legal Studies，1973，2（2）：301-321.

［66］钱弘道，崔鹤 . 中国法学实证研究客观性难题求解——韦伯社会科学方法论的启示［J］. 浙江大学学报（人文社会科学版），2014，（5）：124-138.

［67］McConnell M W. Religious freedom at a crossroads［J］. The University of Chicago Law Review，1992，59（1）：115-194.

［68］Strauss D A. Persuasion，autonomy，and freedom of expression［J］. Columbia Law Review，1991，91（2）：334-371.

［69］Balkin J M. Digital speech and democratic culture：a theory of freedom of expression for the information society［J］. New York University Law Review，2004，79（1）：1-58.

［70］Baker C E. Scope of 1st-amendment freedom of speech［J］. UCLA Law Review，1978，25（5）：964-1040.

［71］曹德骏，唐文军，李勤 . 雇佣关系研究：演进与启示［J］. 财经科学，2006，（10）：84-90.

［72］Hanson R K，Thornton D. Improving risk assessments for sex offenders：a comparison of three actuarial scales［J］. Law and Human Behavior，2000，24（1）：119-136.

［73］Hanson R K. What do we know about sex offender risk assessment?［J］. Psychology Public Policy and Law，1998，4（1-2）：50-72.

［74］Blumstein A，Cohen J. Sentencing of convicted offenders：an analysis of the public's view［J］. Law & Society Review，1980，14（2）：223-261.

［75］Ward T，Brown M. The good lives model and conceptual issues in offender rehabilitation［J］. Psychology Crime & Law，2004，10（3）：243-257.

［76］Farabee D，Prendergast M，Anglin M D. The effectiveness of coerced treatment for drug-abusing offenders［J］. Federal Probation，1998，62（1）：3-10.

［77］Simon J. Managing the monstrous：sex offenders and the new penology［J］. Psychology Public Policy and Law，1998，4（1-2）：452-467.

［78］Clermont K M，Eisenberg T. Trial by jury or judge：transcending empiricism［J］. Cornell Law Review，1992，77（5）：1124-1177.

［79］Langbein J H. The criminal trial before lawyers［J］. The University of Chicago Law Review，1978，45（2）：263-316.

［80］Grisso T，Steinberg L，Woolard J，et al. Juveniles'competence to stand trial：a comparison of adolescents'and adults'capacities as trial defendants［J］. Law and Human Behavior，

2003，27（4）：333-363.

［81］Guinier L，Fine M，Balin J，et al. Becoming gentlemen：women's experiences at one Ivy league law school［J］. University of Pennsylvania Law Review，1994，143（1）：1-110.

［82］Lempert R O，Chambers D L，Adams T K. Michigan's minority graduates in practice：the river runs through law school［J］. Law and Social Inquiry-Journal of the American Bar Foundation，2000，25（2）：395-505.

［83］Chused R H. The hiring and retention of minorities and women on American law school faculties［J］. University of Pennsylvania Law Review，1988，137（2）：537-569.

［84］曾令良 . 论世界贸易组织的法律体系［J］. 法学评论，1996，（2）：40-44.

［85］Edens J F，Colwell L H，Desforges D M，et al. The impact of mental health evidence on support for capital punishment：are defendants labeled psychopathic considered more deserving of death?［J］. Behavioral Sciences & the Law，2005，23（5）：603-625.

［86］Schwartz D L，Kesan J P. Analyzing the role of non-practicing entities in the patent system［J］. Cornell Law Review，2014，99（2）：425-456.

［87］Viljoen J L，Roesch R. Competence to waive interrogation rights and adjudicative competence in adolescent defendants：cognitive development，attorney contact，and psychological symptoms［J］. Law and Human Behavior，2005，29（6）：723-742.

［88］Natapoff A. Speechless：the silencing of criminal defendants［J］. New York University Law Review，2005，80（5）：1449-1504.

［89］林广华 . 论宪政与民主［J］. 法律科学（西北政法学院学报），2001，（3）：21-30.

［90］左卫民 . 法学实证研究的价值与未来发展［J］. 法学研究，2013，（6）：12-14.

［91］程金华 . 当代中国的法律实证研究［J］. 中国法学，2015，（6）：60-78.

第六章　科学计量学方法在知识产权相关研究中的应用

第一节　美国高校科技成果转化路径的实证分析与启示

一、引言

实证分析美国高校科技成果转化的路径并探索美国政府促进高校科技成果转化的制度措施及其实施效果，对加速我国高校的科技成果转化，助力知识产权强国战略的实施和创新型国家建设，具有重要的理论意义和现实意义。国内外学者关于高校科技成果转化的相关研究成果，主要集中于以下几个方面。第一，关于高校科技成果转化模式的研究。Calcagnini 和 Favaretto 从欧洲主要国家的视角，分析了大学技术转移的模式和相关政策[1]。Aceytuno 和 Caceres 比较了中欧和地中海周边国家的不同创新模式，发现二者有很大区别[2]。胡罡等认为[3]，中山大学与地方政府联合共建研究院，在成果转化机制、地方研究院定位、提高科技成果实用性、支持科技企业孵化等方面进行的多项创新，在成果转化、服务企业、推动产业发展等方面取得了较好的效果，其经验具有参考价值。周训胜通过对我国高校现行科技成果转化三种模式——高校自办产业模式、点对点模式、增长极模式进行利弊分析，提出可以通过政策引导、加大知识产权保护力度、加大资金投入、增强技术可靠性、以市场运作代替行政运作等形式，进一步促进高校科技成果的成功转化[4]。第二，关于高校科技成果转化的成功 / 制约因素研究。Munari 等基于欧洲国家七个概念验证项目的深入分析[5]，研究了大学和公共研究机构的科学基金资助与成果转移及成果市场化之间的缺口，评价了金融工具并识别了科技成果成功转化的因素。潘谷平和章滢在分析科技成果转化发射源制约、接受体制约和社会环境制约等因素的基础上，提出科技成果转化过程是一个包含了孕育器、触发器、转换器、孵化器、服务器这五个子系统的综合系统，五个子系统相辅相成，共同推进科技成果转化[6]。第三，关于高校科技成果转化的制度创新研究。Silva 等提出[7]，政府和大学必须完善相关制度，为不同特色的企业提供它们所需要的技术，以促进大学的科技成果转化。李海健指出[8]，高校科技成果转化率较低的现状对我国创新驱动发展战略的实施产生了不利影响，管理体制机制不完善是制约科技成果转化的重要因素。他在深入分析其中存在的深层次原因基础上，提出了建立和完善高校科技成果转化管理的激励机制，建立健全科学合理的知识产权保护制度，建立健全科学高效的科技成果转化管理体制，加快科学技术经营制度建设等对策建议。第四，关于美国高校科技成果转化的研究。Grimpe 和 Fier 比较了美国和德国大学科技成果转化状况，发现两者有很多共同性[9]。管丽丽等在解析了美国哈佛大学的成果收益分配条例的基础上，结合浙江省高校实际，提出了将成果收益与其他横向经费区别处理，根据各学校实际明确各方收益获取比例，规范使用和高效利用校方收益等建议[10]。李晓慧等认为[11]，美国促进科技成果转化与技术转移的许多政策措施，尤其是为转化项目提供充足的经费、重视成果信息推广服务、支持企业与科研机构的合作研发、激励科技人员积极参与成果转化与技术创新等举措，对中国建设及完善促进科技成果转化和技术创新的法律政策体系具有一定的借鉴意义。此外，学者们还对高校科技成果转化中的知识产权保护[12-14]、风险投资[15, 16]等相关问题进行了研究。

已有的关于高校科技成果转化研究成果是本书研究工作的重要基础。现有研究成果采用定性分析和案例研究方法的比较多，我们尚未发现基于美国高校科技成果转化的全数据对美国高校科技成果转化路径进行实证分析的相关研究成果。本书研究拟采用之前没有被利用过的数据，该数据来源于美国专利商标局（United States Patent and Trademark Office，USPTO）的官网，对美国高校科技成果专利路径进行实证研究，并在此基础之上探讨美国政府促进高校科技成果转化法律制度与政策措施及其实施效果，以及对中国政府促进高校科技成果转化的启示。

二、数据来源及处理

本书研究数据来源于美国专利商标局的官方网站。我们检索了专利许可的执行期限为 1900 ～ 2017 年的、美国高校作为专利许可方的全部专利许可数据，并将其视为美国高校科技成果转化数据。数据的检索日期为 2017 年 3 月 16 日，共得到检索结果为 57 042 个。

来源于美国专利商标局的美国高校专利许可数据在原始记录中，数据著录信息很不规范，需要花费大量的时间清洗和处理。例如，关于美国能源部的写法，就有表 6.1 所列出的 22 种，甚至包括一种错误的拼写（Engery，United States Department of）。其他机构，如美国国立卫生研究院（USA National Institutes of Health，NIH）、美国海军（U. S. Navy）、美国空军（U. S. Air Force）、美国陆军（U. S. Army）、美国国家航空航天局（National Aeronautics and Space

Administration，NASA）等，都存在着类似的、大量的、多种不同的著录信息，需要我们花费时间去一一查找并将其规范处理。

表 6.1　美国专利商标局原始数据中美国能源部的各种写法

序号	美国能源部的各种写法（原始数据中）
1	Energy，United States Department of
2	Energy，U.S. Department of
3	U.S. Department of Energy
4	United States Department of Energy
5	Energy，Department of，United States
6	Energy，United State Department of
7	United State Department of Energy
8	Energy，United States Department
9	Engery，United States Department of
10	Energy，U. S. Department of
11	Energy，U.S. Department
12	Energy，United States，Department of
13	Energy，Department of，United States Of America
14	Department of Energy，United States of America
15	Energy，United States of America，Department of
16	Department of Energy，United States
17	Energy U.S. Department of
18	Energy，Department，United States
19	Energy，United States Department of
20	Energy，U.S.，Department of
21	United States of America，the，as Represented by the Department of Energy
22	U.S Department of Energy

三、美国高校科技成果转化的发展趋势

我们以美国高校专利许可数据代表美国高校科技成果转化数据。图 6.1 显示了美国高校专利许可，即美国高校科技成果转化的发展趋势。1900 ～ 1979 年漫长的一段时期内，被检索的美国专利商标局专利交易平台上只有 5 项美国高校专利许可。美国高校科技成果转化真正开始的时间应该是 1980 年《拜杜法案》的颁布实施。

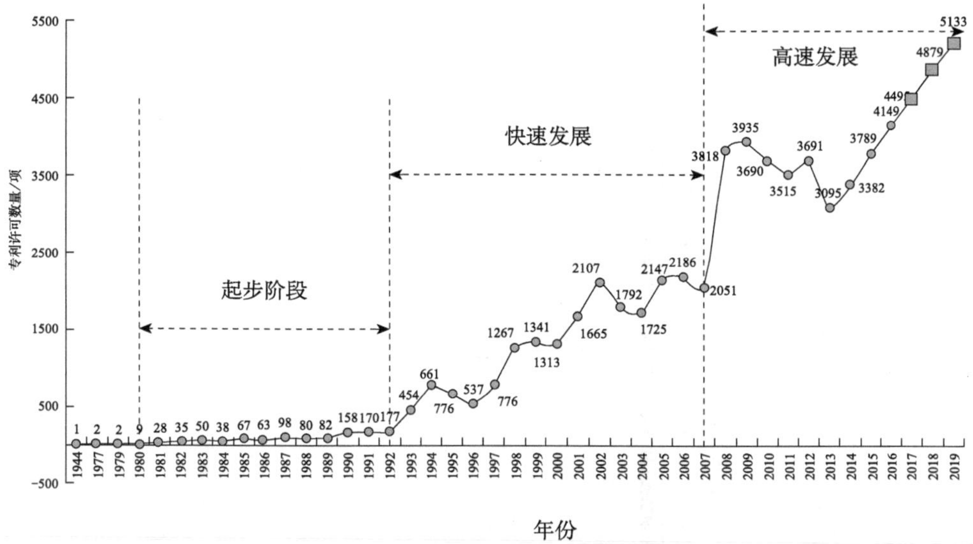

图 6.1　美国高校专利许可发展趋势

数据检索时间跨度为 1900 ～ 2017 年，检索日期为 2017 年 3 月 16 日，2017 ～ 2019 年度为预测值

图 6.1 显示，美国高校科技成果转化明显地分为三个阶段。第一阶段：起步阶段（1980 ～ 1992 年），该阶段高校的专利许可数量比较少，处于比较缓慢、低速发展阶段。第二阶段：快速发展阶段（1992 ～ 2007 年），该阶段的年度增长速度明显加快，呈现出快速发展的势头。第三阶段：高速发展阶段（2007 年至今），2008 年之后，美国高校专利许可数量虽有波动，但一直保持着比较活跃的发展态势，该阶段每一年度的专利许可数量都在 3000 项以上。需要说明的是，图 6.1 中 2017 ～ 2019 年度的数据为预测值，是依据 2013 ～ 2016 年度的数据进行的预测。

四、美国高校科技成果转化路径

（一）美国高校科技成果转化数据分析

美国高校科技成果转化路径，探讨的是高校科技成果的流向和去处。我们以美国高校专利许可数据代表美国高校科技成果转化数据，在此将主要分析高校专利许可中的被许可方的数据信息。图 6.2 绘出了 1900 ～ 2017 年美国高校的全部专利许可数据中，获得的专利许可数量超过 100 项的前 9 位专利被许可方。

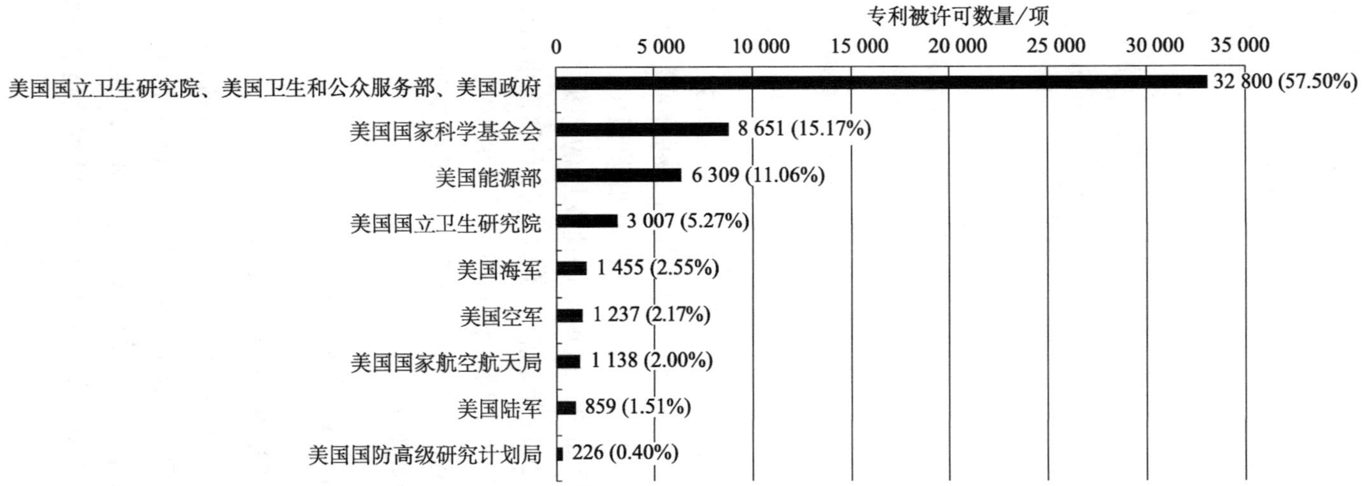

图 6.2　接受美国高校专利许可数量超过 100 项的前 9 位专利被许可方

括号中数字为专利被许可方占比

图 6.2 显示，在 1900 ～ 2017 年，接受美国高校专利许可数量超过 100 项的 9 个专利被许可方中，遥遥领先、排在第一位的是一个共同体，由美国国立卫生研究院、美国健康与人类服务部和美国政府共同组成，该共同体共接受大学专利许可 32 800 项，占全部检索结果 57 042 项的 57.50%，超过了总数的一半。排在第二位的是美国国家科学基金会，其获得高校的专利许可数量为 8651 项，占比为 15.17%。第三位为美国能源部，得到高校专利许可数量为 6309 项，占比为 11.06%。余下几个高被许可方分别为美国国立卫生研究院（5.27%）、美国海军（2.55%）、美国空军（2.17%）、美国国家航空航天局（2.00%）、美国陆军（1.51%）和美国国防高级研究计划局（0.40%）等，它们的占比都低于 10%。

（二）美国高校科技成果转化路径总结

从图 6.2 美国高校科技成果转化数据的分析结果可以归纳出，美国高校科技成果的转化路径是从大学到政府的，而非从大学到产业。图 6.2 中的 9 个高专利被许可方，其共同获得的专利许可数量为 55 682 项，占全部高校专利许可数量的 97.62%，即美国高校专利技术成果中的 97.62% 转移到了政府机构。由此我们可以得出，美国政府对美国高校的科技成果转化发挥了极其强大的、重要的创新培育作用。尤其是隶属于美国政府的美国国立卫生研究院和美国健康与人类服务部，其作为美国政府部门的共同体，接受了美国高校超过 50% 的专利技术许可，对美国高校专利技术转移起到了举足轻重、不可替代的重大作用。

五、美国政府促进高校科技成果转化的制度措施及其效果评价

（一）美国促进高校科技成果转化的法律制度及其效果评价

美国促进创新的相关立法对高校科技成果转化发挥了重大的作用。1980 年实施的《史蒂文森 - 怀勒技术创新法》和《拜杜法案》开启了美国高校技术转移的一个全新时代。尤其是《拜杜法案》使大学享有联邦资助科研成果的专利权成为可能，从而大大地调动了高校科研成果转化的积极性，为高校技术转移注入了强大动力[17, 18]；《史蒂文森 - 怀勒技术创新法》则建立了技术转移是联邦政府使命的重要制度[18, 19]。1992 年的《小企业技术转移法》为小企业和非营利组织提供了大量的与联邦研究实验室合作的机会。2007 年小布什总统推出的《美国竞争力法案》（或称《为有意义地促进技术、教育与科学创造机会法案》），以及该法案再授权的 2010 年版和 2015 年版，对图 6.1 中 2008 年之后美国高校技术转移的跨越式腾飞及其后一直保持在比较活跃的状态，起到了强

大的助推作用[20, 21]。该法案呼吁美国国家航空航天局、国家自然科学基金会等一批政府机构高度关注那些国家发展急需的、高风险和高回报的研究成果，加大对基础研究和教育的投资，尤其是加大对国家发展起着举足轻重作用的STEM① 领域的优先发展投入[20, 21]，以保证美国全球科学技术的领先地位。

（二）美国政府促进高校科技成果转化的措施及其效果评价

美国政府促进高校科技成果转化的有效措施主要有创新培育、松绑新兴产业和政府采购等。

1. 美国政府对创新的培育机制

早在第二次世界大战结束之后，联邦政府科学顾问布什就提出了基础研究对国家发展的重要性，政府应加大对基础研究的投入等重要思想[22]。来自大学的科学突破以往，为新兴产业的发展带来革命，如生物技术领域[23]。许多革命性的思想和理念往往来自没有明确目标和方向的、自由探索的基础研究领域[24]，而这些具有突破性和革命性的科技成果一旦顺利转化，则会助推国家经济的腾飞、新兴产业的生成、工作机会的创造甚至美国产业全球竞争力的提升[25]。政府在创新过程中的最佳作用就是将早期的基础研究成果产业化和市场化，正如美国国立卫生研究院声称的“将科学发现转化为公众健康”[24]。美国政府促进高校科技成果转化遵循着这样的步骤[26-29]：首先是选择新兴的前沿技术，这些技术在未来的产业发展和经济社会发展中将发挥重要的关键作用；其次是孵化和培育这些新兴前沿技术，促进其产业化；最后是进一步将新兴产业全球化。20 世纪 90 年代，由美国政府主导和推动的、以信息技术为代表的新兴前沿技术，后来都毫无例外地发展成为国家的支柱产业，并进一步发展成为 21 世纪的高端产业。

2. 美国政府对新兴产业放松管制

与其他国家相比较，美国政府对产业变革的态度更为积极[30]。一般来说，新兴产业和新兴经济的兴起不可避免地给原来的旧产业带来冲击并受到相关利益集团的阻拦，美国政府对此采取的措施是对因此而产生的损失提供补偿。例如，对结构性失业群体提供补偿或教育培训，为夕阳产业或没有竞争力的产业提供补贴等，以此确保产业转型的实现[31, 32]。美国政府这样做的结果是从新经济的兴起与发展中得到了更多的收益[33]。更极端的做法是，克林顿政府曾经采取沉默的态度任美国联邦储备系统自行其是，以保证新经济的改革顺利进行[34]。美国政府积极支持新兴产业发展的态度，尤其是对新经济和传统经济

① 美国政府 STEM 计划是一项鼓励学生主修科学（science）、技术（technology）、工程（engineering）和数学（mathematics）领域的计划，简称 STEM 计划。

之间利益冲突的平衡做法，对促进美国高校科技成果的转化起到了重要的推动作用。

3. 美国政府采购制度对高校科技成果转化的促进作用

政府采购是指政府或国有企业对商品、服务或工程等的购买[35]。从 20 世纪 60 年代开始，发达国家普遍采取政府采购政策促进高新技术产业的创新发展。对于高校研发的、风险较高的高新技术创新而言，政府采购营造了一个相对比较稳定的预期市场，降低了风险和不确定性[36-38]，激发了现有市场结构的改变，引领和刺激产业投身创新领域，因此大大提高了技术创新的扩散速度[39]。美国是最早采用政府采购政策的国家之一[40]，也是世界上采用政府技术采购对技术创新进行扶持和推动最成功的范例[41-43]，自 20 世纪 60 年代以来，美国利用政府采购成功地扶持了计算机、半导体和集成电路等新兴高技术产业的发展。

六、结论与启示

（一）主要结论

本书采用来自美国专利商标局官方网站的、之前没有被利用过的美国高校专利许可数据，专利许可的执行年度为 1900 ～ 2017 年（数据检索时间为 2017 年 3 月 16 日），实证分析了接受高校专利许可大于 100 项的专利被许可方，即美国高校科技成果转化中的专利技术流向目的地，并归纳了美国高校科技成果转化路径。在定量分析基础上，深入探讨了美国高校科技成果转化的制度措施与实施效果及其对中国高校科技成果转化的启示，主要结论如下所述。

美国高校科技成果转化真正开始的时间应该是 1980 年，大致经历了起步、快速发展和高速发展三个阶段。接受美国高校专利许可数量超过 100 项的专利被许可方的前 9 个全部为政府机构，所占比例之和达到 97.62%。由此我们得出如下结论：美国高校科技成果的转化路径是“从大学到政府”的，而非人们通常所认为的“从大学到产业”。

美国的相关立法对促进高校科技成果转化发挥了重大的作用。1980 年实施的《史蒂文森－怀勒技术创新法》和《拜杜法案》开启了美国高校技术转移的一个全新时代；1992 年的《小企业技术转移法》及相关法案推动大学科技成果转化进入快速发展阶段；2007 年推出的《美国竞争力法案》及其后再授权的 2010 年版和 2015 年版，促使美国高校科技成果转化在 2008 年之后一直保持在一个比较活跃的状态。

美国政府促进高校科技成果转化的有效措施主要包括创新培育、行业松绑和政府采购等。联邦政府对高校的创新培育遵循着“选择有发展潜力的前沿技术—孵化培育—产业化—全球化”的路径，取得了巨大的成功。美国政府对新兴产业的发展采取了更加积极的支持态度，同时对因此而受到冲击的原有产业和缺乏竞争力产业的相关利益集团提供补偿，大大促进了代表新兴前沿技术的高校科技成果的转化。同时，美国是世界上运用政府采购政策工具扶持和推动高新技术产业创新发展的最早和最成功的国家，美国利用政府采购成功地扶持了计算机、半导体和集成电路等新兴高技术产业的发展。

（二）对中国政府加速高校科技成果转化的启示

与其他国家高校相比，中国高校的专利申请数量是遥遥领先的[44]。如何加速中国高校科技成果的转化，是中国政府在创新型国家建设过程中的一项艰巨工程。自1985年以来，中国颁布了一系列促进高校科技成果转化的法律，包括2008年实施的被称为“中国拜杜法案”的《科学技术进步法》修订版，其授权大学拥有政府资助产出科技成果的专利权[45]。

借鉴美国的经验，我们认为，中国政府应采取以下措施促进高校科技成果转化。首先也是最重要的，中国政府应承担起高校新兴前沿技术的培育责任。新兴高技术的产业化和商业化往往同时伴随着风险和不确定性，在绝大多数情况下，政府不能期待产业和企业主动承担风险[36-38]。中国政府应从长远利益出发，规划一个切实可行的创新培育工程：选择对未来世界发展具有深远影响的、具有竞争力的新兴前沿技术，投入一定资金，孵化培育并进一步产业化，最终实现全球化，使其成为国民经济支柱产业。政府对高校科技成果的培育，有助于降低高技术创新过程中的风险与不确定性，激发企业对新兴产业发展的信心，并促使其投资新兴产业的发展。

同时，中国政府应完善政府采购机制，以推动高校科技成果产业化。从全球来看，政府采购是一项非常有利于促进高新技术创新发展的政策工具[41-43]。在新兴前沿技术产业化的初始阶段，市场需求往往是不足的，政府采购能够创造一个虚拟市场，激发市场需求，并进一步引领和带动重大技术创新发展。中国拥有一个比较庞大的政府系统，如果政府采购的相关制度和机制能得以完善和实施，政府采购必将在推动中国高校科技成果转化过程中发挥举足轻重的作用。然而，实践证明，中国的政府采购对中国高新技术产业的技术创新发展并没有发挥多大的积极推动作用[46]。优先采购产品清单和自主创新产品目录的做法，被认为是带有保护色彩甚至是歧视的做法[13, 48]。借鉴美国政府采购促进高校科技成果转化的经验，健全和完善符合国际规则的中国政府采购制度政策，必将提升中国高校科技成果转化的比率和速度，促进高校前沿技术的创新发展。

第二节　专利技术的市场潜力测度与预测

一、引言

在新兴前沿技术的战略部署和研发选择及科技成果转化的进程中，如果能够测度和预测技术的市场潜力，必将为科技管理者和市场交易者提供重要的决策参考信息。基于专利组合分析方法，选择技术颠覆潜力和技术成熟度两项综合指标，探索技术的市场潜力测度与预测方法，有助于我们从全球视角把握一个技术领域，尤其是新兴技术领域的前沿发展态势，对国家科技发展规划的制定和战略部署、产业 / 企业的具体研发方案的实施、技术市场交易双方的选择等，具有重要的决策支撑作用。学者们对技术的市场潜力研究主题给予了高度的关注：早在 1983 年，Roberts 和 Greene 就提出了新兴节能技术的市场潜力评价方法。对技术的市场潜力研究，不仅是技术转移与潜在许可等技术交易活动的前提和基础[49, 50]，而且是技术研发者选择是否进入某个技术研发领域的重要依据[51, 52]，也是相同或类似的产业竞争者资本运营[53]、技术贸易[54]和市场发展趋势预测[55]的考察指标，还是政府部门判定是否构成行业垄断的标准[56]。技术的市场潜力分析是公司实施知识产权战略[57]、加强专利布局[58, 59]、开发新产品[60]和新技术[61]的重要依据。

专利组合是指企业为了发挥单个专利不能或很难发挥的效应，而将相互联系又存在显著区别的多个专利进行有效组合而形成的一个专利集合体，或称专利丛（patent thicket）[62, 63]。专利组合分析方法是通过建立能够衡量专利潜在价值的定量与定性相结合的指标，科学、客观地对不同国家 / 地区、不同企业、不同技术领域等的技术创新情况进行比较分析，进而评估和预测创新主体或技术领域的发展态势，为知识产权战略的制定和实施提供重要决策支撑[64, 65]。1995 年，Narin 提出了基于交叉许可的专利组合价值分析指标可以作为公司研发绩效的评价指标[66]。1998 年，Ernst 提出了四种专利组合分析模型：基于技术领域的专利组合分析模型、基于企业的专利组合分析模型、基于发明人的专利组合分析模型、专利-市场一体化的专利组合分析模型[62]。此外，学者们还研究了专利组合的必要性[67]、安全性[68]、专利组合的作用[69]、专利组合的价值评价[70]等。

技术颠覆潜力代表着新兴技术对现有技术市场带来的革命性变革，由于其具有较高的创新指数、对后来技术发展具有较大的影响力，而改变了当前技术的发展格局[71, 72]。学者对颠覆性技术的界定[73]、未来导向的技术颠覆性变革潜力[74]、候选技术是否具有颠覆性创新潜力的评估方法[72]等相关主题进行了研究。技术成熟度包括一个技术领域的发展时间、专利数量多少和该技术在全球的发展水平与应用程度等[71, 75]。学者对技术成熟度的评估模型[76, 77]、评估方法[78, 79]、技术成熟过程中的不同风险[80]和具体领域技术成熟度[75]等相关主题进行了探讨。

已有的相关研究成果是本书研究的重要基础，对我们的研究具有重要的借鉴和参考价值。在已有的专利组合四象限分析（four quadrant analysis）模型中，横轴和纵轴的指标，比如相对技术份额 / 技术吸引力等，或专利活动度 / 专利质量等，往往具有单一性。比如，专利活动是指一个特定企业在某个技术领域的研发支出的程度[62, 64]。若四象限分析模型中横轴或纵轴的分析指标能考虑到更多的相关因素，如某一技术领域是否具有颠覆潜力，不仅参考了公司的专利申请活动，而且考虑了专利的被引次数，更重要的是还参考了象征技术新颖性的创新指数，那么这样的综合指标就会更加具有说服力，依此得出的分析结果就会更接近于现实的技术竞争市场。

本书中技术的市场潜力测度，拟从技术颠覆潜力和技术成熟度两个维度进行。其中技术颠覆潜力和技术成熟度两个指标的设置与选取，都比较全面地考虑了相关的影响因素。本书选择新兴医疗技术细胞免疫治疗（cell immunotherapy），基于全球专利数据检索，利用专利组合分析方法和指标，借助 Relecura 专利分析平台探索技术的市场潜力测度方法与指标，以期对国家、产业 / 企业新兴技术发展战略选择和科技成果的转化提供方法与指标方面的决策支撑。

二、研究方法、指标和数据来源

（一）研究方法与指标

专利组合分析方法是本书中用来测度与衡量新兴技术领域市场潜力的主要方法，具体采用四象限图示展示新兴技术的市场潜力——包括技术颠覆潜力和技术成熟度综合指标。代表技术领域或专利分类代码的气泡在四个象限中的相对位置代表着技术发展的市场潜力。气泡的大小可以代表绘图前所选定的专利家族、专利申请、同等专利或全部专利文献数量的多少，本书中气泡的大小代表全部专利文献数量的多少。

新兴技术的市场潜力测度指标，包括 *X* 轴——技术颠覆潜力（technology disruptive potential）和 *Y* 轴——技术成熟度（technology maturity）。*X* 轴用来测

度和衡量一个专利主体知识产权布局的技术潜力。它包括一个专利主体的专利申请活动、专利的被引次数和象征技术新颖性的创新指数。该指标在专利技术市场潜力测度的四象限图示中，用 X 轴表示。Y 轴技术成熟度测度的是技术在当前知识产权市场的普及程度。针对当前的知识产权布局，它被用来测度技术发展阶段，具体包括：一个技术领域的专利数量与发展时间，全球范围该技术领域达到的水平和该技术的实施与应用状况（图 6.3）。

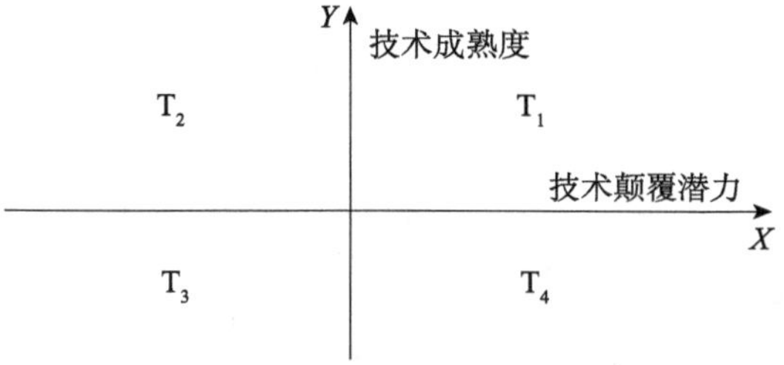

图 6.3　技术市场潜力四象限分析图示模型

若某个技术领域或技术代码位于第一象限（T_1），则表明该技术既具有破坏现有技术市场发展的颠覆潜力，又达到了一定的技术成熟度；若该技术的颠覆潜力为较高的正值，同时其技术成熟度为较低的正值，则表明该专利技术对当前技术市场的发展具有较强的冲击力，即将带来革命性的发展机遇，同时表明该技术的发展阶段可能正处于萌芽期，具有长足的发展空间。若某个技术领域或技术代码位于第二象限（T_2），则表明该技术虽然具有一定的成熟度，但却基本不具有什么颠覆潜力。若某个技术领域或技术代码位于第三象限（T_3），则表明该技术既不具有颠覆潜力，又没有经过发展，基本属于比较落后的技术。若某个技术领域或技术代码位于第四象限（T_4），则表明该技术虽然具有颠覆潜力，但技术还相当不成熟，其发展尚需一个比较漫长的时间和过程。

（二）数据来源

细胞免疫治疗是近 10 年来新兴的一种医疗技术，该疗法通过采集和体外培养人体自身免疫细胞，成千倍增加其数量并增强靶向杀伤功能，然后再回输到人体内以杀灭血液及组织中的癌细胞、病原体和突变的细胞，激活和增强机体的免疫能力，起到治疗和保健的双重功效[81-84]。图 6.4 显示了细胞免疫治疗技术的专利申请与专利授权的发展趋势。

细胞免疫治疗技术最早的两件专利申请始于 1988 年（享有 1987 年优先权），起初阶段专利申请数量非常少，1991 年之前没有授权专利，1992 年才有第一件授权专利，1993 年之前只有 10 件专利申请。截至检索日期 2016 年 4 月

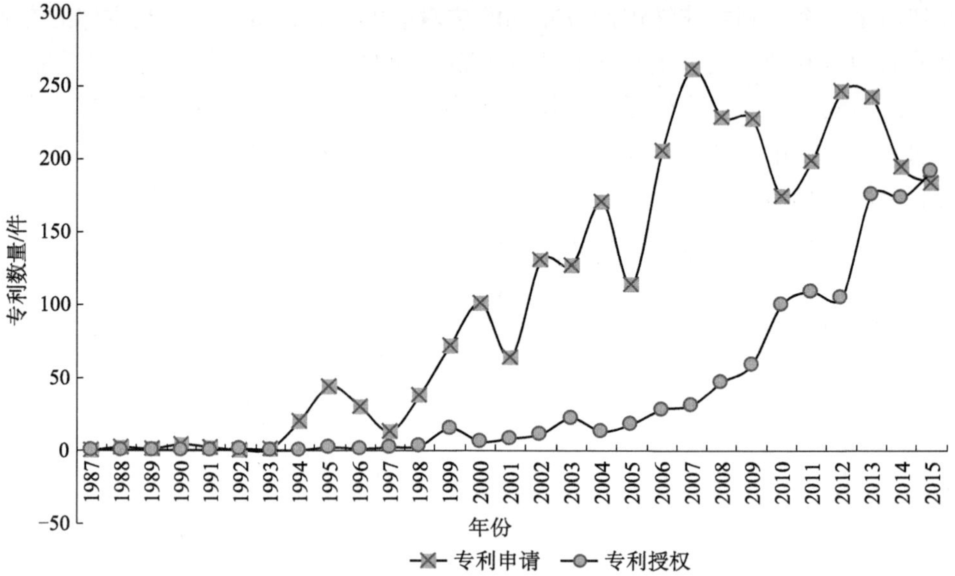

图 6.4 细胞免疫治疗技术的专利申请与专利授权的发展趋势

20 日，共有专利申请 3104 件，授权专利 1168 件。共有专利申请人 853 人，前五位专利申请人分别是得克萨斯大学（114 件）、美国国立卫生研究院（101 件）、Synta 制药公司（100 件）、美国卫生和公众服务部（90 件）、Celera 公司（68 件）。

三、实证分析

（一）技术领域的市场潜力测度与预测

我们首先选择技术领域（Field：Technologies）选项，利用 Relecura 平台提供的技术四象限分析方法对细胞免疫治疗主题专利文献的技术领域的市场潜力进行分析，以揭示不同技术领域的市场潜力（图 6.5）。

图 6.5 显示，在技术领域层面，就技术颠覆潜力而言，药物制备（medicinal preparations）领域的专利组合布局具有最强的技术颠覆潜力。该领域目前共有 2712 条专利数据，该领域在专利申请活动、专利被引频次和技术新颖性等方面具有绝对的综合竞争优势。另外三个技术领域的专利组合布局也具有一定的技术颠覆潜力，它们分别是微生物 / 酶（micro organisms or enzymes）技术领域（共有 1893 条专利数据），化疗–药剂（therapeutic activity of chemicals and medicinal preparations）技术领域（共有 1469 条专利数据）技术领域（共有 1461 条专利数据）。杂环化合物（heterocyclic compounds）等位于第三象限的技术领域，目前基本不具有技术颠覆潜力。

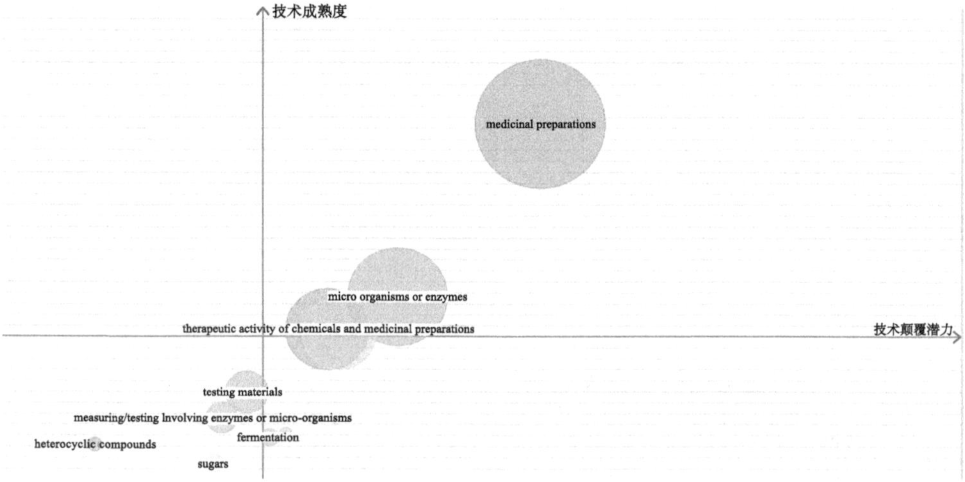

图 6.5　技术领域的市场潜力四象限分析图示

就技术成熟度而言，药物制备技术领域达到了比较高的成熟度，说明该领域的技术在当前知识产权市场具有较高的普及度，其专利数量、发展时间、全球范围达到的技术水平和该技术的实施和应用等综合指标进展到了较高的发展阶段。

就综合技术颠覆潜力和技术成熟度两项指标而言，药物制备技术领域既具有比较强的技术颠覆潜力，同时又达到了比较高的技术成熟度，在当前竞争中具有最佳的市场发展潜力。微生物 / 酶、化疗-药剂、多肽类三个技术领域具有一定的技术颠覆潜力，但尚处于技术发展的初始阶段，还很不成熟，未来具有长足的发展空间。而杂环化合物等位于第三象限的技术领域，由于其既不具有技术颠覆潜力，又处于相当不成熟的发展阶段，因此其市场潜力目前尚不明朗。

（二）技术子领域的市场潜力测度与预测

技术子领域（Field：Sub-Technologies）的市场潜力测度，能够让我们从更加微观的层面探索不同技术子领域的技术颠覆潜力和技术成熟度，进而判断不同技术子领域的市场发展潜力（图 6.6）。

图 6.6 显示出的技术子领域，都具有一定的技术颠覆潜力，但技术成熟度的发展阶段不同。其中，包含抗原或抗体的药物制备（medicinal preparations containing antigens or antibodies）技术子领域就技术颠覆潜力和技术成熟度两项综合指标而言，其专利组合布局决定了该技术领域在当前知识产权竞争中具有最佳的市场发展潜力，该技术子领域共有 1809 条专利数据。未分化的人类-动物

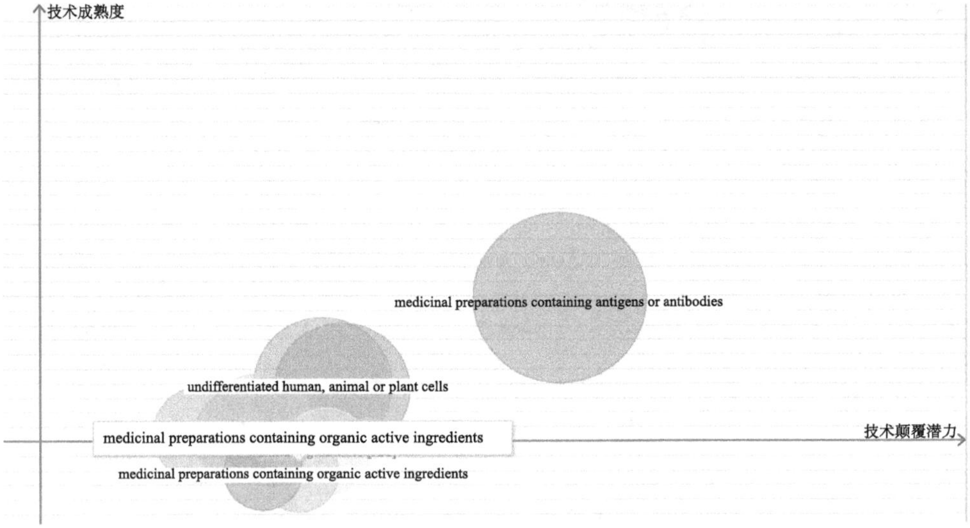

图 6.6　技术子领域的市场潜力四象限分析图示

或植物细胞（undifferentiated human，animal or plant cells，共有1260条专利数据）、抗肿瘤药物（antineoplastic agents，共有 1224 条专利数据）等技术子领域具有一定的技术颠覆潜力，但技术成熟度尚处于比较初始的发展阶段，今后的发展空间比较大，在未来的竞争中很可能具有较大的市场潜力。含有遗传物质和基因疗法的药物制备（medicinal preparations with genetic material，gene therapy，共有 517 条专利数据）等技术子领域具有一定的技术颠覆潜力，但目前其技术发展还相当不成熟，其在未来竞争中的市场潜力尚具有一定的不确定性。

（三）技术代码的市场潜力测度与预测

1. 国际专利分类代码

国际专利分类（International Patent Classification，IPC）代码体系是根据 1971 年《国际专利分类斯特拉斯堡协定》编制的专利分类体系，国际专利分类建立的目的是构建一种统一的专利分类系统，由世界知识产权组织（World Intellectual Property Organization，WIPO）国际局负责组织管理和维护[85]。国际专利分类是目前国际上唯一通用的专利文献分类和检索代码系统，也是世界各国专利文献中都必须标注的代码。

图 6.7 显示，国际专利分类代码为 A619P 35/00 的抗肿瘤药物（共有 1201 条专利数据）专利技术具有比较强的技术颠覆潜力，该国际专利分类代码的专利技术已经拥有一定的专利数量，基本处于将要结束初始发展阶段的时候，但距离技术成熟尚需一段较长的发展时间。另外两个国际专利分类代码所代表的

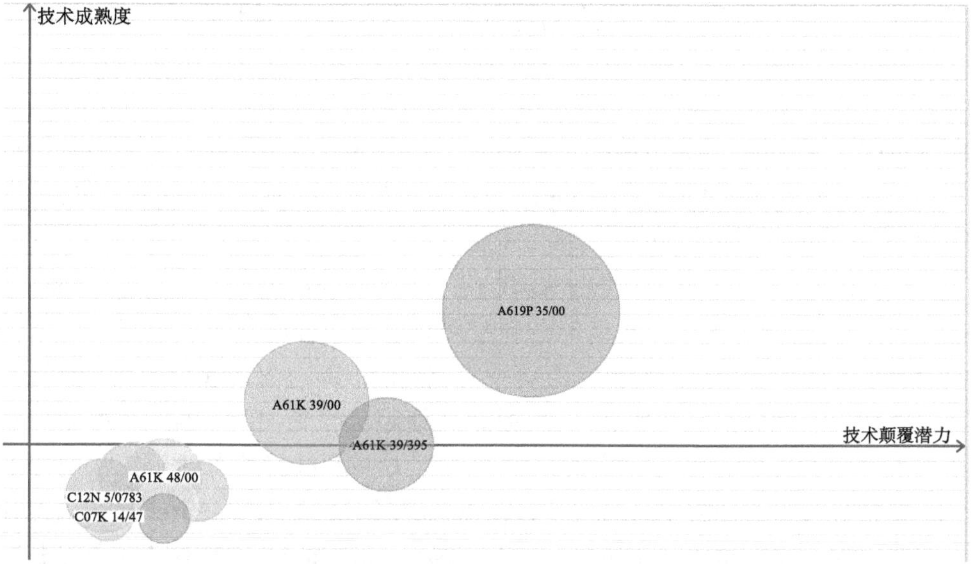

图 6.7 国际专利分类代码的市场潜力四象限分析图示

专利技术具有一定的技术颠覆潜力，但尚处于技术发展的初始阶段，距离技术成熟还有较长的发展时间，它们分别是：国际专利分类代码为 A61K 39/00 的包含抗原或抗体的药物制备（共有 779 条专利数据）专利技术和国际专利分类代码为 A61K 39/395 的“抗体 - 免疫蛋白球 - 免疫血清”（antibodies-immunoglobulins-immune serum，共有 618 条专利数据）专利技术。另外一些国际专利分类代码，位于第四象限并且距离原点较近的，如国际专利分类代码为 A61K 48/00 的“含有遗传物质的药物制备，被用来插入活体细胞中治疗遗传性疾病”，或称“基因疗法”（medicinal preparations containing genetic material which is inserted into cells of the living body to treat genetic diseases；gene therapy，共有 468 条专利数据）等专利技术，具有一定的技术颠覆潜力，但基本处于技术发展的萌芽期，伴随着一些不确定性。总之，就国际专利分类代码而言，该代码 A61P 35/00 所代表的专利技术目前最具市场发展潜力；两个国际专利分类代码 A61K 39/00 和 A61K 39/395 代表的专利技术，在不远的未来极有可能成长为具有较大市场潜力的专利技术。

2. 联合专利分类代码

联合专利分类代码（Cooperative Patent Classification Codes，简称 CPC 代码）体系[86, 87]，是欧洲专利局（EPO）和美国专利商标局作为共同合作伙伴关系成果而启动的。两个专利局同意协同各自现有的分类体系——欧洲专利局的 ECLA 专利分类体系和美国专利商标局的 USPC 专利分类体系，形成新的联合专利分类代码联合专利分类体系，两家专利局于 2013 年 1 月 1 日正式启用联合专利分类体系。联合专利分类体系最突出的特点是分类条目更加细化且兼容性更强[88]，检索者可以迅速有效地从大量专利文献中检索到所需相关领域专利的技术和法律信息。我们在此选择联合专利分类代码，对细胞免疫治疗主题技术的市场潜力进行了分析（图 6.8）。

图 6.8 显示，联合专利分类代码为 A61K 39/0011 的癌抗原（cancer antigens，共有 594 条专利数据）专利技术具有比较强的技术颠覆潜力，该技术现在基本处于初始发展阶段，距离技术成熟阶段尚有比较远的距离。联合专利分类代码为 A61K 2039/5158 的抗原致敏细胞，如 T 细胞（共有 408 条专利数据）等专利技术，具有一定的技术颠覆潜力，但目前基本处于技术萌芽阶段，这些联合专利分类代码所代表的技术仍然具有长足的发展空间。联合专利分类代码为 C07K 2319/00 的融合多肽（fusion polypeptide，共有 223 条专利数据）专利技术，虽然具有一定的技术颠覆潜力，但目前的专利数量比较少，发展时间比较短，普及与应用程度也不高，基本处于实验室发展阶段。联合专利分类代码为 A61K 35/17 的淋巴细胞、B 细胞、T 细胞、自然杀伤细胞、干扰素激活或细胞因子激活的淋巴细胞（lymphocytes；B-cells；T-cells；natural killer cells；interferon-activated or cytokine-activated lymphocytes，共有 263 条专利数据）专利技术，在图 6 中处于接近原点的位置，其技术颠覆潜力和市场成熟度目前都是负值。

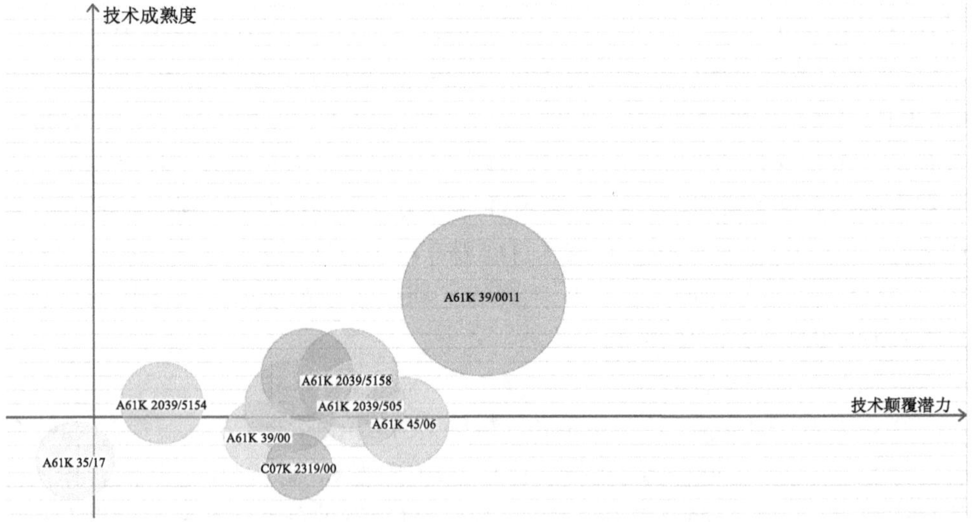

图 6.8　联合专利分类代码的市场潜力四象限分析图示

四、结论与启示

(一)主要结论

本书基于专利组合四象限图示分析方法，选择技术颠覆潜力和技术成熟度两项综合指标分别为四象限图示的横轴和纵轴，以新兴医疗技术“细胞免疫治疗”为实证，对其技术领域、技术子领域、国际专利分类代码、联合专利分类代码等情况下的技术市场潜力进行了测度。其中技术颠覆潜力指标综合考虑了创新主体的专利申请活动、专利被引次数和象征技术新颖性的创新指数等；技术成熟度指标综合考虑了一个技术领域的专利数量与发展时间、全球范围该技术领域达到的水平和该技术的实施与应用状况等。

实证分析结果显示，在技术领域层面，就综合技术颠覆潜力和技术成熟度两项指标而言，药物制备技术领域在当前竞争中具有最佳的市场潜力。微生物/酶、化疗-药剂、多肽类三个技术领域，将具有长足的发展空间。杂环化合物等技术领域，其市场潜力不容乐观。技术子领域的分析结果显示，包含抗原或抗体的药物制备技术子领域就技术颠覆潜力和技术成熟度两项综合指标而言，其专利组合布局决定了该技术领域在当前知识产权竞争中具有最佳的市场潜力。未分化的人类-动物或植物细胞、抗肿瘤药物等技术子领域，今后的发展空间比较大。国际专利分类代码分析结果显示，代码为 A61P 35/00 的抗肿瘤药物专利技术，具有比较强的技术颠覆潜力，同时距离技术成熟尚需较长一段时期发展。IPC 代码为 A61K 39/00 的包含抗原或抗体的药物制备专利技术和 IPC 代码为 A61K 39/395 的“抗体-免疫蛋白球-免疫血清”专利技术具有一定的技术颠覆潜力，但尚处于技术发展的初始阶段。联合专利代码分析结果显示，CPC 代码为 A61K 39/0011 的“癌抗原”专利技术具有比较强的技术颠覆潜力，其距离技术成熟阶段尚有比较长的发展道路；CPC 代码为 A61K 2039/5158 的抗原致敏细胞，如 T 细胞等专利技术，具有一定的技术颠覆潜力，但目前基本处于技术萌芽阶段。

(二)启示

本书的创新之处在于：与以往的专利组合四象限分析相对比较单一的指标分析模型相比较[62, 89]，综合考虑了多种因素的技术颠覆潜力指标和技术成熟度指标，具有更加强大的技术市场潜力测度与预测功能。技术颠覆潜力指标的设计，不仅考虑了专利权人的专利组合布局，而且综合了专利技术对后来技术发展的影响，更重要的是还结合了专利的新技术特征分析，综合了象征技术新颖性的创新指数等多种因素。技术的颠覆潜力越强，说明其对当前技术市场的破坏力越强，并且极有可能带来技术革命，改变技术市场的发展格局。技术成熟度指标考虑了一个技术领域专利数量的多少，该技术领域发展时间的长短，该技术领域在全球范围已经发展到的水平和相关技术在国际上的实施与应用状况等[71]。在这样的四象限分析模型中，如果一个技术领域具有很强的技术颠覆潜力，而它当前又处于技术发展的初始阶段，则我们可以预测该技术领域在下一步的技术发展和市场竞争过程中将具有发展潜力很大的市场优势；如果一个技术领域具有一定的技术颠覆潜力，但其目前发展已达到技术成熟阶段，则其下一步可能进入衰退期，该技术的市场潜力不容乐观；如果一个技术领域几乎不具有技术颠覆潜力，则无论其处于技术发展的哪个阶段，都可以判断其对技术市场的发展无足轻重，不会对技术市场发展格局产生重要影响，其市场潜力也相对渺茫。

本书研究中运用的关于技术的市场潜力测度与预测方法和指标，不仅可以被国家科学技术发展规划部门在部署新兴前沿技术战略时采用，而且可以为产业/企业的技术研发者选择和决策其研发方向时提供重要的分析工具和方法与指标，同时还可以为技术市场的投资者决定其投资的技术领域和方向时提供有力的测度与预测方法和指标。运用技术的市场潜力测度与预测方法和指标，一方面有助于我们把握新兴前沿技术的发展趋势和方向，提高我们在技术选择和知识产权战略部署中宏观、中观和微观层面的决策水平；另一方面有助于推动专利成果的转化，如果研发主体选择的是具有高强度的市场颠覆潜力而当前又处于萌芽期发展阶段的技术，则该技术若能在合理的期限内研发成功，其将具有强大的市场竞争优势，这样的技术成果因其具有市场潜力而易于转化。

第三节　美国大学专利技术的创新培育中心及其形成机理

一、引言

本书研究的美国大学专利技术创新培育中心，是指美国哪些主要的州或城市培育了大学产出的专利技术成果。探索美国大学专利技术的创新培育中心并深入剖析其形成机理，对加快我国高校科技成果的转化，助推知识产权强国战略的实施和创新型国家的建设，具有重要的理论意义和现实意义。大学的专利技术是大学科学研究等知识创造活动的结果，而大学的科学研究活动与企业的任务导向型不同，更多地具有自由探索性质[22]。自由探索的研究成果往往没有明确的目的性和应用性，有的甚至距离实际应用很遥远；然而大学里自由探索的研究成果，却在人类科学技术发展史上发挥了极其重要的作用，即使那些在当时看来并没有什么目的性和应用性的成果，未来也可能在诸多领域发挥重大作用[22]。大学的专利技术很多属于新兴的前沿技术，没有市场前景或者市场前景不明朗，若将其产业化往往存在更多的不确定性和风险，产业界因此而更多地采取了观望的态度，没有勇气和信心选择大学专利技术进行创新培育[23, 36-38]。那么大学的专利技术是在哪里、由谁培育的呢？本书将分析美国大学专利技术的创新培育中心及其形成机理，这对加强我国大学专利技术的创新培育中心建设具有重要的理论意义和现实意义。

国内外学者关于创新培育的研究成果主要集中于以下几个方面。第一，创新培育在技术研发中的地位与作用研究。Snow 提出，创新培育是比授权和资助更好的研发工具[90]。第二，创新培育的方法与途径研究。Challener 认为[91]，可以通过 STEM 教育计划的支持来进行创新培育，主旨是通过加大科学、技术、工程和数学教育的投入，培养学生的科技理工素养及技术创新能力。Puente-Lopez 与 Goni-Zabala 运用案例分析方法[92]，探讨了如何通过更好地促进主体内部知识转移和流动的方式来进行创新培育。第三，创新培育的机制研究。李妍与梅强研究了科技型企业技术创新培育的内生机制与外生机制互动作用机理[93]，认为技术创新的内生培育机制主要是企业家、创新资源、技术战略三者相互作用；技术创新的外生培育机制主要是政府、科技服务中介、高校及科研院所三者相互作用。此外，学者们还研究了创新培育主体[94]、创新培育绩效[95]、风险投资对创新培育的作用机理[96]和具体领域的创新培育[97]等问题。

已有的关于大学专利技术创新培育的相关研究成果是本书研究工作的重要基础。虽然学者探讨过世界闻名的技术创新中心硅谷[98, 99]，但我们尚未发现关于美国大学专利技术创新培育中心及其形成机理的相关研究成果。本书通过分析美国大学专利技术转移的数据，将大学专利技术流向非常集中的目的地视为大学专利技术的创新培育中心，并进一步分析这些创新培育中心的特征与形成机理，以期为我国大学专利技术创新培育中心的建设发展提供决策支撑。

二、数据检索及处理

我们从美国专利商标局的官方网站检索了执行期限为 1980 ～ 2016 年的、美国大学作为专利许可方的全部专利许可数据，共得到 54 489 个检索结果。我们将美国大学的专利许可数据视为大学技术转移数据，从美国州层面、城市层面分析这些专利技术的流向，并将比较集中的州和城市视为美国大学专利技术的创新培育中心。数据的检索日期为 2017 年 1 月 16 日。

检索得到的美国大学专利许可数据，其原始数据著录信息存在很多不规范的地方，需要花费大量的时间和精力进行清洗和处理。比如，关于美国海军的写法，就有表 6.2 所列出的 15 种。其他机构，如美国能源部、美国国家航空航天局、美国空军和美国陆军等，也都存在着类似的问题，需要我们花费大量时间去查找数据中的不规范著录信息并将其规范化。

表 6.2　美国专利商标局原始数据中美国海军的各种写法

序号	美国海军的各种写法（原始数据中）
1	Navy，Secretary of the United States of America
2	Navy，Secretary of the，United States of America
3	Navy，Secretary of the，United States of America Office of Naval Research
4	Navy，Secretary of the United States of America Office of Naval Research
5	Navy，United States of America，the，As Represented by the Secretary
6	The Government of the United States of America as Represented by the Secretary of the Navy
7	The Government of the United States of America，as Represented by the Secretary of the Navy
8	Navy，United States of America as Represented by the Secretary of the
9	Navy Secretary of the United States
10	Navy，Secretary of the United States
11	Navy，United States of America，Secretary of the
12	Navy，Secretary of the United
13	Navy，Secretary of the United，States of America
14	Government of the e United States of America as Represented by The Secretary of the Navy，the
15	Navy，Secretary of the United States of America

三、美国大学专利技术的创新培育中心

（一）州 / 特区层面的创新培育中心

美国专利商标局官方网站的专利许可数据，将美国的州与特区（如哥伦比亚特区）归入同一的统计口径（Assignee State，专利被许可方所在的州）。我们将接受美国大学专利许可数量前几位的州 / 特区视为美国大学专利技术“州 / 特区层面的创新培育中心”。在 1980 ～ 2016 年执行的美国大学专利许可的全部数据 54 489 项中，接受大学专利许可比例超过总数 1% 的州 / 特区共有 4 个，如图 6.9 所示。

图 6.9　接受美国大学专利许可比例超过 1% 的州 / 特区

图 6.9 显示，1980 ～ 2016 年，接受美国大学专利许可比例超过 1% 的专利被许可州 / 特区共有 4 个。排在第一位的是马里兰州，共接受大学专利许可 34 814 项，占全部比例的 63.89%，处于遥遥领先的地位。弗吉尼亚州排在第二位，共接受 11 001 项美国大学专利许可，所占比例为 20.19%；哥伦比亚特区排在第三位，共接受了 6 473 项美国大学的专利许可，所占比例为 11.88%；最后一个比例超过 1% 的州为加利福尼亚州，接受了 1142 项专利许可，比例为 2.10%。前 4 位的比例之和为 98.06%，前 3 位的比例之和为 95.96%。我们进一步分析了接受美国大学专利许可前 4 位的州 / 特区中超过 1% 的被许可方，如表 6.3 所示。

表 6.3　接受美国大学专利许可前 4 位的州 / 特区中超过 1% 的被许可方

前 4 位的州 / 特区	超过 1% 的被许可方
马里兰州	美国国立卫生研究院 / 美国健康与人类服务部 / 美国政府（90.77%） 美国国立卫生研究院（6.18%） 美国陆军（2.27%）
弗吉尼亚州	美国国家科学基金会（76.08%） 美国海军（12.34%） 美国空军（7.20%）
哥伦比亚特区	美国能源部（77.43%） 美国国家航空航天局（15.74%）
加利福尼亚州	美国能源部（92.14%）

表 6.3 显示，马里兰州的主要被许可方依次为美国国立卫生研究院 / 美国健康与人类服务部 / 美国政府（90.77%）、美国国立卫生研究院（6.18%）和美国陆军（2.27%），这前三位的比例之和为 99.22%。弗吉尼亚州的主要被许可方依次为美国国家科学基金会（76.08%）、美国海军（12.34%）和美国空军（7.20%），前三位的比例之和为 95.62%。哥伦比亚特区的两个主要被许可方为美国能源部（77.43%）和美国国家航空航天局（15.74%），二者比例之和为 93.17%。加利福尼亚州只有一个比例超过 1% 的被许可方，即美国能源部，比例为 92.14%。

（二）城市层面的创新培育中心

我们将接受美国大学专利许可比例超过 1% 的 5 个城市，视为美国大学专利技术“城市层面的创新培育中心”。在 1980 ～ 2016 年执行的美国大学专利许可的全部数据 54 489 项中，接受大学专利许可比例超过总数 1% 的 5 个城市如图 6.10 所示。

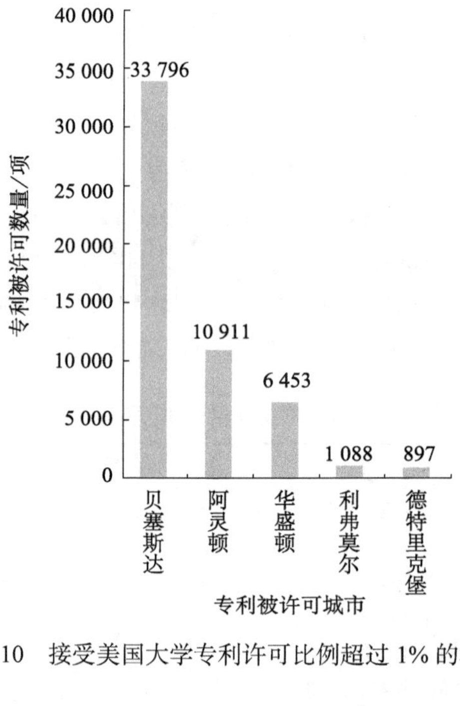

图 6.10　接受美国大学专利许可比例超过 1% 的城市

图 6.10 显示，在 1980 ～ 2016 年，接受美国大学专利许可比例最高的城市是贝塞斯达（Bethesda），共接受了美国大学 33 796 项专利许可，占全部数量 54 489 项的比例为 62.02%，遥遥领先于其他城市。排在第二位的城市是阿灵

顿（Arlington），共接受了 10 911 项美国大学专利许可，比例为 20.02%。华盛顿（Washington）接受了 6453 项美国大学专利许可，比例为 11.84%。利弗莫尔（Livermore）接受的美国大学专利许可为 1088 项，比例为 2.00%。最后一位比例超过 1% 的城市为德特里克堡（Fort Detrick），比例为 1.65%。接受美国大学专利许可前 4 位的城市中超过 1% 的被许可方，如表 6.4 所示。

表 6.4　接受美国大学专利许可前 4 位的城市中超过 1% 的被许可方

前 4 位的城市	超过 1% 的被许可方
贝塞斯达（马里兰州）	美国国立卫生研究院 / 美国健康与人类服务部 / 美国政府（93.62%） 美国国立卫生研究院（6.21%）
阿灵顿（弗吉尼亚州）	美国国家科学基金会（76.74%） 美国海军（12.86%） 美国空军（7.20%） 美国国防高级研究计划局（1.92%）
华盛顿（哥伦比亚特区）	美国能源部（78.01%） 美国国家航空航天局（15.88%）
利弗莫尔（加利福尼亚州）	美国能源部（99.72%）

表 6.4 显示，贝塞斯达的主要被许可方为美国国立卫生研究院 / 美国健康与人类服务部 / 美国政府（93.62%）、美国国立卫生研究院（6.21%），前两位的比例之和为 99.83%。阿灵顿的主要被许可方依次为美国国家科学基金会（76.74%）、美国海军（12.86%）、美国空军（7.20%）和美国国防高级研究计划局（1.92%），前四位的比例之和为 98.72%。华盛顿的两个主要被许可方为美国能源部（78.01%）和美国国家航空航天局（15.88%），二者比例之和为 93.89%。利弗莫尔只有一个比例超过 1% 的被许可方，即美国能源部，比例为 99.72%。

四、美国大学专利技术创新培育中心的集聚特征与形成机理

（一）美国大学专利技术创新培育中心的集聚特征

1. 高度积聚于美国东海岸的美国国家政治中心

无论从美国的州 / 特区层面，还是从美国的城市层面，美国大学专利技术的创新培育中心主要积聚于美国东海岸的美国国家政治中心。以美国首都华盛顿 · 哥伦比亚特区（Washington D. C.）为中心，辐射到最近的马里兰州和弗吉尼亚州，是接受美国大学专利许可数量最多的区域，这两个州加上一个特区共接受了美国大学专利许可总数的 95.96%，揭示出美国大学专利技术创新培育

中心高度积聚于美国国家政治中心的特征。

2. 高度积聚于美国的政府机构

无论从美国的州 / 特区层面，还是从美国的城市层面，美国大学专利技术创新培育中心的主要被许可方主要积聚于美国的政府机构，尤其是美国东部国家政治中心的政府机构。在每一个州 / 特区层面的创新培育中心和每一个城市的创新培育中心，政府机构作为主要被许可方的比例之和都超过了 90%，揭示出美国大学专利技术创新培育高度积聚于美国政府机构的特征。

（二）美国大学专利技术创新培育中心的形成机理

美国大学专利技术创新培育中心的政治中心集聚特征和政府机构集聚特征体现了美国政府对大学专利技术发挥的强大创新培育作用。美国政府对大学专利技术的创新培育机制始于 20 世纪 40 年代。在第二次世界大战结束之后，联邦政府科学顾问布什就提出了基础研究对国家安全、社会福利、国民健康乃至整个国家经济和社会发展的重要性，强烈建议联邦政府加大对基础研究的投入等重要思想[22]。实践证明，来自大学的突破性创新成果往往成为未来新兴产业形成与发展的最重要和关键的知识来源，如生物技术领域[23]。大学里的许多科研成果虽然没有明确目标和方向[24]，但从长远看，它们却是助推美国国家经济腾飞、新兴产业的生成、工作机会的创造甚至提升美国产业全球竞争力的最强有力的原动力[25]。政府在创新过程中的最重要的作用就是将早期的基础研究成果产业化和市场化[24，26-29]。选择大学产出的、对未来产业发展和经济社会发展中可能发挥重要的、关键作用的新兴前沿技术；对其进行孵化和培育，促进其产业化，并进一步将新兴产业全球化。20 世纪 90 年代以来，美国政府主导和培育的、以电子信息技术为代表的新兴前沿技术，后来都毫无例外地发展成为美国国家的支柱产业，并进一步发展成为 21 世纪的高端产业。

美国一系列旨在推进大学专利技术转化的法律制度，也是促使其创新培育中心形成的主要因素。1980 年实施的《史蒂文森 – 怀勒技术创新法》和《拜杜法案》开启了美国大学专利技术转移的一个全新时代。《史蒂文森 – 怀勒技术创新法》建立的“大学技术转移是联邦政府使命”的重要制度[18，19]，为政府机构参与大学专利技术的创新培育提供了重要的制度保障。2007 年推出的《美国竞争力法案》及该法案再授权的 2010 年版和 2015 年版，强调联邦政府机构——美国国立卫生研究院、美国国家航空航天局、国家自然科学基金会等，要高度关注那些国家发展急需的、高风险和高回报的研究成果[20，21]，而这样的研究成果往往来自美国的大学。此外，美国政府为鼓励新兴产业发展而采取的放松行业管制措施[31, 32]和为加强大学专利技术创新培育而采取的政府采购政策[41-43]等，都对美国大学专利技术创新培育中心的形成发挥了关键的作用。

五、结论与启示

（一）主要结论

本书选择检索于美国专利商标局官方网站的、执行年度为 1980 ～ 2016 年的、美国高校专利许可数据，分别从州 / 特区层面和城市层面分析了这些专利许可数据的主要流向，将流向集中的目的地视为美国大学专利技术的创新培育中心。分析结果显示，在州 / 特区层面，美国大学专利技术的主要创新培育中心集中于马里兰州、弗吉尼亚州、哥伦比亚特区和加利福尼亚州；在城市层面，美国大学专利技术的创新培育中心主要集中于贝塞斯达、阿灵顿、华盛顿、利弗莫尔和德特里克堡。无论在州 / 特区层面还是在城市层面，都显示出美国大学专利技术创新培育中心高度积聚于国家政治中心和高度积聚于政府机构的特征。美国政府鼓励和支持大学自由探索与基础研究的理念与行动，一系列促进大学专利技术转化的法律制度，政府对创新培育的重视及其放松行业管制及政府对高技术产品采购等有力措施，是形成美国大学专利技术创新培育中心的关键因素。

（二）对中国大学专利技术创新培育中心建设的启示

中国大学专利数量遥遥领先于世界其他国家[44]，中国政府也高度重视大学专利技术的产业化问题，并出台了一系列相关的法律制度，其中包括被称为“中国拜杜法案”的《科学技术进步法》[45]，但制度的建立和完善似乎并没有为中国大学科技成果转化带来显著效果，中国大学科技成果转化率仍然比较低，虽然没有准确的官方统计数据，但一般认为是 10% ～ 15%，有的大学甚至不足 5%，远远低于美国大学的 60% ～ 70%[100, 101]。由美国大学专利技术的创新培育中心及其形成机理，我们可以得到如下启示。

第一，将中国国家的政治中心所在地建设成为大学专利技术的创新培育中心。政治中心所在地集聚了大量的中央政府机关、国家实验室和国家重点大学等，是高技术人才汇聚和各领域知识会聚交融的地方，也是创新思想、创新理念和创新成果快速扩散的区域。国家可以通过建立健全促进大学专利技术创新培育的法律政策，配备相关的专业技术人员，建立相应的机构，采取行之有效的措施，将国家的政治中心所在地发展成为大学专利成果的创新培育中心，促进大学科技成果产业化，助推国家知识产权战略的实施。

第二，让政府部门承担起大学专利技术的创新培育责任。大学的专利技术成果往往是新兴的前沿技术，新兴高技术产业化的市场前景并不明朗，而且常常同时伴随着风险和不确定性，企业对大学专利产业化往往信心不足而采取观望态度，因此，政府不能期待产业和企业主动承担风险[36-38]。政府应从国家社会经济发展的全局出发，建立和健全一套完整的大学专利技术创新培育系统：选择对未来世界经济和社会发展可能具有深远影响的新兴前沿技术，孵化培育并进一步产业化和商业化，乃至实现全球化，使其成为国民经济支柱产业。政府对大学专利技术成果的培育，可以降低新兴高技术产业创新过程中的不确定性和风险，增强企业和产业投资新兴产业发展的信心。

第四节　美国能源部用户设施数据发现及知识产权解决方案

一、美国能源部科学用户设施概述

科学用户设施（scientific user facility）是联邦政府资助的、对全球潜在用户开放的科研设施。美国能源部科学办公室（Office of Science，U.S. Department of Energy）的科学用户设施计划（scientific user facility program），是推动科学技术进步和新兴产业发展的重要设施，科学用户设施对全球所有感兴趣的潜在用户开放，不论国籍和机构；科学用户设施为研究者提供现代科学发展最先进的而大学等单个科研机构又无法拥有的创新培育设施和工具，包括加速器、对撞机、超级计算机、光源设备和中子源等设施。美国能源部在美国经济创新发展中发挥着重要作用，将科学创新放在优先发展的地位，并将其视为美国经济繁荣的基石。美国能源部科学办公室通过科学用户设施计划推动美国走向世界科学与产业技术创新的最前沿。

科学用户设施计划负责用户设施的整个流程管理，从概念模型到设计，到建设运营，到终止甚至停运等。科学用户设施核心项目计划有六个：先进科学计算研究（advanced scientific computing research，ASCR）、基础能源科学（basic energy sciences，BES）、生物与环境研究（biological and environmental research，BER）、聚变能科学（fusion energy sciences，FES）、高能物理（high energy physics，HEP）和核物理（nuclear physics，NP）。

二、2016 年科学用户设施数据主要发现

2016 年美国能源部科学用户设施数据分析的主要发现，我们将从以下两个方面来分别阐述：①科学用户设施培育项目数据分析发现；②科学用户数据分析发现。

三、科学用户设施数据发现

（一）整体分析

1. 项目在 6 个计划分布的不均衡性

2016 年美国能源部 6 个科学用户设施计划共培育了 54 011 个项目，这些项目在 6 个计划的分布是不均衡的，具体如图 6.11 所示。

图 6.11 显示，培育项目数量最多的是基础能源科学计划，共培育了 27 881 个项目，占总数的比例超过 50%；比例超过 10% 的还有先进科学计算研究计划（20.55%）和核物理计划（13.54%）。

2. 6 个计划所管理的科学用户设施数量各不相等

表 6.5 列出了 6 个计划管理的全部 28 个科学用户设施，以及每个科学用户设施培育的项目数量与比例。

培育项目数量最多的基础能源科学计划管理的科学用户设施数量也最多，共 12 个；先进科学计算研究计划共管理了 4 个科学用户设施；其余 4 个计划分别管理了 3 个科学用户设施。

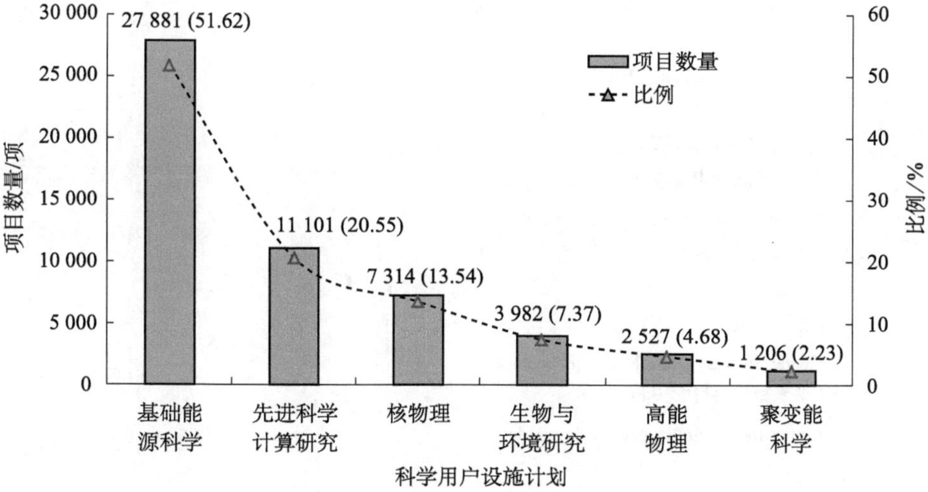

图 6.11　项目在 6 个计划中的分布

表 6.5　6 个计划分别管理的科学用户设施

计划	科学用户设施	数量 / 项	比例 /%
先进科学计算研究（20.55%）	National Energy Research Scientific Computing Center（国家能源研究科学计算中心）	7 205	13.34
	Argonne Leadership Computing Facility（阿贡领导计算设施）	2 090	3.87
	Oak Ridge Leadership Computing Facility（橡树岭领导计算设施）	1 743	3.23
	Energy Sciences Network（能源科学网络）	63	0.12
生物与环境研究（7.37%）	Joint Genome Institute（联合基因组研究所）	2 062	3.82
	Atmospheric Radiation Measurement Climate Research Facility（大气辐射测量气候研究设施）	1 087	2.01
	Environmental Molecular Sciences Laboratory（环境分子科学实验室）	833	1.54
基础能源科学（51.62%）	Advanced Photon Source（先进光子源）	12 639	23.40
	Stanford Synchrtron Radiation Light Source（斯坦福同步辐射光源）	2 802	5.19
	Linac Coherent Light Source（直线加速器相干光源）	2 542	4.71
	Advanced Light Source（先进光源）	2 317	4.29
	Spallation Neutron Source（散裂中子源）	1 586	2.94
	Center for Nanoscale Materials（纳米材料中心）	1 303	2.41
	High Flux Isotope Reactor（高通量同位素反应堆）	1 080	2.00
	National Synctrotron Light Source Ⅱ（国家同步光源Ⅱ）	938	1.74
	The Molecular Foundry（分子铸造）	930	1.72
	Center for Nanophase Materials Sciences（纳米相材料科学中心）	614	1.14
	Center for Integrated Nanotechnologies（综合纳米技术中心）	574	1.06
	Center for Functional Nanomaterials（功能纳米材料中心）	556	1.03

续表

计划	科学用户设施	数量 / 项	比例 / %
聚变能科学（2.23%）	DIII-D（核聚变科学用户设施）	618	1.14
	National Spherical Torus Experiment Upgrade（国家环形环面实验升级）	362	0.67
	Alcator C-Mod（阿尔卡特 C-Mod 托卡马克聚变反应堆）	226	0.42
高能物理（4.68%）	Fermilab Accelerator Complex（费米实验室加速器复合体）	2 242	4.15
	Facility for Advanced Accelerator Experimental Test（先进加速器实验设施）	154	0.29
	Accelerator Test Facility（加速器测试设施）	131	0.24
核物理（13.54%）	Continuous Electron Beam Accelerator Facility（连续电子束加速器设施）	5 395	9.99
	Relativistic Heavy Ion Collider（对撞机）	1 029	1.91
	Argonne Tandem Linac Accelerator System（阿贡串联直线加速器系统）	890	1.65
合计		54 011	100.00

3. 13 个东道主机构培育项目数量不均衡

2016 年的全部 54 011 个项目由 28 个科学用户设施培育，这 28 个科学用户设施隶属于 13 个东道主机构，图 6.12 显示了全部项目在 13 个东道主机构的分布情况。

图 6.12 显示，阿贡国家实验室为最大的东道主机构，超过 30% 的项目在这里培育；劳伦斯 · 伯克利国家实验室为第二大东道主机构，超过 20% 的项目在这里培育；在国家加速器实验室和托马斯 · 杰斐逊国家加速器设施这两个东道主机构培育的项目比例也都达到 10%。

4. 非营利项目占绝对优势

科学用户设施培育的项目类型（project type）主要包括非营利（non-proprietary）和营利（proprietary）两种。2016 年的全部 54 011 个项目中，有 53 159 个项目为非营利项目，占总数比例为 98%；416 个为营利项目，占总数的 1%；另外 436 个项目记载不详。

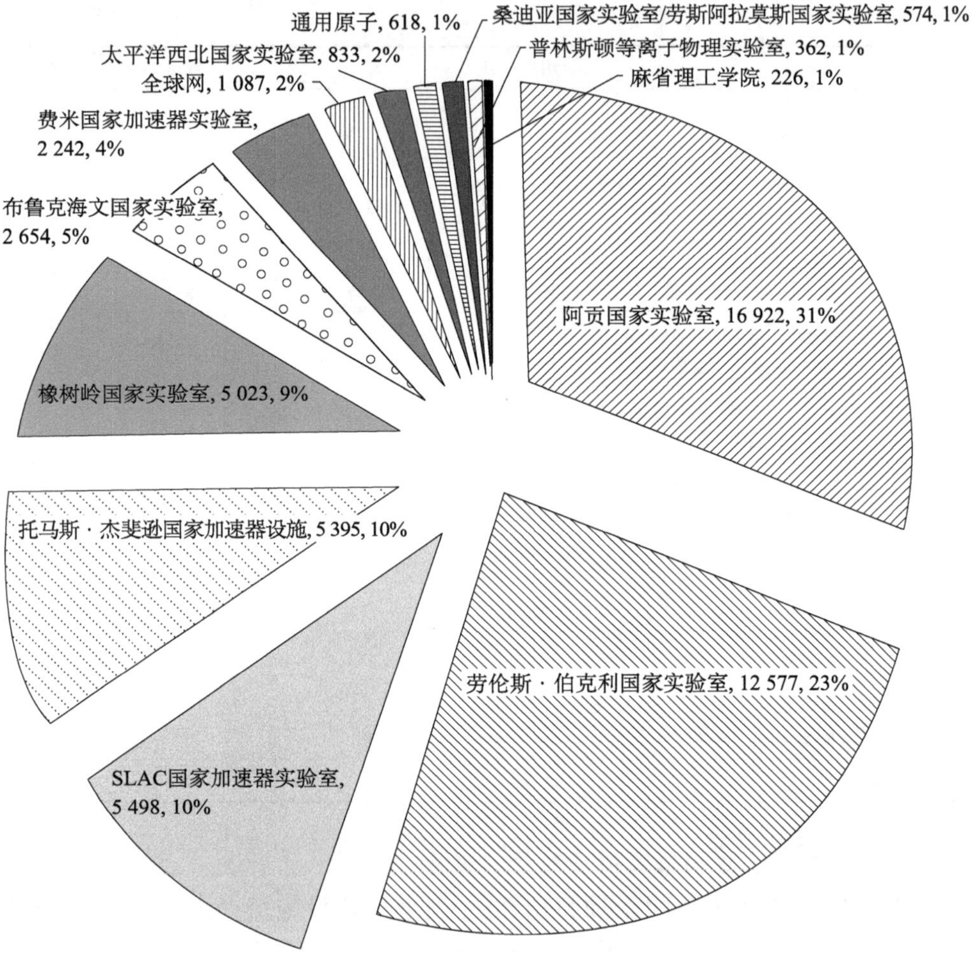

图 6.12　项目在 13 个东道主机构的分布

5. 项目的主要资助机构

科学用户设施培育的项目往往是得到资助的项目，可能是一个机构单独资助或者是多个机构联合资助，我们以第一资助机构为主，在数据统计基础上进行了合并处理。比如，将美国能源部单独资助的和美国能源部与其他机构联合资助的合并为“美国能源部及其他机构”。表 6.6 列出了 2016 年科学用户设施全部项目的初始资助（联合）机构。

表 6.6　项目初始资助（联合）机构

	项目初始资助（联合）机构	数量 / 项	比例 /%
1	美国能源部及其他机构	29 458	54.54

续表

	项目初始资助（联合）机构	数量 / 项	比例 /%
2	美国国立卫生研究院及其他机构	4 346	8.05
3	国外学术界	3 844	7.12
4	美国自然科学基金会及其他机构	3 294	6.10
5	美国的大学及其他机构	2 039	3.78
6	美国产业及其他机构	1 459	2.70
7	美国国防部及其他机构	910	1.68
8	美国宇航局及其他机构	522	0.97
9	私企或其他公共基金	508	0.94
10	其他	7 631	14.13
	合计	54 011	100.00

表 6.6 显示，美国能源部及其他机构资助的项目数量最多，共 29 458 项，占总数比例超过 50%。其他机构的资助比例都没有超过 10%，但资助项目数量超过 1000 项的机构还有美国国立卫生研究院及其他机构、国外学术界、美国自然科学基金会及其他机构、美国的大学及其他机构和美国产业及其他机构。

6. 科学用户来自 76 个国家 / 地区

以科学用户所属机构的国别为区分依据，2016 年美国能源部科学用户设施培育的全部 54 011 个项目，共来自 76 个国家 / 地区。表 6.7 列出了前 10 个来源国家 / 地区。

表 6.7　前 10 个来源国家 / 地区

序号	来源国家 / 地区	数量 / 项	比例 /%
1	美国	43 508	80.55
2	中国	1 267	2.35
3	德国	1 205	2.23
4	英国	1 121	2.08
5	加拿大	905	1.68
6	意大利	891	1.65
7	法国	623	1.15
8	日本	474	0.88
9	韩国	435	0.81
10	瑞士	346	0.64

超过 80% 的用户来源于美国；超过 1000 个项目的用户所属国另外还有 3 个，分别是中国、德国和英国。其他国家 / 地区的项目数量都低于 1000 项。

7. 科学用户来自全球 2603 个机构

以科学用户来源机构名称为统计项，2016 年全部 54 011 个项目共来自 2603 个机构，表 6.8 列出了前 10 个来源机构。

表 6.8　前 10 个来源机构

序号	用户的前 10 个来源机构	数量 / 项	比例 / %
1	阿贡国家实验室	4 470	8.28
2	橡树岭国家实验室	2 272	4.21
3	劳伦斯·伯克利国家实验室	1 893	3.51
4	SLAC 国家加速器实验室	1 267	2.35
5	布鲁克海文国家实验室	1 171	2.17
6	加州大学伯克利分校	1 106	2.05
7	斯坦福大学	964	1.79
8	芝加哥大学	939	1.74
9	托马斯·杰斐逊国家加速器实验室	912	1.69
10	西北大学	798	1.48

排在第一位的来源机构是阿贡国家实验室，共有 4470 个项目，占总数比例为 8.28%；超过 1000 项的来源机构还有橡树岭国家实验室、劳伦斯伯克利国家实验室、SLAC 国家加速器实验室、布鲁克海文国家实验室和加州大学伯克利分校等。

8. 现场 / 远程用户为主

科学用户类型（user type）包括现场（site）、远程（remote）、数据（data）和“现场 + 远程”（site and remote）方式等。表 6.9 列出了用户类型分布状况。

表 6.9　用户类型分布

序号	类型	数量 / 项	比例 / %
1	现场	33 726	62
2	远程	19 287	36
3	数据	898	2
4	现场 + 远程	100	0
合计		54 011	100

现场是科学用户选择最多的使用科学用户设施的方式，在现场亲自参与产业前沿创新项目的培育过程，这种类型用户项目占总数的比例超过 60%；36% 的科学用户项目选择远程参与项目培育；2% 的用户选择获取数据的方式进行项目培育；选择“现场 + 远程”培育的科学用户项目仅有 100 项。

9.“教职工 / 专业人员 / 科学家”群体占半

科学用户的就业层次（user employment level）主要包括“教职工 / 专业人员 / 科学家”（faculty member/professional staff/scientist）、研究生（graduate student）、博士后（postdoctoral research associate）和本科生（undergraduate student）等。表 6.10 列出了用户就业层次分布。

表 6.10　用户就业层次分布

序号	类型	数量 / 项	比例 / %
1	教职工 / 专业人员 / 科学家	26 414	49
2	研究生	10 113	19
3	博士后	7 753	14
4	本科生	1 507	3
5	退休 / 自营职业者	77	0
6	高中生	10	0
7	其他	8 137	15
合计		54 011	100

占总数 54 011 项 49% 的项目的科学用户是“教职工 / 专业人员 / 科学家”；占总数 19% 的项目的科学用户是研究生；占总数 14% 的项目的科学用户是博士后。本科生、退休 / 自营职业者和高中生等参与的项目比例较低。

10. 用户主要来源于大学和美国能源部国家实验室

科学用户按照来源机构类型进行划分，主要有美国的大学及其他教育机构、美国能源部国家实验室、国外学术界、私人 / 公共基金会 / 慈善机构、营利机构（小企业除外）等。表 6.11 列出了用户机构类型分布情况。

表 6.11　用户机构类型分布

序号	机构类型	数量 / 项	比例 / %
1	美国的大学及其他教育机构	24 007	44.45
2	美国能源部国家实验室	15 144	28.04
3	国外学术界	10 470	19.38

续表

序号	机构类型	数量 / 项	比例 / %
4	私人 / 公共基金会 / 慈善机构	1 551	2.87
5	营利机构（小企业除外）	1 007	1.86
6	其他联邦机构	835	1.55
7	小企业	753	1.39
8	美国中学	122	0.23
9	其他	122	0.23

占总数 44.45% 的项目来自美国的大学及其他教育机构；28.04% 的项目来源于美国能源部国家实验室；来自国外学术界的项目比例接近 20%。

（二）来自中国的科学用户项目数据发现

2016 年美国能源部科学用户设施培育的全部项目中，有 1267 项来源于中国的机构，占全部 54 011 项的 2.35%。

1. 中国项目在 6 个计划中的分布

中国 1267 个项目在美国 6 个科学用户设施计划中的分布情况是：基础能源科学，657 项；核物理，260 项；先进科学技术研究，166 项；生物与环境研究，106 项；聚变能科学，52 项；高能物理，26 项。

中国在美国能源部科学用户设施中培育的项目来源于 75 个机构，表 6.12 列出了中国项目前 10 个来源机构。

表 6.12　中国项目前 10 个来源机构

序号	中国前 10 来源机构	数量 / 项	比例 / %
1	北京高压科学研究中心	213	16.81
2	中国科学技术大学	133	10.50
3	北京大学	61	4.81
4	清华大学	54	4.26
5	中科院等离子体物理研究所	48	3.79
6	复旦大学	42	3.31
7	华中师范大学	38	3.00
8	中国原子能科学研究院	38	3.00
9	哈尔滨工业大学	35	2.76
10	北京科技大学	35	2.76

2. 中国用户项目在东道主机构的分布

中国用户项目的东道主机构共有 13 个。表 6.13 列出了中国用户项目在东道主机构的分布。

表 6.13 中国用户项目在东道主机构的分布

序号	中国用户项目的东道主机构	数量 / 项	比例 / %
1	阿贡国家实验室	469	37.02
2	劳伦斯伯克利国家实验室	251	19.81
3	托马斯・杰斐逊国家加速器设施	175	13.81
4	布鲁克海文国家实验室	96	7.58
5	橡树岭国家实验室	64	5.05
6	全球网	59	4.66
7	SLAC 国家加速器实验室	45	3.55
8	通用原子	44	3.47
9	太平洋西北国家实验室	32	2.53
10	费米国家加速器实验室	23	1.82
11	麻省理工学院	6	0.47
12	普林斯顿等离子物理实验室	2	0.16
13	桑迪亚 / 劳斯阿拉莫斯国家实验室	1	0.08

3. 中国用户项目分布的前 10 个科学用户设施

中国用户项目分布于 27 个科学用户设施，表 6.14 列出了中国用户项目分布的前 10 个科学用户设施。

表 6.14 中国用户项目分布的前 10 个科学用户设施

序 号	中国前 10 个用户设施	数量 / 项	比例 / %
1	先进光子源	438	34.57
2	连续电子束加速器装置	175	13.81
3	国家能源研究科学计算中心	150	11.84
4	相对论重离子对撞机	77	6.08
5	先进光源	72	5.68
6	大气辐射测量气候研究设施	59	4.66
7	阿尔卡特 C-Mod 托卡马克聚变反应堆	44	3.47
8	环境分子科学实验室	32	2.53
9	高通量同位素反应堆	28	2.21
10	费米实验室加速器复合体	23	1.82

4. 中国用户项目的主要资助机构

563 个项目，占中国项目总数的 44.44%，得到美国能源部及其他机构的（联合）资助；428 个项目，占中国项目总数的 33.78%，得到中国大学及其他机构的（联合）资助。

5. 中国用户类型

836 个项目，占中国项目总数的 65.98%，科学用户选择现场方式参与项目培育；363 个项目，占中国项目总数的 28.65%，科学用户选择远程方式参与项目培育；余下 68 个项目，占中国项目总数的 5.37%，科学用户选择提供数据的方式参与项目培育。

四、科学用户设施知识产权解决方案评述

（一）知识产权解决方案评述

1. 免费使用科学用户设施的知识产权解决方案

如果科学用户在设施从事的是非专属工作，而且获得的数据不发表期刊论文、不申请专利，或者愿意将研究成果发表于公开的文献资料（open literature），或者其科研成果、获得的相关数据的知识产权归属于用户设施方，这几种情况下，科学用户可以免费使用设施。

2. 全额收费的知识产权解决方案

如果用户在设施从事专属的研究工作，而且发表专属科研成果，用户设施管理方将全额收取用户设施的使用费用。

3. 设施与用户的知识信息共享合作机制

设施设有正式的用户组织机构，代表用户和设施双方共享知识与信息，达成合作共识，帮助用户整理科研成果。

4. 设施与私有部门的非竞争条款

设施凭借其自身拥有的现代化的、最先进的科学设施和工具的强大实力与能力，推动科学用户的研究走向世界科学与产业技术创新的最前沿，不与私有部门竞争。

（二）其他相关原则与方案评述

科学用户设施除了上述的知识产权解决方案，还有其他一些相关的原则和方案。比如，科学用户设施对所有潜在的、感兴趣的科学用户开放，不管其来自哪个国家、哪个机构；设施资源的使用分配原则取决于对申请者研究工作的价值评议结果；设施为科学用户从事科研活动提供足够的、安全高效的资源和设备等。

总之，美国能源部的科学用户设施计划，其宗旨一方面在于引领和推动美国乃至全球的科技与产业最前沿的发展；另一方面即是物尽其用原则，巨额投资的、最现代化的、最先进的科研设施对全球感兴趣的科学家开放。知识产权解决方案，是科学用户和设施双方在合作之前必先解决的一个首要问题，双方往往是在上述基本解决原则和方案指导下，达成具体的知识产权协议，供双方在合作过程中共同遵守和执行。

五、对我国的启示

（一）建设国家层面产业前沿创新培育设施的同时，建立知识产权解决方案

美国能源部科学用户设施是建设在国家层面的、为研究者提供最先进工具的产业前沿创新培育设施。其目的和宗旨在于推动美国走向世界科学与产业创新发展的最前沿。科学用户设施是大学等单个科研机构凭借其资金和能力所无法达到和拥有的设施。美国能源部作为一个政府科学机构，将科学创新放在优先发展的地位，并将其视为美国经济繁荣的基石，在美国经济创新发展中发挥着重要作用。美国能源部科学办公室通过联邦政府资助的科学用户设施计划（Scientific User Facility Program）旨在推动科学技术进步发展和新兴产业的创新培育。科学用户设施对所有感兴趣的潜在用户开放，不论国籍和机构，科学用户设施为研究者提供现代科学发展，并为新兴产业培育最先进的工具，包括加速器、对撞机、超级计算机、光源设备和中子源等，以及用于纳米世界、环境与大气研究的设施。

教育部科学技术司于 2017 年 2 月公示了一批 2017 年度教育部科学事业费项目拟立项项目名单，包括国家重大科技基础设施培育项目 22 个、科技创新平台培育项目 35 个和高校重大科技战略和政策研究项目 20 个。这是培育国家重大科技项目的重要设施和创新平台，全部 77 个项目的牵头单位是 39 所高校和广东省教育厅。该举措对推动我国重大科技项目的创新发展和新兴产业培育具有举足轻重的作用。但作为牵头单位的单个大学是否具有足够的创新培育能力，是否可以将重大项目的创新培育机构建设在更高层次（如国家层面）？结合美国能源部科学用户设施计划，笔者建议建设国家层面的产业前沿创新培育设施，这将更有利于推动我国对国民经济有重大影响的重大项目和新兴产业的培育发展。

结合美国能源部科学用户设施计划实施中的知识产权及相关问题解决方案，笔者建议国家重大科技项目培育工程启动的同时，应建立并逐步健全和完善知识产权相关问题的系统解决方案。

（二）产业前沿创新培育应从“前知识产权－创意”开始

美国能源部科学用户设施培育的项目，起始于“前知识产权－创意”。它可能仅仅是一个概念，或者是一个想法，也可能是正在进行的科学研究，经过专家的论证并且被认为是有培育和发展潜力的、可能代表未来能源产业发展方向和前景的项目。这样的项目更具有时效性和实效性、新颖性和聚焦性，更有可能发展为未来能源产业的前沿。

美国能源部科学用户设施对创新项目的培育，是“基于科学的创新”思想与实践的紧密结合。美国能源部作为一个政府科学机构，对美国科技经济创新发展发挥着重要的作用，积极催化了基础科学和应用科学的转化、新兴能源产业技术的发现和发展，并将“基于科学的创新”放在优先发展的地位，视其为国家经济繁荣的重要基石。

基于创新概念与创新想法的新兴产业培育计划，大大缩短了从科学到技术再到产业的创新路径，美国能源部基于科学的创新实践，从“前知识产权－创意”开始培育全球科学技术与产业发展前沿的做法，为推动我国新兴产业的创新发展、创意产业的发展和知识产权保护，提供了重要的借鉴思路。

第五节　能源产业前沿探索：基于科学的创新视角

一、引言

探索能源产业的发展前沿，对国家构建清洁低碳、安全高效的现代能源体系，优化能源结构，推动我国能源革命，加快经济社会转型发展等，具有重要的理论意义和现实意义。国内外学者关于能源产业的相关研究成果，主要集中于以下几个方面：第一，关于新能源产业的研究。学者们研究了新能源产业的发展困境及对策[102]、新能源产业的核心技术[103]、新能源产业金融支持路径与风险防范方法[104]、新能源产业政策分析[105]、新能源产业竞争能力模型分析[106]等。第二，关于可再生能源的研究。学者们探讨了基于博弈模型的可再生能源产业补贴标准设计[107]、可再生能源对碳排放的影响[108]、可再生能源技术吸收能力对我国能源产业绩效的影响[109]等。第三，关于新兴类型能源，如生物能源等的研究。国内外学者分析了美国生物能源产业生态系统演化过程[110]、生物能源产业发展路径[111]、生物能源产业生态系统构建[112]等。第四，关于能源产业前沿的研究。国内外学者探讨了能源产业前沿研究中心的科学合作与演变[113]、海洋能源产业前沿的发展[114]、太阳能产业发展的前沿[115]、高能前沿的晶体准直系统[116]等。

"基于科学的创新"思想，学界一般认为起源于18世纪经济学家亚当·斯密提出的经验与科学促进了劳动分工和进步与创新理论[117-119]。传统的创新理论更多地聚焦于技术创新，但最近几十年来，"基于科学的创新"思想越来越引起学术界和决策者们的关注。主要原因是在过去的40多年时间里，越来越多的技术创新依赖于科学的发展。比如，生物技术的革命非常依赖科学发展[120, 121]，信息通信技术也是如此，而纳米技术与纳米科学几乎不可分割，被称为纳米科技。基于科学的创新的相关研究成果，主要集中于以下几个方面：基于科学创新的思想起源与发展及基于科学创新的模式和类型[117]；企业科学能力及其与创新关系[122]；基于科学创新视角，全球太阳能产业技术领域的技术创新能力及其与科学发展的关系[123]；生物技术领域的科学知识是如何影响公司创新绩效的[124]等。

美国能源部科学办公室的科学用户设施计划是"基于科学的创新"的重要实践平台。美国能源部在美国经济创新发展中发挥着重要作用，将科学创新放在优先发展的地位，并将其视为美国经济繁荣的基石[125]。美国能源部科学办公室通过科学用户设施计划推动美国走向世界科学与创新的最前沿。科学用户设施计划是联邦政府资助的，旨在推动科学技术进步和新兴产业发展，科学用户设施对全球所有感兴趣的潜在用户开放，不论国籍和机构，科学用户设施为研究者提供现代科学发展最先进的工具，包括加速器、对撞机、超级计算机、光源设备和中子源等设施[126]。科学用户设施计划办公室负责用户设施的整个流程管理，从概念模型到设计，到建设运营，到终止甚至停运等[127]。核心项目计划办公室有六个：先进科学计算研究、基础能源科学、生物与环境研究、聚变能科学、高能物理、核物理。本书选择基础能源科学计划，从基于科学的创新视角，探索能源产业的发展前沿。与以往的研究相比较，本书选择美国能源部正在培育的、经过专家评议的、有发展潜力的、有可能发展成为新兴能源产业的、对美国乃至世界能源产业技术的发展具有引领作用的科学用户设施项目为数据来源，将更能够代表未来能源产业的发展方向，为能源产业发展前沿的预测提供一个崭新的视角和方法。

二、数据来源与研究方法

（一）数据来源及处理

学者们以往多采用科学引文索引数据库的科学论文进行新兴产业或新兴技术发展趋势的探测研究[128-131]；或采用德温特创新索引（Derwent innovation index，DII）数据库的专利文献，预测新兴产业技术的发展前沿[132-135]。SCI科学论文数据与DII专利文献数据具有规范化、系统化、著录信息丰富全面的优势，为学者们进行产业技术前沿探测的相关研究提供了很好的数据来源，但不足之处在于数据的滞后性，无论是SCI论文还是DII专利文献，都需要一定的，甚至较长的发表周期。本书选择美国能源部科学用户设施计划正在培育的项目数据，进行能源产业前沿探索研究。

本书的研究数据来源于美国能源部官方网站[136]。我们选择2016年美国能源部科学用户设施计划统计数据中的“基础能源科学”计划培育的全部27 881个项目数据，对其进行“用户设施项目的主要来源机构”分析，以此探索能源产业前沿创新主体；进行“用户设施项目的主要资助机构”分析，以此探索能源产业前沿的创新资助方；进行“项目培育的科学用户设施”分析，以此探索能源产业前沿项目研究的培育机构；进行“用户设施项目的前沿主题”分析，以此探索能源产业的前沿新兴主题与方向。在进行有些项目分析时，我们对原始数据进行了必要的合并与规范化处理。比如，在进行“用户设施项目的主要资助机构”统计分析时，仅仅是与美国能源部有关的资助机构，包括美国能源部单独资助的，或者美国能源部与其他机构联合资助的就有170多个，我们将其统一合并为美国能源部及其他，代表美国能源部单独资助或美国能源部与其他机构联合资助的情况。美国国防部、美国国家航空航天局、美国国立卫生研究院、美国国家科学基金会等资助机构，也采取了类似的处理办法。“基础能源科学”研究计划支持能源科学领域的基础研究[137]，为未来能源产业技术的发展提供基础和支撑，以实现美国能源部在能源、环境乃至国家安全等方面的使命。

与以往的科学论文或专利文献数据相比较，本书选择的美国能源部科学用户设施培育项目数据，可以是科学家正在进行的研究，也可以仅仅是个概念或想法，因此不存在像科学论文或专利文献那样较长的时滞。从时间上看，选择正在培育的项目为数据来源，更具有新颖性；从范围上看，选择经过专家评议、被认为有未来产业发展潜力的培育项目数据，更聚焦于未来能源产业的发展方向。因此，利用美国能源部科学用户设施培育项目的数据进行能源产业技术前沿的探测和分析，具有更强的学术价值和实践意义。

（二）研究方法

对能源产业前沿主题的探测，我们采用从科学用户设施项目名称中提取主题词的方法，并借助信息可视化软件VOSviewer进行。项目名称虽然字数不多，但其反映了项目的核心主题，是对一个项目的创新思想和主要内容的高度概括和凝练[138-140]。我们将“基础能源科学”计划的全部 27 881 个项目名称汇总为一个文本体，采用 VOSviewer 软件分析工具，选择关联强度算法，对该文本体的主题词进行关联强度、频次和可视化分析。我们选择“关联强度”算法来进行能源产业技术前沿主题分布的主题词图谱分析，见式（6.1）。

$$S_A\left(C_{ij},S_i,S_j\right)=\frac{C_{ij}}{S_iS_j} \tag{6.1}$$

式中，S_A（C_{ij}，S_i，S_j）表示项目 i 和项目 j 的相似度，C_{ij} 为项目 i 和 j 的共同出现频次，S_i 和 S_j 为项目 i 和 j 各自出现的频次。常见的计算共现矩阵的方法有 Jaccard 系数、Cosine 系数等，但是 van Eck 与 Waltman 通过大量的实证研究和比较分析[141，142]，认为总体来看存在着两种重要的相似性测度理论与方法，即集论测度（set-theoretic measures）和概率测度（probabilistic measures）。Cosine 系数、Inclusion Index 和系数三种都是集论测度方法，而关联强度则属于概率测度方法。在科学计量学共现分析研究中，选择关联强度的测度指标比 Jaccard 系数和 Cosine 系数更合适。

三、能源领域前沿探索

（一）能源产业前沿创新主体：项目主要来源机构

我们选择“项目来源机构”，即美国能源部科学办公室“基础能源科学”计划培育的全部 27 881 个项目数据中的“科学用户来源机构名称”字段，对其进行了数据处理和统计分析，提炼出高于 300 项的项目来源机构，将其视为能源产业前沿创新主体（表 6.15）。这些高产的项目来源机构代表着他们拥有基础能源科学研究领域的强大研究实力和全球领先水平，这些机构在基础能源科学领域的研究，为未来能源产业技术创新发展提供了重要的支撑，也很有可能成为未来新兴能源产业技术的引领者和先驱者。

表 6.15　能源产业前沿创新主体：高于 300 项的“项目来源机构”

序号	项目来源机构	数量 / 项	比例 / %
1	Argonne National Laboratory（ANL） （阿贡国家实验室）	3058	10.97
2	Oak Ridge National Laboratory （ORNL 橡树岭国家实验室）	1232	4.42
3	SLAC National Accelerator Laboratory （SLAC 国家加速器实验室）	1056	3.79

续表

序号	项目来源机构	数量 / 项	比例 / %
4	Lawrence Berkeley National Laboratory（劳伦斯伯克利国家实验室）	884	3.17
5	University of Chicago（芝加哥大学）	834	2.99
6	Stanford University（斯坦福大学）	818	2.93
7	Brookhaven National Laboratory（BNL 布鲁克海文国家实验室）	781	2.80
8	Northwestern University（西北大学）	720	2.58
9	University of California，Berkeley（加州大学伯克利分校）	551	1.98
10	Stony Brook University（石溪大学）	356	1.28
11	Los Alamos National Laboratory（LANL 洛斯阿拉莫斯国家实验室）	353	1.27
12	Carnegie Institute of Washington（华盛顿卡耐基研究所）	348	1.25
13	Arizona State University（亚利桑那州立大学）	343	1.23
14	University of Tennessee（田纳西大学）	340	1.22
15	Deutsches Elektronen-Synchrotron（DESY 德国电子同步加速器）	316	1.13

表 6.15 显示，在 15 个高产的能源产业前沿创新主体中，有 6 个是联邦政府的国家实验室，7 个是高水平的研究型大学，另外一个是华盛顿卡耐基研究所，还有一个是德国电子同步加速器。前四个高产机构全部是联邦政府的国家实验室：排在第一位的阿贡国家实验室，其在基础能源科学研究计划中培育的项目数量最多，为 3058 个，占基础能源科学项目总数的 10.97%，遥遥领先于其他机构。阿贡国家实验室是一个多学科的科学与工程研究中心，是美国能源部最大的研究中心，是第二次世界大战后美国创建的第一个国家实验室[143]。第二次世界大战时期，美国陆军部在阿贡实施利用核裂变反应来研制原子弹的计划，该计划亦是曼哈顿计划的一部分，阿贡国家实验室建立于 1946 年，是在芝加哥大学冶金实验室的基础上发展起来的[144，145]。阿贡国家实验室尖端的

基础科学研究给当今社会带来了价值，并为未来的技术突破奠定了基础。阿贡在能源资源领域的研究项目确保了未来社会与经济发展所需的高效、清洁能源的可靠供应。排在第二位的橡树岭国家实验室和排在第三位的 SLAC 国家加速器实验室，二者在基础能源科学计划中培育的项目也都超过了 1000 项。橡树岭国家实验室成立于 1943 年，现由田纳西大学和 Battelle 纪念研究所共同管理。是美国能源部所属最大的科学和能源研究实验室，20 世纪 70 年代成立了能源部，研究计划扩展到能源生产、传输和保存等领域。SLAC 国家加速器实验室原名为“斯坦福直线加速器中心”（Stanford Linear Accelerator Center，SLAC），成立于 1962 年，2008 年 10 月更名为 SLAC 国家加速器实验室。SLAC 直属美国能源部，主要从事自然界基本规律的探索研究，取得了许多重大成果，揭示了许多自然界的秘密。

（二）能源产业前沿的创新资助方：主要资助机构

我们选择“项目主要资助机构”，即美国能源部科学办公室“基础能源科学”计划培育的全部 27 881 个项目数据中的（“用户设施全称”）字段，对其进行了数据处理。比如，将美国国防部单独资助的和美国国防部与其他机构联合资助的，合并为“美国国防部及其他机构”；将美国能源部单独资助的和美国能源部与其他机构联合资助的，合并为“美国能源部及其他机构”。这样合并处理后，有利于我们从整体上把握能源产业前沿的主要资助机构。经过数据处理和统计分析之后，提炼出资助项目占项目总数比例超过 1% 的 9 个主要资助（联合资助）机构（表 6.16）。需要说明的一点是，这样合并后，会存在着小部分重复计算，导致最终的百分比超过 100%。这些主要的资助机构代表着他们对能源产业，尤其是新兴能源技术研发的大力支持和积极扶持。

表 6.16　能源产业前沿的创新资助方

序号	主要资助（联合资助）机构	数量 / 项	比例 / %
1	美国能源部及其他机构	12 560	45.05
2	美国国立卫生研究院及其他机构	4 669	16.75
3	国外学术界（美国之外其他国家 / 地区）	3 104	11.13
4	美国国家自然科学基金会及其他机构	2 988	10.72
5	美国大学 / 教育机构及其他机构	1 568	5.62
6	其他的联邦机构	1 410	5.06
7	美国国防部及其他机构	1 006	3.61

续表

序号	主要资助（联合资助）机构	数量 / 项	比例 / %
8	私人或公共研究基金会 / 组织或慈善组织	560	2.01
9	美国国家航空航天局及其他机构	386	1.38

表 6.16 显示，美国能源部参与资助的项目数量最多，仅在 2016 年，其单独资助及与其他机构联合资助的项目数量达到 12 560 项，占基础能源科学项目总数的 45.05%，几乎占了半壁江山。排在第二位的是美国国立卫生研究院及其他机构，共同资助了 4669 个项目，占总数的 16.75%。国外学术界（美国之外其他国家 / 地区）的资助率为 11.13%；美国自然科学基金会及其他机构的资助率为 10.72%。另外两个资助率超过 5% 的资助主体为美国大学 / 教育机构及其他机构、其他的联邦机构。

（三）能源产业前沿项目的培育机构：科学用户设施

我们选择“科学用户设施”，即美国能源部科学办公室“基础能源科学”计划培育的全部 27 881 个项目数据中的“用户设施全称”字段，对其进行了数据处理和统计分析，共有 12 个科学用户设施承担了基础能源科学计划的全部项目培育。图 6.13 显示了每个科学用户设施的名称、培育项目数量及其占基础能源科学计划全部项目的比例。

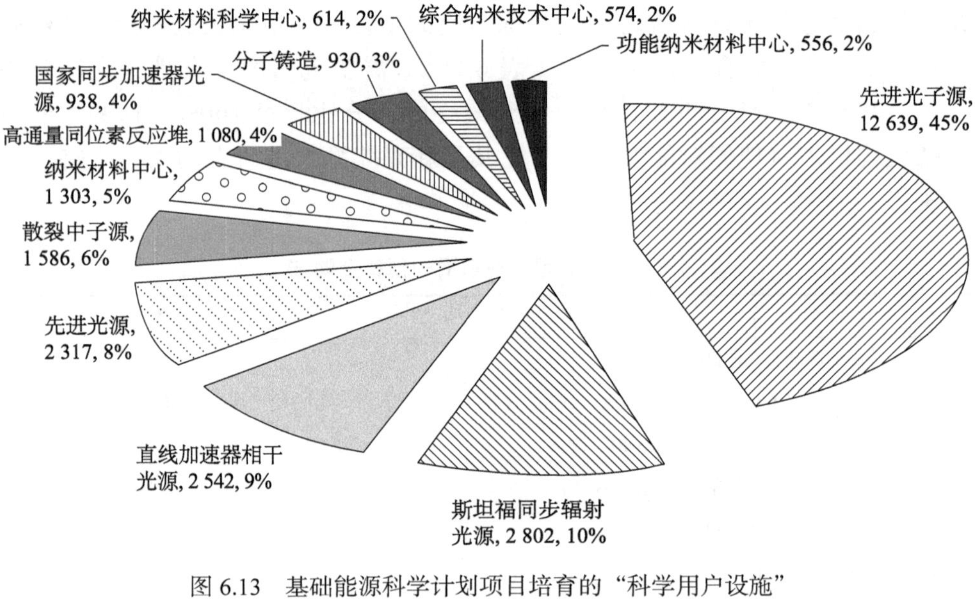

图 6.13　基础能源科学计划项目培育的“科学用户设施”

图 6.13 显示，培育基础能源科学计划项目数量最多的科学用户设施是“先进光子源”，培育项目数量超过 10 000 项，占比高达 45%。先进光子源是美国能源部阿贡国家实验室提供的超级明亮的、高能存储环形 X 射线束，几乎可以应用于所有学科的科研工作中[146-148]。这些 X 射线可以帮助科学家探索地心、外层空间及二者之间任何一点的物质结构与功能，并获取新知识[149，150]。研究中获取的新知识对内燃机和微电路的演进，以及新药的发展、纳米领先技术等产生了重大的冲击。排在第二位的科学用户设施是“斯坦福同步辐射光源”，其培育项目数量接近 3000 项，比例为 10%。SSRL 竣工于 1977 年，由斯坦福大学为美国能源部进行运作，其经费主要由能源部基础能源科学局及生物和环境研究局提供，也从美国国立卫生研究院、国家研究资源中心、生物医学技术计划以及美国国立综合医学研究所得到经费支持。同步辐射X射线特别适于研究许多材料，原因是它们的大小正好能够穿透材料，而且一旦它们穿透材料后，能够与材料的组成部分发生相互作用。有两种类型的 X 射线相互作用提供结构信息、散射和吸收[151，152]。SSRL 主要从事同步辐射实验演进，内容包括结构生物学、遗传和分子生物工程、传感器和传感信息处理、环境支撑技术、光学技术等[153，154]。培育项目超过 2000 项的科学用户设施还有“直线加速器相干光源”和“先进光源”。

（四）能源产业前沿主题

以往产业前沿主题的可视化分析，学者们多采用 Web of Science 数据平台的 SCI 科学论文数据进行[155，156]，或者采用德温特创新索引数据库的专利文献进行分析[155]。在此我们采用美国能源部“基础能源科学”计划培育项目的项目名称为能源产业前沿主题可视化分析的数据样本，我们将全部 27 881 个项目的项目名称提炼出来，汇总为一个文本文件，选择 VOSviewer 软件分析平台的“基于文本数据制作图谱”（create a map based on text data）选项，选择关联强度算法，权重选择出现频次。运行 VOSviewer，共萃取主题词 16 741 个，其中频次高于 10 次的主题词为 1680 个，其中联系关系最强的 60% 的主题词，即 1008 个主题词被选中为最终图谱中的主题词（图 6.14）。词频越高，在图谱中的结点越大。

图 6.14 显示，能源产业前沿高频主题词主要有衍射研究（diffraction study）、数据采集（data collection）、大分子结晶学（macromolecular crystallography）、中子和 X 射线散射学校（nx school，national school on neutron and X-ray scattering）、光束线调试（beamline commissioning）等。生物大分子衍射技术从衍射线的方向和强度推算生物大分子的空间结构和立体结构，X 射线衍射技术能够精确测

定原子在晶体中的空间位置，是迄今研究生物大分子结构的主要技术[157，158]。由于X射线衍射方法具有不损伤样品、无污染、测量精度高、方便快捷、能得到有关晶体完整性的大量信息等优点，加上晶体存在的普遍性和晶体的特殊性能，以及晶体在能源、航空航天、生物工程、计算机等工业领域的广泛应用，人们对晶体的研究日益深入，使得X射线衍射分析成为研究晶体最方便、最重要的手段[159]。数据采集是大分子结晶学与衍射研究及能源基础科学领域其他一些研究的基础和前提。超高分辨率晶体学的常规大分子结晶学能量优化研究[159]、大分子晶体学用于高和低能量的分相和可变束聚焦研究[159-161]等，是近年来能源基础科学领域研究的重要课题。中子和X射线散射学校设立的主要目的，是为研究生提供中子和X射线散射教育，以及如何使用中子与X射线用户设施。中子和X射线散射学校的设立和发展得到美国能源部基础能源科学研究计划的支持。表6.17列出了基础能源科学培育项目频次高于80次的高频主题词。

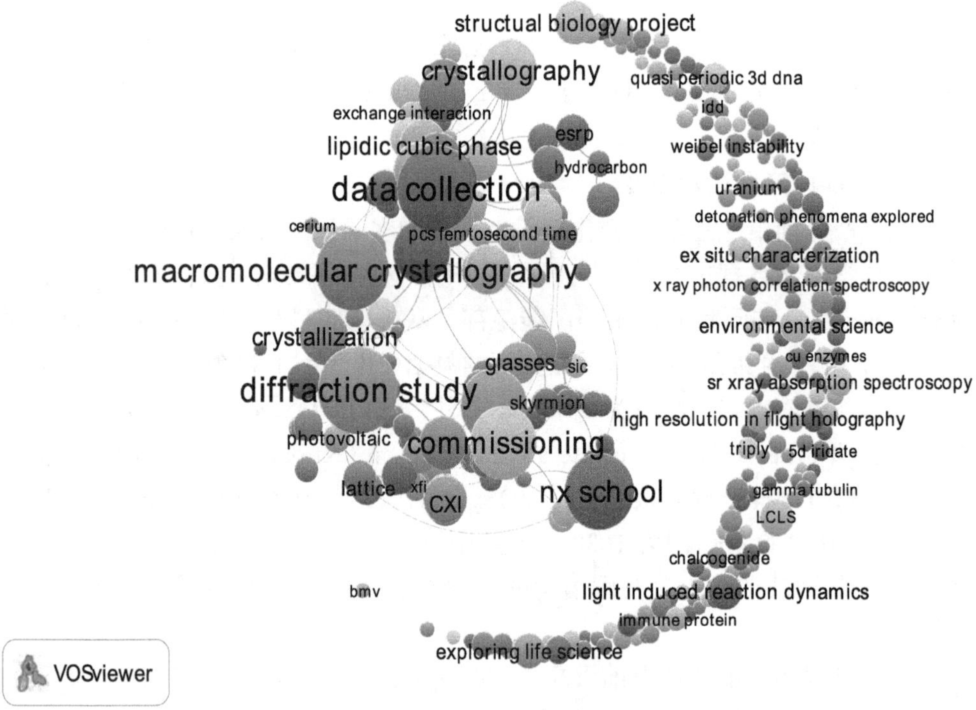

图6.14　能源产业前沿主题词图谱

表 6.17　基础能源科学培育项目高频主题词（≥ 80 次）

序号	主题词	频次
1	diffraction study（衍射研究）	359
2	data collection（数据搜集）	352
3	macromolecular crystallography（高分子结晶学）	301
4	NX school（National School on Neutron and X-ray Scattering）（中子和 X 射线散射学校）	274
5	commissioning（调试）	253
6	beamline（光束线）	249
7	biology（生物学）	186
8	receptor（受体）	176
9	crystallography（结晶学）	174
10	LS CAT（life sciences collaborative access team）（生命科学合作获取团队）	165
11	SFX（serial femtosecond crystallography）（串行飞秒晶体学）	147
12	G protein（G 蛋白）	139
13	crystallization（结晶）	135
14	femtosecond crystallography（飞秒晶体学）	133
15	photosystem II（光系统 II）	132
16	lipidic cubic phase（脂立方相）	128
17	alignment（队列）	127
18	x ray imaging（X 射线成像）	117
19	single particle initiative run（单粒子计划运行）	112
20	structural dynamic（结构动力学）	103
21	structual biology project（结构生物学项目）	93
22	beamline commissioning（光束线调试）	89
23	glasses（玻璃）	86
24	LCLS（linac coherent light source）（直线加速器相干光源 ）	86
25	CXI（coherent X-ray imaging）（连贯的 X 射线成像）	85
26	diffraction experiment（衍射实验）	84
27	electron transfer（电子传递）	84
28	radiation（辐射）	84
29	laser（激光）	83
30	structural determination（结构测定）	83
31	water splitting（水分解）	82

表 6.17 列出的高频主题词包括以下几类：第一类反映基础能源科学研究领域前沿的主题词，如“衍射研究”“高分子结晶学”“串行飞秒晶体学”“单粒子计划运行”等。第二类是反映了通用方法的主题词，如数据采集、衍射实验、光束线调试等，这些方法广泛应用于能源基础科学研究领域。第三类是代表能源前沿研究主体机构相关的主题词，如中子和 X 射线散射学校、生命科学合作获取团队等。这几类主题词并不是孤立存在的，如“生命科学合作获取团队”的主要作用就是为那些需要确定蛋白质结构的研究者们提供大分子结晶学相关的研究资源，在阿贡国家实验室先进光资源科学用户设施为研究者提供 X 射线衍射实验设施，那里有超强的强流离子束[162]，可以应用于微小蛋白质晶体的反射和柔性聚焦研究。由此可见，研究团队、研究方法和研究前沿主题内容都是密切相关的。

四、结论与启示

本书“基于科学的创新”思想，选择美国能源部“基础能源科学”计划培育的全部 27 881 个项目数据，运用数据统计和信息可视化技术，对其进行“能源产业前沿创新主体”“能源产业前沿的创新资助方”“能源产业前沿项目培育机构”和“能源产业前沿主题”等分析，试图探索基于“基础能源科学”研究的能源产业技术前沿。主要得到如下结论：能源产业前沿创新主体主要是美国联邦政府的国家实验室和高水平的研究型大学；能源产业前沿的创新资助方，资助项目比例超过 10% 的机构主要有美国能源部及其他机构、美国国立卫生研究院及其他机构、国外学术界（美国之外其他国家 / 地区）和美国自然科学基金会及其他机构；培育基础能源科学计划项目数量比例超过 10% 的科学用户设施分别是“先进光子源”（45%）和“斯坦福同步辐射光源”（10%）。能源产业高频主题词主要有衍射研究、数据采集、大分子结晶学、中子和 X 射线散射学校、光束线调试等。

“基于科学的创新”思想越来越引起学术界和决策者们的关注。以往产业技术前沿的研究，多是采用科学论文数据或专利数据进行的，本书选择了一个崭新的视角，基于美国能源部科学办公室的“基础能源研究”计划支持的美国能源部科学用户设施培育项目的统计数据，进行了能源产业技术前沿的探测研究。从理论视角而言，本书是“基于科学的创新”理论与思想的一个尝试研究；从方法视角而言，本书可以算是补充计量学研究的一个尝试，是对科学计量学研究数据来源和方法的重要补充和发展。基于创新概念与创新想法的新兴产业培育计划大大缩短了从科学到技术再到产业的创新路径，美国能源部基于科学的创新实践，为我国新兴产业的创新发展提供了重要的借鉴思路。

本章参考文献

[1] Calcagnini G，Favaretto I. Models of university technology transfer：analyses and policies [J]. Journal of Technology Transfer，2016，41（4）：655-660.

[2] Aceytuno M T，Caceres F R. University-industry technology transfer models in Europe [J]. Revista De Economia Mundial，2012，（32）：215-238.

[3] 胡罡，章向宏，刘薇薇，等. 地方研究院：高校科技成果转化模式新探索 [J]. 研究与发展管理，2014，（3）：122-128.

[4] 周训胜. 我国高校科技成果转化模式研究 [J]. 福州大学学报（哲学社会科学版），2011，（1）：104-107.

[5] Munari F，Sobrero M，Toschi L. Financing technology transfer：assessment of university-oriented proof-of-concept programmes [J]. Technology Analysis & Strategic Management，2017，29（2）：233-246.

[6] 潘谷平，章滢. 高校科技成果转化的制约因素及对策探讨 [J]. 中国科技论坛，2001，（6）：60-64.

[7] Silva L C S，Kovaleski J L，Gaia S. et al. The process of technology transfer in Brazilian public universities through technological innovation centers [J]. Interciencia，2015，40（10）：664-669.

[8] 李海健. 高校科技成果转化管理制度创新初探 [J]. 中国高校科技，2016，（3）：70-72.

[9] Grimpe C，Fier H. Informal university technology transfer：a comparison between the United States and Germany [J]. The Journal of Technology Transfer，2010，35（6）：637-650.

[10] 管丽丽，林玉双，林琛琛. 美国哈佛大学科技成果转化收益分配方式解析和借鉴 [J]. 科技管理研究，2014，（4）：29-32.

[11] 李晓慧，贺德方，彭洁. 美国促进科技成果转化的政策 [J]. 科技导报，2016，（23）：137-142.

[12] 张晓东. 论推进高校知识产权管理和科技成果转化工作的切入点 [J]. 中国高校科技，2016，（4）：13-15.

[13] 宋河发，吴博，吕磊. 促进科技成果转化知识产权实施权制度研究 [J]. 科学学研究，2016，（9）：1319-1325.

[14] Duval-Couetil N，Pilcher J，Weilerstein P，et al. Undergraduate involvement in intellectual property protection at universities：views from technology transfer professionals [J]. International Journal of Engineering Education，2014，30（1）：60-71.

[15] 谷德斌，毕延彤 . 高校科技成果转化项目投资风险评估决策支持系统研究 [J] . 科技管理研究，2013，(2)：81-84.

[16] Gubitta P，Tognazzo A，Destro F. Signaling in academic ventures：the role of technology transfer offices and university funds [J] . The Journal of Technology Transfer，2016，41 (2)：368-393.

[17] Tseng A A，Raudensky M. Assessments of technology transfer activities of US universities and associated impact of Bayh-Dole Act [J] . Scientometrics，2014，101 (3)：1851-1869.

[18] Link A N，Siegel D S，van Fleet D D. Public science and public innovation：assessing the relationship between patenting at US National Laboratories and the Bayh-Dole Act [J] . Research Policy，2011，40 (8)：1094-1099.

[19] Bozeman B，Link A N. Toward an assessment of impacts from US technology and innovation policies [J] . Science and Public Policy，2015，42 (3)：369-376.

[20] Yee K. America COMPETES Act's effect on NASA's Education and Public Outreach Programs [J] . Space Policy，2015，31：27-30.

[21] Mergel I. Opening government：designing open innovation processes to collaborate with external problem solvers [J] . Social Science Computer Review，2015，33 (5)：599-612.

[22] Bush V. Science, the endless frontier：a report to the President on a program for postwar scientific research [J] . Journal of the Arizona-Nevada Academy of Science，1960，37 (1)：32-35.

[23] Guerzoni M，Aldridge T T，Audretsch D B，et al. A new industry creation and originality：insight from the funding sources of university patents [J] . Research Policy，2014，43 (10)：1697-1706.

[24] NIH. Turning discovery into health [EB/OL] . https：//www. nih. gov/about-nih/what-we-do/nih-turning-discovery-into-health [2017-8-15] .

[25] Obama. Presidential Memorandum—Accelerating Technology Transfer and Commercialization of Federal Research in Support of High-Growth Businesses [EB/OL] . https：//obamawhitehouse. archives. gov/the-press-office/2011/10/28/presidential-memorandum-accelerating-technology-transfer-and-commerciali [2011-10-28] .

[26] Pisano G P，Shih W C. Restoring American competitiveness [J] . Harvard Business Review，2009，87 (7-8)：114-125.

[27] Merchant J E. The role of governments in a market economy：future strategies for the high-tech industry in America [J] . International Journal of Production Economics，1997，52 (1-

2）：117-131.

［28］Etzkowitz H. From zero-sum to value-added strategies：the emergence of knowledge-based industrial policy in the states of the United States［J］. Policy Studies Journal，1997，25（3）：412-424.

［29］Doutriaux J. Emerging high-tech firms：how durable are their comparative start-up advantages［J］. Journal of Business Venturing，1992，7（4）：303-322.

［30］Carlet F. Understanding attitudes toward adoption of green infrastructure：a case study of US municipal officials［J］. Environmental Science & Policy，2015，51：65-76.

［31］Reich R B. Government in your business［J］. Harvard Business Review，2009，87（7-8）：94-181.

［32］Miyazaki K，Islam N. Nanotechnology systems of innovation—An analysis of industry and academia research activities［J］. Technovation，2007，27（11）：661-675.

［33］Niosi J. Imitation and innovation new biologics，biosimilars and biobetters［J］. Technology Analysis & Strategic Management，2017，29（3）：251-262.

［34］Eichler S，Lahner T. Forecast dispersion，dissenting votes，and monetary policy preferences of FOMC members：the role of individual career characteristics and political aspects［J］. Public Choice，2014，160（3-4）：429-453.

［35］Public Procurement［EB/OL］. http：//www. oecd. org/gov/ethics/public-procurement. htm［2017-8-30］.

［36］De Clerck D，Demeulemeester E. Creating a more competitive PPP procurement market：game theoretical analysis［J］. Journal of Management in Engineering，2016，32（6）：04016015-1-14.

［37］Arve M，Martimort D. Dynamic procurement under uncertainty：optimal design and implications for incomplete contracts［J］. American Economic Review，2016，106（11）：3238-3274.

［38］Keller L R. Multiattribute and intertemporal preferences，probability，and stochastic processes：models and assessment［J］. Decision Analysis，2011，8（3）：165-169.

［39］Rothwell R. Issues in user-producer relations in the innovation process：the role of government［J］. International Journal of Technology Management，1994，9（5-6）：629-649.

［40］郭爱芳，周建中. 美国政府采购支持技术创新的做法及其借鉴意义［J］. 科学学与科学技术管理，2003，（1）：49-51.

［41］Uyarra E，Edler J，Garcia-Estevez J，et al. Barriers to innovation through public procurement：a supplier perspective［J］. Technovation，2014，34（10）：631-645.

[42] Hellsmark H, Soderholm P. Innovation policies for advanced biorefinery development: key considerations and lessons from Sweden [J] . Biofuels Bioproducts & Biorefining-Biofpr, 2017, 11 (1): 28-40.

[43] Aschhoff B, Sofka W. Innovation on demand-can public procurement drive market success of innovations? [J] . Research Policy, 2009, 38 (8): 1235-1247.

[44] Luan C J, Zhou C Y, Liu A Y. Patent strategy in Chinese universities: a comparative perspective [J] . Scientometrics, 2010, 84 (1): 53-63.

[45] Chen A H, Patton D, Kenney M. University technology transfer in China: a literature review and taxonomy [J] . The Journal of Technology Transfer, 2016, 41 (5): 891-929.

[46] Li Y, Zhu C K. Effect of government procurement on technological innovation [J] . Forum on Science and Technology in China, 2016, (9): 38-44.

[47] Hu K, Cai H Y, Wu Q. Has government procurement in China promoted technological innovation? [J] . Journal of Finance and Economics, 2013, 39 (9): 134-144.

[48] Li Y C, Georghiou L. Signaling and accrediting new technology: use of procurement for innovation in China [J] . Science and Public Policy, 2016, 43 (3): 338-351.

[49] Mukherjee A. Licensing under convex costs [J] . Journal of Economics, 2014, 111 (3): 289-299.

[50] Bagchi A, Mukherjee A. Technology licensing in a differentiated oligopoly [J] . International Review of Economics & Finance, 2014, 29: 455-465.

[51] Duchene A, Sen D, Serfes K. Patent licensing and entry deterrence: the role of low royalties [J] . Economica, 2015, 82 (S1): 1324-1348.

[52] Chun H, Mun S B. Innovative activities of an incumbent and a potential entrant: an empirical exploration of the role of uncertainty in product and process innovations [J] . Asian Journal of Technology Innovation, 2014, 22 (2): 219-233.

[53] Svensson R. Publicly-funded R&D programs and survival of patents [J] . Applied Economics, 2013, 45 (10): 1343-1358.

[54] Galasso A, Schankerman M, Serrano C J. Trading and enforcing patent rights [J] . The RAND Journal of Economics, 2013, 44 (2): 275-312.

[55] Bayar O, Chemmanur T J, Liu M H. A theory of equity carve-outs and negative stub values under heterogeneous beliefs [J] . Journal of Financial Economics, 2011, 100 (3): 616-638.

[56] Epstein R A, Kieff F S, Spulber D F. The FTC, IP, and SSOs: government hold-up

replacing private coordination［J］. Journal of Competition Law & Economics, 2012, 8（1）: 1-46.

［57］Engel C. When is intellectual property needed as a carrot for innovators?［J］. Journal of Competition Law & Economics, 2011, 7（2）: 277-299.

［58］Cockburn I M, MacGarvie M J. Entry and patenting in the software industry［J］. Management Science, 2011, 57（5）: 915-933.

［59］Ismail K, Omar W Z W, Majid I A. The commercialisation process of patents by universities［J］. African Journal of Business Management, 2011, 5（17）: 7198-7208.

［60］Schmiele A. Drivers for international innovation activities in developed and emerging countries［J］. The Journal of Technology Transfer, 2012, 37（1）: 98-123.

［61］Jun S P, Yeom J, Son J K. A study of the method using search traffic to analyze new technology adoption［J］. Technological Forecasting and Social Change, 2014, 81: 82-95.

［62］Ernst H. Patent portfolios for strategic R&D planning［J］. Journal of Engineering and Technology Management, 1998, 15（4）: 279-308.

［63］von Graevenitz G, Wagner S, Harhoff D. How to measure patent thickets-a novel approach［J］. Economics Letters, 2011, 111（1）: 6-9.

［64］马天旗. 专利分析——方法、图表解读与情报挖掘［M］. 北京：知识产权出版社，2015.

［65］Song B, Seol H, Park Y. A patent portfolio-based approach for assessing potential R&D partners: an application of the Shapley value［J］. Technological Forecasting and Social Change, 2016, 103: 156-165.

［66］Narin F. Patents as indicators for the evaluation of industrial research output［J］. Scientometrics, 1995, 34（3）: 489-496.

［67］Han Y J. Analysis of essential patent portfolios via bibliometric mapping: an illustration of leading firms in the 4G era［J］. Technology Analysis & Strategic Management, 2015, 27（7）: 809-839.

［68］Risch M. Patent portfolios as securities［J］. Duke Law Journal, 2013, 63（1）: 89-154.

［69］Lichtenthaler U. The role of corporate technology strategy and patent portfolios in low-, medium-and high-technology firms（Retraction of vol 38, pg 559, 2009）［J］. Research Policy, 2012, 41（8）: 1499-1499.

［70］Schubert T. Assessing the value of patent portfolios: an international country comparison［J］. Scientometrics, 2011, 88（3）: 787-804.

［71］Relecura IP Analysis Platform［EB/OL］. https: //www. relecura. com/features. php#pp_pd

［2016-8-9］.

［72］Dereli T，Altun K. A novel approach for assessment of candidate technologies with respect to their innovation potentials：quick innovation intelligence process［J］. Expert Systems with Applications，2013，40（3）：881-891.

［73］Ganguly A，Nilchiani R，Farr J V. Defining a set of metrics to evaluate the potential disruptiveness of a technology［J］. Engineering Management Journal，2010，22（1）：34-44.

［74］Cagnin C，Havas A，Saritas O. Future-oriented technology analysis：its potential to address disruptive transformations［J］. Technological Forecasting and Social Change，2013，80（3）：379-385.

［75］Roussel P A. Technological maturity proves a valid and important concept［J］. Research Management，1984，27（1）：29-34.

［76］Waring T S. Information management and technology strategy development in the UK's acute hospital sector：a maturity model perspective［J］. Public Money & Management，2015，35（4）：281-288.

［77］Rocha A. Maturity models for the management of information systems and technologies in healthcare［J］. Interciencia，2012，9（12）：189-201.

［78］Nogales-Bueno J，Ayala F，Hernandez-Hierro J M，et al. Simplified method for the screening of technological maturity of red grape and total phenolic compounds of red grape skin：application of the characteristic vector method to near-infrared spectra［J］. Journal of Agricultural and Food Chemistry. 2015，63（17）：4284-4290.

［79］Nogales-Bueno J，Hernandez-Hierro J M，Rodriguez-Pulido F J，et al. Determination of technological maturity of grapes and total phenolic compounds of grape skins in red and white cultivars during ripening by near infrared hyperspectral image：a preliminary approach［J］. Food Chemistry，2014，152：586-591.

［80］Mishra A，Das S R，Murray J J. Risk，process maturity，and project performance：an empirical analysis of US Federal Government technology projects［J］. Production and Operations Management，2016，25（2）：210-232.

［81］陈复兴，刘军权，张南征，等. 自身细胞因子诱导的杀伤细胞过继性免疫治疗恶性肿瘤的临床观察［J］. 癌症，2002，（7）：797-801.

［82］Curti A，Ruggeri L，Parisi S，et al. Larger size of donor alloreactive NK cell repertoire correlates with better response to NK cell immunotherapy in elderly acute myeloid leukemia patients［J］. Clinical Cancer Research，2016，22（8）：1914-1921.

［83］Figdor C G，de Vries I J M，Lesterhuis W J，et al. Dendritic cell immunotherapy：

mapping the way [J] . Nature Medicine，2004，10（5）：475-480.

[84] Gong Q，Ou Q L，Ye S M，et al. Importance of cellular microenvironment and circulatory dynamics in B cell immunotherapy [J] . Journal of Immunology，2005，174（2）：817-826.

[85] 冀瑜，邱清盈，冯培恩，等 . 国际专利分类表中设计知识的提取和利用 [J] . 浙江大学学报（工学版），2016，（3）：412-418，427.

[86] 廖佳佳，高菲，吕良 . 联合专利分类体系研究 [J] . 现代情报，2014，（1）：64-68.

[87] 卢慧生，林小露 . 联合专利分类体系发展与应用现状 [J] . 中国发明与专利，2015，（4）：47-53.

[88] 国家知识产权局 . 联合专利分类代码：中华人民共和国国家知识产权局 [EB/OL] . http：//www. sipo. gov. cn/ [2014-3-5] .

[89] Santiago L P，Martinelli M，Eloi-Santos D T，et al. A framework for assessing a portfolio of technologies for licensing out [J] . Technological Forecasting and Social Change，2015，99：242-251.

[90] Snow N. Fostering innovation seen as better R&D tool than mandates，funding [J] . Oil & Gas Journal，2017，115（4A）：23-24.

[91] Challener C. Fostering innovation through STEM support [J] . Jct Coatingstech，2016，13（11）：34-43.

[92] Puente-Lopez D，Goni-Zabala J J. How to foster innovation through better internal knowledge transfer. The Traintic case [J] . Dyna，2009，84（6）：493-500.

[93] 李妍，梅强 . 科技型企业技术创新培育内生机制与外生机制互动机理研究 [J] . 科技管理研究，2008，（12）：37-39.

[94] Diez-Vial I，Montoro-Sanchez A. How knowledge links with universities may foster innovation：the case of a science park [J] . Technovation，2016，50-51：41-52.

[95] Sumo R，van der Valk W，Duysters G，et al. Using performance-based contracts to foster innovation in outsourced service delivery [J] . Industrial Marketing Management，2016，59：12-24.

[96] Faria A P，Barbosa N. Does venture capital really foster innovation? [J] . Economics Letters，2014，122（2）：129-131.

[97] Cain T J，Rodman R L，Sanfilippo F，et al. Managing knowledge and technology to foster innovation at the Ohio State University Medical Center [J] . Academic Medicine，2005，80（11）：1026-1031.

[98] Henton D，Held K. The dynamics of Silicon Valley：creative destruction and the evolution

of the innovation habitat［J］. Social Science Information，2013，52（4）：539-557.

［99］Fleming L，Frenken K. The evolution of inventor networks in the Silicon Valley and Boston regions［J］. Advances in Complex Systems，2007，10（1）：53-71.

［100］张婧 . 大学与社会：完善大学外部治理结构路径研究［D］. 重庆：重庆大学，2016.

［101］王建中 . 教育公共服务视域下的大学责任研究［D］. 济南：山东师范大学，2015.

［102］张晓鹏 . 新能源产业发展的困境及对策［J］. 科技风，2017，（20）：1.

［103］韩笑 . 我国新能源产业及核心技术发展探析［J］. 中国战略新兴产业，2017，（20）：41.

［104］王新，张涛 . 新能源产业金融支持路径与风险防范方法探析［J］. 经济研究导刊，2016，（2）：146-148.

［105］陈春莹 . 我国新能源产业政策分析［J］. 经营管理者，2017，（23）：64-65.

［106］陈岩，陈斯琴 . 新能源产业竞争能力模型分析［J］. 时代经贸，2017，（27）：50-51.

［107］陈艳，朱雅丽 . 基于博弈模型的可再生能源产业补贴标准设计［J］. 统计与决策，2014，（20）：49-51.

［108］魏景赋 . 可再生能源、产业内贸易对碳排放的影响——基于中日韩三国面板数据的研究［J］. 东北亚经济研究，2017，（1）：33-41.

［109］刘微微，邢菁 . 可再生能源技术吸收能力对我国能源产业绩效的影响［J］. 管理学报，2017，（1）：93-99.

［110］赵军 . 美国生物能源产业生态系统演化过程研究［J］. 中国科学院院刊，2014，（4）：485-492.

［111］李伯兴 . 生物能源产业发展的路径分析［J］. 企业科技与发展，2014，（8）：1-3.

［112］赵军 . 生物能源产业生态系统的构建及其特征研究［J］. 中国生物工程杂志，2014，（7）：102-107.

［113］Smith A M，Lai S Y X，Bea-Taylor J，et al. Collaboration and change in the research networks of five Energy Frontier Research Centers［J］. Research Evaluation，2016，25（4）：472-485.

［114］Singh A，Ephraim J. Ocean energy：the new energy frontier for the Eastern Caribbean Small Island Developing States［J］. Energy Policy，2016，99：1-3.

［115］Yang Y，Zheng J T，Xu H W，et al. Comments on "Concentrating solar power：a renewable energy frontier"［J］. Carbon Management，2015，6（3-4）：159-160.

［116］Sytov A I，Tikhomirov V V，Lobko A S. Crystal collimator systems for high energy frontier［J］. Physical Review Accelerators and Beams，2017，20（7）：07100-1-11.

［117］陈劲，赵晓婷，梁靓 . 基于科学的创新［J］. 科学学与科学技术管理，2013，（6）：3-7.

［118］Dedrick J，Kraemer K L. Who captures value from science-based innovation? The distribution of benefits from GMR in the hard disk drive industry［J］. Research Policy，2015，44（8）：1615-1628.

［119］Loveridge D. The dynamics of science-based innovation［J］. R & D Management，1994，24（1）：115-117.

［120］Hall B H，Helmers C. Innovation and diffusion of clean/green technology：can patent commons help?［J］. Journal of Environmental Economics and Management，2013，66（1）：33-51.

［121］Hall B H. The assessment：technology policy［J］. Oxford Review of Economic Policy，2002，18（1）：1-9.

［122］陈劲，郑育艺，邱嘉铭，等. 企业科学能力概念的讨论与界定［J］. 科学学研究，2007，（S2）：210-214.

［123］Fan X，Liu W J，Zhu G L. Scientific linkage and technological innovation capabilities：international comparisons of patenting in the solar energy industry［J］. Scientometrics，2017，111（1）：117-138.

［124］Chen J，Jiao H，Zhao X T. A knowledge-based theory of the firm：managing innovation in biotechnology［J］. Chinese Management Studies，2016，10（1）：41-58.

［125］DOE. Science & Innovation［EB/OL］. https：//energy. gov/science-innovation［2017-6-24］.

［126］User Facility［EB/OL］. https：//science. energy. gov/user-facilities/［2019-3-26］.

［127］Office of Science User Facility［EB/OL］. https：//science. energy. gov/~/media/_/pdf/user-facilities/Reports/DOE-SC-User-Facilities-FY2015-report. pdf［2017-6-24］.

［128］Huang Y，Schuehle J，Porter A L，et al. A systematic method to create search strategies for emerging technologies based on the Web of Science：illustrated for 'Big Data'［J］. Scientometrics，2015，105（3）：2005-2022.

［129］Rotolo D，Rafols I，Hopkins M M，et al. Strategic intelligence on emerging technologies：scientometric overlay mapping［J］. Journal of the Association for Information Science and Technology，2017，68（1）：214-233.

［130］Beumer K，Bhattacharya S. Emerging technologies in India：developments，debates and silences about nanotechnology［J］. Science and Public Policy，2013，40（5）：628-643.

［131］Cozzens S，Gatchair S，Kang J，et al. Emerging technologies：quantitative identification and measurement［J］. Technology Analysis & Strategic Management，2010，22（3）：

361-376.

［132］Bengisu M，Nekhili R. Forecasting emerging technologies with the aid of science and technology databases［J］. Technological Forecasting and Social Change，2006，73（7）：835-844.

［133］Wong C Y，Fung H N. Science-technology-industry correlative indicators for policy targeting on emerging technologies：exploring the core competencies and promising industries of aspirant economies［J］. Scientometrics，2017，111（2）：841-867.

［134］Joung J，Kim K. Monitoring emerging technologies for technology planning using technical keyword based analysis from patent data［J］. Technological Forecasting and Social Change，2017，114：281-292.

［135］Kyebambe M N，Cheng G，Huang Y Q，et al. Forecasting emerging technologies：a supervised learning approach through patent analysis［J］. Technological Forecasting and Social Change，2017，125：236-244.

［136］User Facilities［EB/OL］. https：//science. energy. gov/user-facilities/user-statistics/［2017-6-24］.

［137］Basic Energy Science［EB/OL］. https：//science. energy. gov/bes/［2017-6-24］.

［138］Ma F C，Li Y T. Utilising social network analysis to study the characteristics and functions of the co-occurrence network of online tags［J］. Online Information Review，2014，38（2）：232-247.

［139］Kavuluru R，Lu Y. Leveraging output term co-occurrence frequencies and latent associations in predicting medical subject headings［J］. Data & Knowledge Engineering，2014，94：189-201.

［140］Waltman L，van Eck N J. Some comments on the question whether co-occurrence data should be normalized［J］. Journal of the American Society for Information Science and Technology，2007，58（11）：1701-1703.

［141］van Eck N J，Waltman L. How to normalize cooccurrence data? An analysis of some well-known similarity measures［J］. Journal of the American Society for Information Science and Technology，2009，60（8）：1635-1651.

［142］van Eck N J，Waltman L，van den Berg J. A novel algorithm for visualizing concept associations［C］// Los Alamitos：Ieee Computer Soc，2005，1：405-409.

［143］Argonne［EB/OL］. http：//www. anl. gov/about-argonne［2017-6-30］.

［144］Westfall C. Hybrid zone：computers and science at Argonne National Laboratory，1946-1992［J］. Technology and Culture，2015，56（1）：295-296.

[145] Haley B，Wang Q，Wanzer B，et al. Past and future work on radiobiology mega-studies：a case study at Argonne National Laboratory [J]. Health Physics，2011，100（6）：613-621.

[146] Advanced Photon Source [EB/OL]. https：//www1. aps. anl. gov/About/Overview [2017-7-1].

[147] Xiao Y M，Chow P，Shen G Y. High pressure X-ray emission spectroscopy at the advanced photon source [J]. High Pressure Research，2016，36（3）：315-331.

[148] Cilento F，Crepaldi A，Manzoni G，et al. Advancing non-equilibrium ARPES experiments by a 9. 3 eV coherent ultrafast photon source [J]. Journal of Electron Spectroscopy and Related Phenomena，2016，207：7-13.

[149] Ivanyushenkov Y，Harkay K，Borland M，et al. Development and operating experience of Short-period superconducting undulator at the Advanced Photon Source [J]. Physical Review Special Topics-Accelerators and Beams，2015，18（4）：040103-1-13.

[150] Gustavsen R L，Dattelbaum D M，Watkins E B，et al. Time resolved small angle X-ray scattering experiments performed on detonating explosives at the advanced photon source：calculation of the time and distance between the detonation front and the X-ray beam [J]. Journal of Applied Physics，2017，121（10）：1059021-1-10.

[151] Sokaras D，Nordlund D，Weng T C，et al. A high resolution and large solid angle X-ray Raman spectroscopy end-station at the Stanford Synchrotron Radiation Lightsource [J]. Review of Scientific Instruments，2012，83（4）：043112-1-9.

[152] Bauer J M，Liu J C，Prinz A A，et al. Top-off injection and higher currents at the Stanford Synchrotron Radiation Lightsource [J]. Nuclear Technology，2011，175（1）：198-201.

[153] Sokaras D，Weng T C，Nordlund D，et al. A seven-crystal Johann-type hard X-ray spectrometer at the Stanford Synchrotron Radiation Lightsource [J]. Review of Scientific Instruments，2013，84（5）：053102-1-8.

[154] Barberie S R，Cahill T A，Cahill C F，et al. UC Davis XIPline（"zipline"）end-station at the Stanford Synchrotron Radiation Lightsource：development and experimental results [J]. Nuclear Instruments & Methods in Physics Research Section A：Accelerators Spectrometers Detectors and Associated Equipment，2013，729：930-933.

[155] Mathews J A，Hu M C，Wu C Y. Concentrating solar power：a renewable energy frontier [J]. Carbon Management，2014，5（3）：293-308.

[156] Volk J，Hansen S，Johnson T，et al. Hydrostatic level sensors as high precision ground motion instrumentation for Tevatron and other energy frontier accelerators [J]. Journal

of Instrumentation，2012，7：P01004-1-27.

［157］Schildkamp W，Bilderback D，Moffat K. Optimized beamline design for macromolecular crystallography at the Cornell High Energy Synchrotron Source（CHESS）［J］. Review of Scientific Instruments，1989，60（7）：2439.

［158］Kamiya N，Uruga T，Kimura H，et al. Fundamental design of the high-energy undulator pilot beamline for macromolecular crystallography at the Spring-8［J］. Review of Scientific Instruments，1995，66（2）：1703-1705.

［159］Rosenbaum G，Ginell S L，Chen J C H. Energy optimization of a regular macromolecular crystallography beamline for ultra-high-resolution crystallography［J］. Journal of Synchrotron Radiation，2015，22（1）：172-174.

［160］Tao S X，Zhu J，Niu J，et al. In-situ energy calibration of SSRF macromolecular crystallography beamline using powder diffraction［J］. Nuclear Science and Techniques，2010，21（6）：321-324.

［161］Cianci M，Bourenkov G，Pompidor G，et al. P13，the EMBL macromolecular crystallography beamline at the low-emittance PETRA III ring for high- and low-energy phasing with variable beam focusing［J］. Journal of Synchrotron Radiation，2017，24：323-332.

［162］About LS-CAT［EB/OL］. https：//ls-cat. org/about. html［2017-6-15］.